HOMENAJE A EUGENIO FLORIT

DE LO ETERNO, LO MEJOR

COLECCIÓN CLÁSICOS CUBANOS 21

EDICIONES UNIVERSAL, Miami, Florida, 2000

HOMENAJE A EUGENIO FLORIT

DE LO ETERNO, LO MEJOR

Edición de Ana Rosa Núñez, Rita Martin y Lesbia Orta Varona

Copyright © 2000 por los autores

Primera edición, 2000

EDICIONES UNIVERSAL
P.O. Box 450353 (Shenandoah Station)
Miami, Fl 33245-0353. USA
Tel: (305) 642-3234   Fax: (305) 642-7978
e-mail: ediciones@kampung.net
http://www.ediciones.com

Library of Congress Catalog Card No.: 96-61860
I.S.B.N.: 0-89729-826-8

Composición de textos: María C. Salvat-Olson
Diseño de la cubierta: Luis García Fresquet

En la cubierta foto de Eugenio Florit con Ana Rosa Núñez

Todos los derechos
son reservados. Ninguna parte de
este libro puede ser reproducida o transmitida
en ninguna forma o por ningún medio electrónico o mecánico,
incluyendo fotocopiadoras, grabadoras o sistemas computarizados,
sin el permiso por escrito del autor, excepto en el caso de
breves citas incorporadas en artículos críticos o en
revistas. Para obtener información diríjase a
Ediciones Universal.

ÍNDICE

PALABRAS LIMINARES
EUGENIO FLORIT: LO CUBANO UNIVERSAL, Rita Martin 7

FRAGMENTOS DE UN DIÁLOGO 25
   DIÁLOGO CON EUGENIO FLORIT, Rafael Heliodoro del Valle 26
   CON FLORIT *(El poeta entrevisto por Rita Martin)* 32

FLORIT POR SÍ MISMO 37
   REGRESO A LA SERENIDAD 38
   UNA HORA CONMIGO 43

DE FLORIT, ENSAYOS SOBRE LITERATURA CUBANA 51
   NOTAS PARA UN ESTUDIO DEL
      ROMANTICISMO EN LA POESÍA CUBANA 52
   UN POEMA MARTIANO DE SILVA 56
   ALGUNAS ANTICIPACIONES DE LA AVELLANEDA (1954) 58
   JUAN CLEMENTE ZENEA: MÁRGENES AL CENTENARIO
      DE SU NACIMIENTO 69
   ZENEA: ÚLTIMO Y PRIMERO 74
   LOS VERSOS DE MARÍA SÁNCHEZ DE FUENTES 81
   MI MARTÍ 88
   NOTAS SOBRE LA POESÍA EN MARTÍ 90
   LOS VERSOS DE MARTÍ 104
   UNAS NOTAS SOBRE LA POESÍA CUBANA 161
   MARIANO BRULL Y LA POESÍA CUBANA DE VANGUARDIA 168
   REGINO PEDROSO, POETA CUBANO 178
   NICOLÁS GUILLÉN, POETA ENTERO 181
   PALABRAS SOBRE LYDIA CABRERA Y SU OBRA 188
   EL LYCEUM Y LA CULTURA CUBANA 190

EUGENIO FLORIT, EN SUS PROPIAS PALABRAS 195

SOBRE EUGENIO FLORIT 211
   TRÓPICO DE EUGENIO FLORIT, Manuel Navarro Luna 212
   TRÓPICO, POR EUGENIO FLORIT, Félix Lizaso 215
   APRECIACIONES
      Alfonso Reyes 217
      José Ma. Chacón y Calvo 217
   TRÓPICO, DE FLORIT, Jorge Mañach 218
   EUGENIO FLORIT, Lino Novás Calvo 224
   SOBERBIO JUEGO, Alfonso Reyes 225
   VERBO Y ALUSIÓN, Juan Marinello 227

EL ÚNICO ESTILO DE EUGENIO FLORIT, Juan Ramón Jiménez 235
A PROPÓSITO DEL POETA FLORIT, José Ángel Buesa 240
EUGENIO FLORIT, *CUATRO POEMAS*., Raimundo Lazo 243
DE JUAN RAMÓN JIMÉNEZ 247
ENGENDRADOR DE LA BELLEZA, por Emilio Ballagas 248
EUGENIO FLORIT, Cintio Vitier 250
EUGENIO FLORIT Y LA SIGNIFICACIÓN HISTÓRICA
   DE SU ITINERARIO POÉTICO, José Olivio Jiménez 260
EUGENIO FLORIT: RETRATO DE UN POETA,
   Ana Rosa Núñez 271
EUGENIO FLORIT: LO INMENSO QUE QUEDA,
   Armando Álvarez Bravo 275

APÉNDICE: DESPEDIDA AL POETA EUGENIO FLORIT 279
NOTA DE PRENSA, Wilfredo Cancio Isla, *El Nuevo Herald* 280
NOTA DE PRENSA, Luis de la Paz, *Diario Las Américas* 281
EL LAMENTABLE FALLECIMIENTO DE EUGENIO FLORIT
   (Editorial del *Diario Las Américas*), Dr. Horacio Aguirre 283
DECLARACIONES DE LA ACADEMIA NORTEAMERICANA DE
   LA LENGUA ANTE LA MUERTE DE EUGENIO FLORIT 285
HASTA LUEGO, Mons. Ángel Gaztelu 286
NO HAY OLVIDO EUGENIO FLORIT, Armando Álvarez Bravo 287
ADIÓS AL POETA, Luis Mario 289
EUGENIO FLORIT EN EL REINO DE LA ETERNIDAD
   Octavio R. Costa 291
COMO UN ÁGATA SERENA, Mario Parajón 293
FLORIT HA MUERTO, Hilda Perera 296
EUGENIO FLORIT, 'SERENA ILUSIÓN DE ETERNIDAD',
   Eliseo Alberto 298
ELEGÍA PENÚLTIMA, Uva de Aragón 302
PARA EUGENIO, BUSCANDO SU ACENTO, Manuel Santayana 304
EVOCACIÓN DE EUGENIO FLORIT, Guillermo Cabrera Leiva 305
FLORIT, Juan Abreu 307
EUGENIO FLORIT: «VENID A MORDERME LA SANGRE»
   Francisco Morán 309

SOBRE LOS AUTORES 313

PALABRAS LIMINARES

EUGENIO FLORIT: LO CUBANO UNIVERSAL

Rita Martin

De la compilación

A fines de un siglo como el veinte, signado por el pesimismo, la disconformidad y la ausencia absoluta de utopías, lo que más nos conmueve de la obra de Eugenio Florit —y de toda concepción artística o filosófica—, es la creencia del poder salvador del arte contra toda esperanza. No significa ello una posición que se goza en los antagonismos del arte con la realidad, sino que descubre al hombre dentro de un mundo conflictivo y caótico y nos lo devuelve en su esencia para que comprendamos su ser a través de notas musicales, pinceladas o en palabra poética.

Palabra poética con la que nos interesa penetrar en el universo que Eugenio Florit construyera «lento en la sombra», de la mano de Virgilio, uno de sus maestros fundamentales. Palabra poética defendida por él en sus propios versos: «Estando la Poesía, ya está todo»[1] (225). Palabra con la que Florit, comprometido hasta el fondo, expresa los temas que tocan al ser humano, su vida diaria, cotidiana y, en ella, sus preocupaciones sempiternas, para en un gesto, un acto simple, hallar la expresión de una interrogante trascendente.

Esta edición homenaje reúne por vez primera numerosos ensayos publicados por Florit sobre literatura cubana, así como, de su iniciación en este inevitable oficio de poeta que, como aguja magnética, cataliza el pensar y el sentir de su tiempo, de una manera clara, sencilla y, por supuesto, artísticamente elevada.

La selección ha contemplado primordialmente cinco puntos a saber. El primero, «Fragmentos de un diálogo» inacabado con el poeta donde incluimos la entrevista que éste sostuviera con Rafael Heliodoro del Valle en 1951, y otra que nos concediera a raíz de colaborar con nosotros en la preparación de este volumen. La segunda parte, «Florit por sí mismo»

---

[1] Florit, Eugenio. «Palabra poética». *De poema mío* (1929-1944). *Antología penúltima.* Madrid: Editorial Plenitud, 1970. Todas las citas de poemas y/o versos de Florit pertenecen a esta edición.

muestra dos textos donde el poeta habla de su oficio: «Regreso a la serenidad» y «Una hora conmigo». «De Florit, ensayos sobre literatura cubana» agrupa diferentes acercamientos a la poesía de la Isla. Sobresalen en él: «Algunas anticipaciones de la Avellaneda», dos sobre Juan Clemente Zenea: «Juan Clemente Zenea: márgenes al centenario de su nacimiento», «Zenea: último y primero»; tres sobre José Martí: «Mi Martí», «Los versos de Martí», «Notas sobre la poesía en Martí»; también destacan: «Mariano Brull y la poesía cubana de vanguardia», «Nicolás Guillén, poeta entero», «Regino Pedroso, poeta cubano», sus «Palabras sobre Lydia Cabrera y su obra», «El Lyceum y la cultura cubana», «Los versos de María Sánchez de Fuentes» y «Unas notas sobre la poesía cubana». El propósito de la selección, sobre el que ahondaremos más adelante, es evidente: volver a hablar de lo cubano de la mano de Florit, y hacerlo tras algunos de los rasgos que han definido su universalidad.

«Eugenio Florit en sus propias palabras» —próxima sección—, depara al lector la sorpresa de la reconstrucción textual. De la mano de Ana Rosa Núñez aparecen versos y poemas principales del poeta deconstruidos y reconstruidos en una suerte de texto único. En esta propuesta se mezclan diferentes épocas, estilos y aún preocupaciones. El todo de la obra del poeta se fragmenta, se desorbita y en este cauce halla su unidad. Una deconstrucción lúdica apasionada ya que, igualmente juega con el estilo característico y único de Eugenio Florit, engendrador de su propia forma al unir en un sólo poema diferentes formas estróficas que, como diferentes notas musicales ascienden hasta quedarse en un sólo tono y una sola forma constituidos ambos de miles de fragmentos.

Florit se encuentra entre los grandes poetas de habla española que han tenido la suerte de merecer el elogio y la admiración de sus contemporáneos. Reconocimiento del que también nos hemos ocupado en la última parte de esta reunión bajo el subtítulo «Sobre Florit»[2] y en la que el lector podrá hallar los comentarios de Juan Ramón Jiménez, Jorge Mañach, Ana Rosa Núñez, Juan Marinello, Emilio Ballagas, Raimundo Lazo, Manuel Navarro Luna, Lino Novás Calvo, Cintio Vitier, José Olivio Jiménez, José Ángel Buesa y Alfonso Reyes. Como en toda antología de este tipo el lector encontrará carencias de inmediato. «Falta la página de aquél crítico», o «No debía, es más, no podía faltar la opinión de aquél grande», serán más o

---

[2] A «Sobre Florit» le sigue la sección «Apéndice» en la que se reúnen algunas de las palabras expresadas a raíz de la muerte del poeta ocurrida el 22 de junio de 1999.

menos algunas de las palabras que posiblemente surgirán a propósito de esta selección.

Con plena conciencia del que hace una antología comete de por sí un gran error, sólo deseamos dejar esclarecidos nuestros propósitos: invitar al lector a un recorrido por el pensamiento de un hombre que llena más de una época poética e histórica de un país, y en este empeño, compartir la recepción que tuviera su obra en el momento de su publicación. No deseamos tampoco pasar por alto la presentación, aunque sea fragmentaria, de estudios e investigaciones posteriores que ha suscitado su trabajo. Faltarán otros por problemas de espacio, lo cual nos sugiere de antemano la urgencia de otro libro que los reúna para el estudioso y/o lector de poesía —urge también, no cabe duda, la pronta edición de sus *Obras completas*. El deseo principal, no obstante, es cumplido, que el lector rezagado se informe de los textos principales, mientras el estudioso la entienda como una invitación para completar bibliografías y realizar hondas búsquedas y reflexiones a partir de estas cinco divisiones que nos gustaría comparar con los cinco dedos que apuntan a diferentes direcciones, mientras constituyen la osamenta de la mano.

Minibiografía del poeta

Nace Eugenio Florit el 15 de octubre de 1903 en Madrid y llega a Cuba en 1917, con sólo catorce años de edad. Hijo de padre español y madre cubana —hija de padre poeta— también poeta ella misma, Florit recibe desde la cuna una educación donde se defienden los conceptos de arte y belleza, baste leer sus palabras a los versos de su madre María Sánchez de Fuentes para darnos cuenta de ello y comprender el fino retrato poético que el hijo hace de su madre, quien logró una acendrada evolución poética a través de una sostenida mirada hacia sí misma. A nosotros no nos cabe duda que esta lección de humildad y arte presentes en todo momento en Eugenio Florit no sólo le viene de su penetración individualísima, sino también de la resonancia en él de la paciente, serena y hermosa palabra de la madre[3].

La plena adolescencia la pasa Florit en Cuba y es allí donde estudia Derecho en la Universidad de La Habana —carrera que en Cuba elegían,

---

[3] Adelantamos al lector un trozo de las palabras que Florit dedicara a la labor de su madre a raíz de la publicación de «Los versos de (1) María Sánchez de Fuentes» (29): «M.S. de F. personaliza sus inquietudes y las identifica con la naturaleza, para la que tiene siempre los ojos abiertos y llenos de simpatía. Esa es su cuerda mejor». Nuestra cita corresponde a *Poesía, casi siempre (ensayos literarios)* Madrid-New York: Ed Mensaje, 1978.

paradójicamente, muchos poetas[4]—, al tiempo que entra a formar parte de la revista literaria de vanguardia *Avance,* foco de debate y desarrollo de la vida intelectual cubana y de gran repercusión durante los años 1927-1930. Revista además con la que Cuba rompe con los efectos lacrimosos del posromanticismo y se integra al proyecto de higienización de las letras hispanoamericanas llevada a cabo, principalmente por Guillermo de Torre, Gerardo Diego y Jorge Luis Borges, iniciado alrededor de 1921.

Hacia 1940 Eugenio parte hacia la ciudad de Nueva York donde permanecería hasta 1980, lo que le trae ya para siempre el conocido epíteto del «poeta de las tres patrias». En esta ciudad, centro de su labor como traductor, crítico literario y ensayista, conocería a los poetas Jorge Guillén, Pedro Salinas y Luis Cernuda con quienes compartió en los cursos de verano de Middlebury, en Vermont. Posteriormente, casi siguiendo una antigua y ya desacreditada tradición de la Isla[5] ocupó el cargo de canciller del consulado cubano en Nueva York. En 1945 renuncia a su actividad diplomática para dedicarse a la docencia y en 1959, Florit viaja a Cuba por última vez.

De nuevo en los Estados Unidos, Florit trabaja como profesor de Literatura Hispanoamericana en Nueva York en la Universidad de Columbia y del Barnard College, jubilándose en 1969 de esta actividad, pero por supuesto, nunca de la poesía —más de 40 libros tiene en su haber[6]. Un trabajo de calidad permanente por el que, en varias ocasiones, fue firme candidato al Premio Cervantes, recibiendo también numerosos homenajes en vida, entre los que sobresalen el premio Fray Luis de León de la Universidad Pontificia de Salamanca y el Premio Mitre, otorgado por la Hispanic Society of America, en Nueva York.

---

[4] De los poetas cubanos más sobresalientes que estudiaron Derecho se encuentran entre otros: José Martí, José Lezama Lima, Dulce María Loynaz y Cintio Vitier.

[5] Entre los diplomáticos cubanos sobresalen, desde el pasado siglo, nombres de importantes poetas y narradores. Recordemos tan sólo a José Martí, Mariano Brull y Alejo Carpentier. Luego del triunfo de la Revolución estos cargos fueron dados principalmente por la adhesión del intelectual con el régimen.

[6] Brevísima mención de los títulos más representativos de Florit: *Trópico (1930); De doble acento (1930-1936); Reino (1936-1938); De poema mío (1920-1944); Asonante final y otros poemas (1946-1955) y Hábito de esperanza (1936-1964).*

Como la poesía renacida, Eugenio renació en muchísimas ocasiones. Tal su casi diaria y serena batalla con la muerte que parecía robárnoslo en los últimos tiempos. Son numerosas las ocasiones en que habiéndolo llamado por teléfono y hablando con su buen hermano Ricardo, nos enterábamos de que Eugenio había estado muy enfermo. A la conmoción espiritual del posible hecho de su muerte, Ricardo, —única voz que el poeta ya sordo podía escuchar—, nos tranquilizaba con una sonrisa y la noticia de que Eugenio ya estaba en casa. Así se nos fue haciendo la idea de que éste no moriría, que algo había en él para salir siempre ileso de tanta muerte. Murió finalmente el poeta en el orden físico el pasado 22 de junio en Miami —apenas a unos meses del nuevo milenio. Del mismo modo nos llega la certeza de su permanencia en y con nosotros, de algo que, por suerte, siempre supimos, que Eugenio Florit se llama poesía, es decir, vida.

Cumplido su destino, «Poeta: polvo florecido»[7] (225), Eugenio nos entrega un legado repleto de arte humanísimo, la presencia entre nosotros de su universalidad indiscutible; y una actitud íntegra de intelectual, congruente con el pensamiento fundador filosófico y cívico de la nación cubana.

Eugenio Florit: lo cubano universal
♦ Para un reajuste de lo cubano

Florit, poeta indiscutido y ensayista de múltiples intereses —así lo confirman los acercamientos que hiciera a diferentes zonas de la literatura universal—, es presentado en sus ensayos sobre literatura cubana a través de estas páginas. La necesidad y urgencia de compilar éstos surge de un hecho y no es otro que la complacencia en las últimas cuarenta décadas —dentro y fuera de la Isla—, en confundir, al son de los sucesos políticos, conceptos como patria, nación, cultura, cubanía y lo cubano. Todos dañados al identificárseles con nociones temporales inherentes a las de una ideología determinada, en este caso, la marxista-leninista-fidelista, me atrevería a añadir, teniendo en cuenta los agregados caribeños que la Isla brinda como primer y único espectáculo socialista en América Latina.

En este trastocamiento de valores de la identidad, lo cubano ha sido confundido al igualársele —de manera consciente e inconsciente—, con el folklor, el tropicalismo y la vulgaridad, expresiones éstas de un lenguaje oficial impuesto por el poder y, de esta manera, encarnación en palabras de su descomposición síquica, económica y moral. Folklor, tropicalismo y

---

[7] «Palabra poética». *Op cit.*

vulgaridad con los que desde el mismo año de 1959 el poder manipulara la esencia de la cubanía; las tres Marías imprescindibles —ahora más que nunca—, en el juego de poder interesado en hacer de la Isla un lugar turísticamente vendible e, incluso, deseable para el inversionista de mentalidad colonial en los albores de una nueva centuria. Juego en el que muchos creadores han participado; en tanto, otros, los imprescindibles, han resistido con astucia, talento e inteligencia: Lydia Cabrera, Dulce María Loynaz, Lezama Lima, Virgilio Piñera, Reinaldo Arenas, Raúl Hernández Novás, son algunos de los nombres que se extienden y confluyen entre las más viejas y nuevas promociones de intelectuales dentro y fuera de Cuba; Florit entre ellos.

Con absoluta intención hemos querido volver a los conceptos que alzan lo cubano —desde el pasado siglo hasta el presente—, en abierta contraposición con cualquier reduccionismo tipicista o regional. Por ello, hemos seleccionado de Florit sus estudios —notas algunas veces—, que se gozan en el esclarecimiento de qué es lo cubano, cómo y a partir de qué época se produce ese sello de indudable calidad precursora por el que ha sido reconocido y sus máximos exponentes y, por supuesto, la constante vibración del país con el acontecer mundial que se traduce en la evidente influencia de éste sobre el *corpus* filosófico, estético, religioso, político y aún económico de la Isla de Cuba.

Volver a lo cubano y saber los elementos que lo universalizan constituye el móvil de nuestro interés al agrupar estos ensayos de Florit que saben leer la historia de dicha nación a través de la poesía. Ensayos, además, que validan la postura de un poeta que no habiendo nacido en Cuba la eligió como centro de su ser y de su obra, sumándose, como él mismo expresa, a lo mejor de la tradición poética del país y afirmándose, al mismo tiempo, en lo que de sobresaliente hay dentro de la lírica española.

Lo primero que llama la atención es la elección cubana de Florit. Si lo cubano fuera vulgaridad, expresión chata y regional, para un poeta nacido en España lo más cómodo hubiera sido elegir la madre patria como centro de poesía. Y, sin embargo, Florit no lo hace. Tiene conciencia verdadera que la poesía nacida en Cuba es de las mejores. Así, se entra en Heredia y en los mundos anticipados de Tula Gómez de Avellaneda y Juan Clemente Zenea; el universo agónico de Julián del Casal y del revolucionador y no menos angustioso José Martí. Más adelante Pedroso; Guillén de un lado y, del otro, Lydia Cabrera. No faltan Mariano Brull y una mirada a la evolución trascendente de la poesía cubana desde sus orígenes hasta lo más representativo del siglo veinte.

♦El signo interior de la poesía moderna y/o la expresión de lo cubano universal

Fieles al pensamiento del poeta proponemos ver cuáles son los nexos que Florit descubre en estos poetas mayores arriba mencionados, dedicándoles estudios serios y apasionados. Teniendo en cuenta nuestras limitaciones de espacio, concentrémonos en la poesía de Martí, posiblemente la que más pasión desata en sus ensayos y donde el poeta traza nuevamente características comunes de los poetas cubanos.

Florit ha comprendido desde un inicio la poesía vibrante y guerrera de Martí; su modernidad, su calidad precursora y aún su influjo en el credo modernista. Y tras Martí, un enlace vital para su poesía con la cubana y con la poesía inglesa y alemana, que traza una línea en el tiempo donde se unen en una suerte de confluencia poetas como Dante, Virgilio, Shakespeare, Keats, Shelley, Darío y Juan Ramón Jiménez..., unidos todos por un sello característico que Eugenio Florit denomina como el «signo interior de la poesía moderna»(88)[8]. Signo que funde diferentes épocas y movimientos literarios, y cuyos límites se aflojan para quedar conectados por un *aire* y sello común que los identifica en la hora en que el hombre hubo de volcarse un poco más hacia adentro de su propio ser.

Este signo interior en lengua española llega de la mano de los románticos y expresa un proceso de adentramiento del sujeto lírico que se despliega como una constante en la estética modernista y aún vanguardista, romántica también ésta al entender su credo como único, otra hipérbole del superego:

> Al huracán romántico de que hablábamos antes sucede en poesía el gusto por la forma, por lo exterior: lo parnasiano. Y contra él, de nuevo, viene el espíritu a sugerir símbolos y estados interiores. Pasa con él el modernismo, y en sus exageraciones cae, arrastrado por la ola exterior de las escuelas llamadas de «vanguardia», que a su vez son superadas por un nuevo romanticismo menos espectacular que el

---

[8] Florit, Eugenio. «Notas para un estudio del romanticismo en la poesía cubana». *Obras completas*. V. III. Edición de Luis González del Valle y Roberto Esquenazi-Mayo. Society of Spanish & Spanish American Studies, 1982.

del siglo pasado y, por ello, más intenso. Hoy vivimos bajo ese signo de la poesía interior que sigue la línea eterna de lo lírico y que ha florecido aquí y allá, en los casos de Virgilio, Dante, Garcilaso, Shakespeare, Goethe, Keats, Mallarmé, Darío, Juan Ramón Jiménez (88).

Signo interior —antagónico a cualquier exteriorismo—, que en Cuba regresa —luego de la cruzada vanguardista—, a su serenidad de la mano de la poesía pura tiene igualmente ahí magníficos antecedentes en Casal, Martí, y algo más lejanos en el tiempo Zenea y Tula Gómez de Avellaneda. Poetas que zajan en sí y buscan a través de la poesía una expresión y proyección de sí mismos. Expresión que los hace adelantarse a sus respectivos tiempos anunciando el verso ardiente y contenido, angustioso y sereno, inteligente y bello, menos espectacular y más intenso.

Y, de nuevo, para Florit, Martí. Martí el renovador, despertando —antes que Darío, quien lo reconoce como Maestro—, a toda la poesía hispanoamericana, repletándola de un sujeto original y trascendente cuya palabra expresa el dolor metafísico del hombre en su «relación directa y casi física, con el espíritu»(27)[9]. Dos veces ha visto el alma Martí y «como él quien lo lee multiplica el número»(79)[10]. Multiplicación en la que se reconocen Darío primero y Juan Ramón después. Signo de interioridad y multiplicación de intensidades que hacen a Florit declararse hijo natural de la poesía cubana, una familia lingüística y cultural en la que se reconoce y sobre la que ha dicho: «Quiero decir que por ser poeta de Cuba pertenezco a una de las más destacadas familias literarias que hablan español a lo largo del mundo y a lo ancho también»[11](63).

La resonancia de este signo interior debe ser comprendida no sólo como penetración introspectiva del sujeto lírico sino en logro y eficacia del significante poético que trasciende lo particular a lo general, lo nacional a lo extranacional. En esta resonancia de profundo trabajo artístico Eugenio

---

[9] Florit, Eugenio. «Los versos de Martí». *Poesía en José Martí, Juan Ramón Jiménez, Alfonso Reyes, Federico García Lorca y Pablo Neruda*. Miami: Ediciones Universal, 1978.

[10] Florit, Eugenio. «Mi Martí». *Poesía, casi siempre (ensayos literarios)*. Madrid, New York: Ed Mensaje, 1978.

[11] Florit, Eugenio. «Unas notas sobre la poesía cubana». *Ibídem*.

Florit encuentra lo cubano «que no es lo típico» y en él se inserta, en su «*acento* de acendrada cultura» (68)[12].

Bajo la denominación de este sello interior nuestras palabras son una aproximación —brevísima—, a la relación del poeta con la cultura cubana y de ahí a la universal. Todo ello sirviéndonos de diferentes conceptos expresados por Florit sobre la poesía en sus ensayos. En esta suerte de especulación poética notaremos cómo junto a la idea central del «signo interior» se encuentran las nociones de *aire, dolorido sentir* y *acento*, definitorias éstas de un destino creador y de una misteriosa misión llamada poesía.

Para ejemplificar las palabras de nuestro autor sobre literatura cubana y de sí mismo hemos tenido en cuenta las palabras de Florit el estudioso; al tiempo que necesariamente hemos tomado los versos de Florit el poeta, pertenecientes a diferentes épocas de su vida y, por supuesto, de su quehacer artístico, pero marcadas todas por su inconfundible manera de penetración en las cosas que rodean al hombre y al hombre mismo, expresado en lo que hemos venido comentando «signo interior» de la poesía. Los poemas en que nos hemos detenido para comentar su evolución artística y su compromiso creador son: «Inicial» (*Trópico, 1930*); «De la luz», «Viejos versos de hoy», «Martirio de San Sebastián» y «Del dolor» (*De doble acento, 1930-1936*); «El nuevo Sebastián»(*De poema mío, 1920-1944*); «Conversación a mi padre»(*Asonante final y otros poemas, 1946-1955*), «La niebla» (en *Otros poemas*, fechado el 4 de febrero de 1970).

La herencia lingüística determina a Eugenio Florit mientras la época histórica lo precisa. Florit ha comenzado su vida intelectual con *Avance*, revista que significa entre nosotros otro momento de importante contacto de lo cubano con el pensamiento universal. Con la *Revista Avance* Eugenio Florit comenzó a ser parte de la intelectualidad cubana conociendo a los más jóvenes y a los más viejos: Ballagas, Brull, Ichaso, Tallet, Guillén y, con ésta y aquellos se integró al coro de voces americanas que respondían a las exigencias de la nueva literatura. Por un lado, la vanguardia y el influjo de Valéry; por el otro, quizás otra manera de renovación, el festejo del centenario de Góngora, que tanta resonancia tuviera en las las letras hispanoamericanas del momento. Todo extraña y felizmente confluye hacia el año de 1927.

---

[12] Florit, Eugenio. *Ibídem.*

Luego de la primera carrera vanguardista que traía la abolición de temas románticos, el uso de una nueva tipografía, la supresión de nexos formales y un sentimiento de autonegación contrapuesto con la afirmación del ego romántico, luego de este primer momento, que igualmente atravesó la poesía de Eugenio Florit, Góngora llega como un primer paso hacia la serenidad. Un sólo paso que sería superado por el poeta en búsqueda y hallazgo feliz de su propia expresión y estilo que, finalmente, le permitieron declarar: «Ahora, con el olvido del Maestro [Góngora], ya me siento marchar por un camino que es más mío. Sé lo que vale la poesía por lo que me costó dar con ella. Es decir, con lo que yo creo que es ella»[13] (164).

Si atendemos el camino desandado por Florit desde sus primeros poemas donde el símbolo connota en sí una multiplicidad de significados hasta aquellos en los que su palabra alcanza mayor sencillez y donde, por coloquial, conversa desde el símbolo mismo, si nos atenemos a dicha evolución, repetimos, veremos una insistencia en dejar claramente expresado que su poesía pertenece, no hay duda, a este signo interior —e intenso— de la poesía moderna que se ha encargado de expresar y defender.

Cualquiera de los temas a los que el poeta diera tratamiento durante su vida muestran esta conciencia de interioridad vs exterioridad, donde lo interior se resuelve en atrapar el misterio del ser del hombre y de las cosas que le rodean. Adentrémonos, por ejemplo, en *Trópico (1930)*, uno de los primeros poemarios salvados del olvido por Eugenio Florit. En éste observamos su fidelidad a una búsqueda primera: el deseo de descubrimiento esencial de la relación existente entre naturaleza y ser de la nación cubana. Vocado al desentrañamiento del ser y su identidad Eugenio Florit descubre un concepto mayor casi olvidado que se llama patria y a la que tan cálidamente cantara en sus poemas, eligiendo para ello la décima espinela, forma clásica de la poesía popular cubana. Dice el poeta en estos versos pórticos de «Inicial» (45)

>   Pues de la tierra, canto agradecido,
>   te revelas en clásica envoltura,
>   detén el ala por mirar el nido
>   y luego bebe un manantial de altura.

   Metro menor, cinco más cinco versos,

---

[13] Florit, Eugenio. «Una hora conmigo». *Revista Cubana*. 2.4-6 (1935).

será grácil vestido. Mar y campo,
verde en azul, tendrán ecos diversos,
décima, los jinetes que en ti acampo.

En tiempos de metal sabe cantares
de campo juvenil y mar inquieta.
Voz de pueblo cantor, por claros mares
giros emprenda su espiral saeta.

Ha elegido para su canto la «voz del pueblo cantor», la ha hecho suya y en ella se ha reconocido en su camino hacia lo cubano que por la voz de Florit se irá revelando, creando diálogos con la naturaleza, con las gentes, con otros textos de grandes poetas que ha hecho suyos. Siendo suficientemente nacional ha llegado a ser universal, «ha mantenido la raza o la raíz de su talento y por ello, pertenece ya al mundo»[14].

El poeta ha visto patria, la ha sentido y está en ella, pleno de sus símbolos y en una develación de ellos. Este acercamiento, como leemos en sus versos, no halla su punto de partida en tropicalismos sino en el lugar de sombras y luces que es el trópico. Capta su ambiente y la palabra allí no expresa, sino que significa un juego de contrastes que no sólo conforman un paisaje sino un estado del alma común a los habitantes de esta región. ¿Acaso no este *aire* común lo que defiende el poeta como sello de lo nacional para que alcance a ser extranacional?

Este *aire* es para Florit la esencia de lo particular que mantenido lleva a lo universal, expresando la época y paisaje comunes que viven los hombres. *Aire* y *paisaje* apasionadamente se unen para significar ser. Y *aire* es también el espíritu de su época que el poeta tiene que develar siguiendo la concepción aristotélica de la poesía y en la que el poeta ha de mostrar la habilidad de percibirlo y expresarlo de un modo intuitivo. En este empeño y/o compromiso artístico humanísimo el creador por

ser él hombre de su época —y el error consiste en querer sustraerse a esa incontrovertible realidad—, tendrá necesariamente que respirar el *aire* del tiempo. Y ese *aire* dará al poema su carácter particular. Y de igual modo expresará lo geográfico de su país o de su comarca,

---

[14] «Con Florit», entrevista realizada al autor a raíz de pensar en su homenaje. Véase en «Fragmentos de un diálogo», segunda parte de esta compilación.

mas que por las palabras, por el ambiente que circundan sus versos[15] (7).

Al concientizar el signo poético en el que se reconoce el poeta ha encontrado, además de un camino para su estilo, una creencia que traduce en su forma de vida, casi una religión: «Sé lo que vale la poesía por lo que me costó dar con ella. Es decir, con lo que que yo creo que es ella. Después de todo, hay que creer en algo. La gente cree en Dios, en el progreso, en el amor. Yo, por ahora, creo en mi poesía. Lo cual, por otra parte, resulta más cómodo que tener fe en los dioses y es menos expuesto al batacazo que suelen llevar los que creen en el amor»[16](164).

Declaración de fe vital para comprender su poética. Fe que le ha servido para entrar en la poesía esplendente de *Trópico (1930)*, hasta transitar a *De doble acento (1930-1936)*, donde en «De la luz» «la luz llega hasta quebrarnos el alma» (78); mientras la muerte en «Viejos versos de hoy» llega en la sinestesia «con un gusto divino para morder el sabor de la mar» (96). La luz, el mar, el viento, la tierra misma son los elementos más queridos de Florit en estos poemas que buscan la unidad trascendente del ser dentro de la pura emoción de los sentidos donde el poeta es tacto, oído, olfato.

Los juegos de espejos contrastantes entre luz y sombra característicos de este paisaje alcanzan también la carne del hombre, entre sus pecados, sus culpas, castigos y el esfuerzo del humano por lograr la redención. Honda introspección que en «Martirio de San Sebastián» devela el ser humano dentro de su paisaje, su época, sus creencias y su dolor. Allí el cuerpo asaeteado de «palomitas de hierro» pican el vientre del hombre que como los místicos siente un placer en medio del dolor, un «dolor de caricias agudas» y para cuyos duros picos tiene «el corazón ardiente,/pulso de anhelo, sienes indefensas» (91). Florit, a su modo oscuro que es el claro, explica sus razones: ir por entre un cauce de saetas pues el morir le ausenta del dolor. Sólo vencedor de las palomas aceradas podrá mirar a Dios «con ojos que vencieron las flechas» (92) ¿La batalla? Difícil y muy ardua, pues la última paloma la llevan poeta y hombre «hundida en un rincón de las entrañas!» (92).

---

[15] del Valle, Rafeal Heliodoro. «Diálogo con Eugenio Florit». *Universidad de México.* 5.52 (1951) 7-8

[16] Florit, Eugenio. «Una hora conmigo». *Revista Cubana.* 2.4-6 (1935).

Un estudio mucho más exhaustivo necesitaría este poema donde Florit dialoga con Dios y anuncia como un símbolo «El nuevo San Sebastián» (220) —escrito en junio de 1942—, incluido en *De poema mío*. Veamos lo que utilizando el mismo tono e ideas de «Martirio...» nos dice:

¡Venga, sí, por silencio y por belleza,
tu dardo rojo al corazón dolido
y clave en amor, donde
están los pensamientos más oscuros
su rayo estremecido:
en el hombre, Señor, en este hombre
atado en aire al árbol del poniente,
flechado aquí, Señor, por tu belleza!

Si bien en ambos poemas hay una vocación hacia Dios observamos del mismo modo una diferencia fundamental. «Martirio de San Sebastián» avanza entre el dolor y encuentra resistencia agónica, carne humana repleta de múltiples significantes eróticas por desentrañar. Por el contrario, en «El nuevo San Sebastián» el alma enamorada encuentra en el Señor una comunión hallando ecos innegables con San Juan de la Cruz. El Señor es el esposo del alma y a ella pertenece. Sólo la belleza del Señor ha salvado al hombre de los «pensamientos más oscuros». Sólo dicha comunión lo hace libre «atado en aire». Las «palomitas de hierro» con las que el poeta atraviesa la noche oscura del alma han sido convertidas en «la flecha de oro» que «lo oscuro / a la firme pasión se le ilumina» (220) finalizando en el concepto de que sólo Dios basta para arrancar al hombre del suelo y elevarle.

Como la poesía y las preocupaciones de los hombres no parecen saber de distancias temporales, pues todo tiempo humano parece ser también el tiempo pasado o acaso el porvenir —y que sugiere una constante presencia de tiempos paralelos—, San Juan y Florit llegan a un mismo conocimiento expresado de maneras diferentes que, esencialmente, tienden al mismo significante. Recordemos a Juan de Yépez y Álvarez —nombre familiar de aquél— en sus «Canciones de el alma que se goza de haber llegado al alto estado de la perfección, que es la unión con Dios, por el camino de la negación espiritual»[17]: «Quedéme y olvidéme,/ el rostro recliné sobre el

---

[17] de la Cruz, San Juan. *Poesía y antología de prosa*. Edición Juana Vázquez Marín. Madrid: Editorial Alhambra, 1985.

Amado;/ cesó todo, y dexeme/ dexando mi cuidado/ entre las azucenas olvidado» (41).

La relación señalada entre ambos poetas puede observarse con suficiente claridad considerando el camino de negación espiritual que ambos atraviesan en la noche oscura de sus almas o del alma si acaso el ser tiende, como sostienen algunos, a una sola alma, universal y divina. Desde la noche oscura del alma ambos poetas hallan al amado en el Señor y ahí, reposo, olvido del ser e, incluso, trascendencia ya que «consiste esta summa sciencia/ en un subido sentir/ de la divinal esencia;/ es obra de su clemencia / hacer quedar no entendiendo,/ toda sciencia trascendiendo»(44).

Como la poesía de los grandes, la de Florit es búsqueda, vislumbre, sueño de la criatura, realización humana, trascendencia también y por supuesto, *dolorido sentir*. San Juan, claro; Martí de nuevo. En este camino Florit desanda la naturaleza, los recuerdos, su infancia, e ideas del destino y de la muerte expresadas en el carácter dialógico-simbólico de sus primeros textos comunicantes, donde expresa su ser y da vuelco a todo su interior buscando una comunión con el cosmos y con Dios. *Dolorido sentir* con el que Florit no sólo atraviesa su camino poético sino que entiende como elemento imprescindible por el cual se llega al *acento* universal de la lírica cubana, española y de toda aquella que vale y brilla en el mundo. En «Del dolor» (95), expresa:

Dolor, dolor, dolor. Más que el dolor de la vida
para esta ráfaga de humo tendida a los vientos.
Abismo de todas las hojas.
La Muerte escondida,
acechando con ojos de espera niños pensamientos.

¿Y la libertad, y el cantar extasiado en la cumbre
 de las montañas abiertas a los cuatro puntos cardinales,
a qué sima rodaron, deshecha la voz y cegada la lumbre
hasta hundirse en un seno frío de cristales?

De todo, tan sólo por siempre la queja
sin rumbo, desgarrada con uñas de viento;
hecha dolor, soberano dolor que se deja
prendido en la ráfaga de humo de mi pensamiento.

Humanísimo aparece el poeta allí donde no hay otra libertad que el dolor abriendo los ojos a la muerte y a la vida. Todo llega en ese rumbo en este período de entreguerras, donde Florit parece sentir un compromiso mayor con el destino humano y con la historia, en última instancia su compromiso con la palabra poética que le hace ser fiel a toda circunstancia histórica que ha de develar. Si la palabra poética ha de expresar el *aire* común a todos su conciencia estética —y ética—, necesitará de liberarse de cualquier atadura formal. El verso de Florit, fundido en el acero doloroso y martiano de *Versos libres* precisa ahora «versos sencillos» para siquiera intentar una palabra exacta donde hombre y creador logren conversar más amablemente con el mundo.

El compromiso con la palabra poética es absoluto. Cuando ha tratado de esclarecer conceptos tales como «poesía pura» ha sido preciso estudioso y crítico y, a la par, nos ha dejado entrever el concepto de lo que para él es la poesía: un mantener «los ojos abiertos a la circunstancia y traducirlo del modo más humano posible». Continúa Florit: «El poeta por muy puro que sea, no sólo ha de decir las cosas sencillamente, simplemente, sino que ha de fijarse en eso que pasa por la calle» [18](154).

A partir de *Asonante final y otros poemas* (1946-1955) será fundamental comprender la poética de Eugenio Florit descubriendo «Eso que pasa por la calle», que en el poeta se traduce en su interés por descubrir su época —su *aire*—, vida y espíritu del hombre manifiestos en su diario bregar, su rutina tal vez, pero de no menos trascendencia pues conforman y nutren su vida. El segundo punto a saber —anunciado anteriormente— una búsqueda incesante por expresarse desde dentro de la conversación, desde dentro del símbolo, con la muerte, la vida, el tiempo del hombre, sus costumbres y sus «pequeñas cosas».

En «Conversación a mi padre», Eugenio Florit se planta con un poema sin precedentes en la poesía cubana, ya que como ha apuntado Mario Parajón[19] en «nuestra literatura —léanse novelas, cuentos o poemas—, no suele la figura del padre salir bien parada. Algunos la ridiculizan, otros la engrandecen tanto que mas bien la vuelven odiosa por su altanería y sentido falso de la arrogancia. Para Florit el padre es el padre: nada menos que todo

---

[18] Florit, Eugenio. «Mariano Brull y la poesía cubana de vanguardia». *Poesía, casi siempre (ensayos literarios)* Madrid, New York: Ed Mensaje, 1978.

[19] Parajón, Mario. «Hacia la esperanza desolada». *Eugenio Florit y su poesía*. Madrid, 1977.

un hombre rebosante de bondad, sencillo, sonriente, buen conservador de paseos familiares»(168). Ese es el padre de Florit. No otro y es también algo que nos gustaría agregar: memoria poética rigurosa con la que rescata, se rescata, el olvido de las cosas del hombre. La relación del universo interior del hombre con las cosas que le rodean es evidente en este poema.

Lo primero que rodea al hombre es la muerte. El poeta conversa a su padre muerto que está como sombra a su lado, cómplice y sabio, mostrando un camino, ese mismo camino que los niños esperan que sus padres les enseñen. Por muerto está repleto de sabiduría y vela al hijo. Más que velarlo le habla en silencio y más que hablarle en silencio es su oyente más seguro. Su poesía, hecha de recuerdos, se repleta de anécdota que en este poema opera para ofrecernos una historia común y simple. Una historia que por ocurrida todos los días no deja de ser nueva en la experiencia de cada hombre; pero que para completarse necesita desplazar a otras vidas porque la muerte del padre es también pretexto para contraponer la muerte «de andar por casa» con el holocausto de las guerras (235):

> Ya sabes cómo llegó la guerra
> y cómo en ella la gente se moría;
> cómo terminó la guerra
> y cómo sigue la gente con su manía
> de destruirse, de matarse
> como si no fuera poca toda la carne dividida,

Desde su profunda e individual pena de hijo Florit se desplaza a la colectiva que le toca a cada ser humano por el destino de las guerras. Se entra en un camino de desesperanza serena pues aunque esa agonía pudiera desaparecer con que aprendiera el hombre esta lección humana «lo que [el hombre] quiere es que siga/esta danza tremenda de la muerte» (236).

Todo lo ha visto Florit a través de sí e intensamente. Ha entrado en un paisaje natural telúrico, ha dialogado con Dios y ha cantado a la muerte ajena que le toca en su calidad humana y de poeta. Todo lo ha palpado con *dolorido y sereno sentir*, entregando el *aire* común que respiran los hombres. Cada vez más sereno, cada vez más solo, Florit busca en la poesía un último aliento que apenas puede hallar. A su camino lleno de interrogantes prefiere ya no saber nada. Veamos la decepción, su ausencia de esperanzas, su «conformidad» (356):

No ver, no ver. No mirar que la gente se resbala
y cae, y se levanta dando gracias ¿a quién?,
Al buen chico que aunque sucio y despeinado
tiene una tentación de caridad y la realiza.
Ah, realizar la tentación de ser amable
entre el cochino suelo y los periódicos sin dueño.
Ser amable: decir gracias, perdón, esas palabras
que sin querer alivian la tristeza.
Mas, sobre todo, no ver, no mirar, estarse ciego.
Y poder ser feliz entre la niebla.
   («La niebla»)

Ciertamente después de estos versos Eugenio Florit continúa escribiendo dentro de su agónica serenidad, dándonos por momento mayor inquietud y en otras atisbando en sus recuerdos instantes de la paz perdida. Y sin embargo, hemos preferido tomar «La niebla», fechado el 4 de febrero de 1970. Nada ocurre por casualidad. Nos gustaría hacer notar cómo, vestido de esperanza, Eugenio brinda ya la imagen del desaliento. Un desaliento doloroso que le hacen cuestionar el sentido de cada gesto dentro de la sociedad moderna caracterizada por la incomunicación. El gesto en sí y las palabras mismas parecen sólo expresar el frío protocolo de un gracias y de un adiós, mientras que el poeta, en su doble *acento*, las piensa como un alivio para la tristeza. Y es que a pesar de todo, ahí está él, sujeto visionario entre la niebla. Vigilia del que ve y siente el duelo de la humanidad que va cayéndose a pedazos. En tanto, el poeta es feliz de cualquier modo, entre la oscuridad absoluta él es el sujeto que ve desde la niebla pues se reconoce en su esencia de hombre fragmentado y que, a pesar de todo, crea.

El dolor de Eugenio Florit es ahora mucho más metafísico que antes en la medida en que avanza hacia la experiencia y destino común de lo humano, y en este sentido se engrandece su mirada que de lo particular va hacia lo universal. Su dolor, nutrido de todos es *acento* propio que lo diferencia del sufrir apocalíptico de Martí y la frialdad de Casal; es el dolor que aparece muy siglo XX donde el sujeto lo sabe (1) ya casi todo, una vez que han sido destruidos los mitos y el hombre aún tenga que aprender a vivir en sí mismo.

Descubrimientos de la poesía nacional y universal, raíz en que se inserta y nutre ya que «hay una cosa que no nos podrán quitar aunque quieran, el 'dolorido sentir' de nuestros poetas, tan grandes casi siempre como los mejores y muchas más que los mejores de habla castellana»[20] (69). Muy bien, Eugenio, tú entre ellos.

---

[20] Florit, Eugenio. «Unas notas sobre la poesía cubana». *Poesía, casi siempre (ensayos literarios). Ibidem.*

FRAGMENTOS DE UN DIÁLOGO

DIÁLOGO CON EUGENIO FLORIT[21]

Entrevista de Rafael Heliodoro Valle

—Nunca he creído que la poesía deba ser vehículo de propaganda. Ni de ideas revolucionarias ni de productos alimenticios. La poesía debe ser sólo eso, poesía. Lo que no quita que el poeta que es sincero consigo mismo ponga en ella lo suyo, todo lo que sienta y piense y desee. Es decir: creo en una poesía sincera y noble en la que todo quepa y todo se contenga. Pero no con un propósito deliberado de propaganda. En poesía, nada deliberado, ¡por Dios! Recordemos las palabras de Aristóteles sobre la función de la poesía: «El verdadero poeta revela el espíritu de su época por su habilidad en percibirlo y expresarlo de un modo intuitivo». Es decir, que por ser él hombre de su época —y el error grande consiste en querer sustraerse a esa incontrovertible realidad— tendrá necesariamente que respirar el aire del tiempo. Y ese aire dará al poema su carácter particular. El poeta, dentro de su tiempo y circunstancia, expresará todo eso de un modo intuitivo, y más aún, sin proponérselo. Y de igual modo expresará lo geográfico de su país, o de su comarca o de su ciudad, más que por las palabras, por el ambiente que circunde sus versos. Insisto, pues: en poesía, nada deliberado, ¡por Dios!

—Ningún poeta ha empezado a escribir poesía decantada. Todos hemos hecho tanteos. Seleccionar aquellos poemas que mejor nos expresan, me parece que es un ejercicio de humildad, de honestidad.

Uno de los poetas de más fina conciencia literaria es Eugenio Florit, de raíz cubana; algo más, un poeta en su vida y en su obra. Tenía que conversar con él acechando uno de esos paréntesis de vacaciones que la cátedra universitaria permite también a los poetas que quieren arreglar el mundo, dando lecciones.

—Por ahora tengo en preparación dos libros: uno de prosa, de crítica y autocrítica, que posiblemente se publique el año próximo, no lo sé todavía; y el otro es un cuaderno de apuntes en el que he reunido mis impresiones sobre poetas españoles e hispanoamericanos.

---

[21] Valle, Rafael Heliodoro. «Diálogo con Eugenio Florit». *Universidad de México* 5.52 (1951) 7-8.

—Me ha gustado mucho su ensayo sobre la soledad, que leyó usted en Nueva York.

—Lo escribí para tener un pretexto que me permitiese leer unas «canciones para la soledad». El Instituto Hispánico de la Universidad de Columbia me había invitado. El ensayo irá en ese libro con «Regreso a la serenidad», «Una hora conmigo» y tres o cuatro páginas más. Y luego algunas páginas sobre Antonio Machado, Garcilaso y Bécquer, Heredia, Zenea, Eguren, Jorge y Nicolás Guillén, etcétera.

—¿Además?

—Una colección crítica de la poesía de Martí. El tema me interesa extraordinariamente. Aún no se ha hecho cuidadosamente nada a ese respecto. Y con la señora Harriet de Onís, preparo una antología general de la literatura norteamericana que abarcará desde los escritores coloniales y que será traducida al castellano. Tenemos la ilusión de que sea algo importante. Todos los textos van traducidos por nosotros.

—¡Pero hay algunas traducciones que superan a los textos originales!

—Algunas ya clásicas como «El cuervo» de Pérez Bonalde, quizá y desde luego. «La oración por todos» de Bello. Me parece que no se puede mejorar esa traducción. Así que eso es lo que tenemos. La señora de Onís es una gran traductora del español al inglés y habla divinamente el francés. Ha hecho excelentes traducciones de Ismael Enrique Arciniegas y de Alfonso Reyes. Ha terminado su libro sobre el folklore a través de la literatura hispanoamericana... Una obra preciosa, pues presenta extractos y momentos del folklore en las obras máximas de nuestra literatura. Es una dama muy sensitiva, muy inteligente.

—¿Cuál o cuáles son para usted los poetas norteamericanos que más le seducen?

—A quien yo prefiero es a Robert Frost. Es muy difícil de traducirlo. Es sumamente sencillo y por eso es complicado: el más difícil de todos: pero de una calidad de ambiente... es maravilloso. Vive aún. Tiene 75 años y continúa produciendo.

—Justamente, como nuestro González Martínez, que es otro prodigio.

—Frost publica algo nuevo casi todos los años: es un viejo magnífico, fuerte, muy bondadoso. Le visité en Nueva Inglaterra. Me produjo una impresión única. Tuvimos hace cuatro años largas conversaciones y le sigo visitando casi todos los veranos.

—¿Y a quiénes otros? ¿Quizá a Sandburg?

—No le he tratado, pero también lo admiro mucho. Hay otros espléndidos, como por ejemplo Tristan Coffin y muchos más, muy buenos. Hay que leerlos.

—¿Y Edna Vincent Saint Millay?

—¡Claro! El otro día, poco antes de su muerte, he leído uno de sus últimos poemas. Y encontré, por cierto, una coincidencia de tono muy curioso con... ¡imagínese usted, nada menos que con Delmira Agustini. Hay un poema de ésta... que se refiere a sus amores muertos... una cosa así... y Edna tiene uno tan parecido!

—Esto ocurre muchas veces con los poetas.

—Claro que eso es así.

—Leyendo a González Prada advierte uno la genealogía del cisne en la poesía de América.

—Y en Martí también hay el azul, como en Rubén... aquellos versos a Cecilia Gutiérrez Nájera. «El verso azul»... ese poema es del año 1894, durante la segunda estancia de Martí en México.

—Es de lo más bello que ha escrito Martí... «Música azul y clavellín de nieve»...

—Yo he sostenido que Martí era fundamentalmente un poeta, un poeta verdadero.

—Siempre Martí fue un poeta, como escritor, como periodista, siempre...

—Le ha oscurecido un poco la política. Aún gentes que se preciaban de ser intelectuales no le reconocían su calidad de poeta. Pero es extraordinario.

—A él afluían las corrientes del clasicismo, como que había leído mucho a los grandes escritores españoles e ingleses.

—Se sabía muy bien la literatura francesa y la castellana.

—No sé hasta dónde haya resultado bien la compilación de su obra hecha por la Editorial Lux. Me supongo que hay algunos versos desconocidos.

—Es posible que haya algunas páginas sueltas suyas, que quedaron escondidas o guardadas. Lo curioso es que esa edición ha repetido errores. Es algo incomprensible cómo variantes de poemas, como hacemos los poetas, no se advierten allí. En mi libro pienso respetar la intención de Martí y no publicar nada que sea anterior a *Ismaelillo*. Hay estrofas muy bonitas, pero que irán en apéndice.

—Es lo mismo que ha resultado con la compilación de los poemas de Darío. Sobre todo, no con intención de arqueología literaria, sino tomándolo como obra definitiva, han reunido por allí lo que él escribió antes de *Azul*... —Usted también ha hecho la selección de lo suyo, y ha hecho bien. Lo mismo González Martínez. Me parece que ha sido un acto de prudencia.

—Es que así se puede seguir la trayectoria del verso, de la poesía de uno. Estoy contento. Si se me ocurriera hacer otro libro, pues ya escogería. Creo que éste es un ejercicio de humildad. Ningún poeta ha empezado escribiendo bien, pues todos hemos hecho tanteos.

—Yo he encontrado por ahí dos poemas desconocidos de Porfirio Barba-Jacob. Pero esos documentos hay que aprovecharlos como tales, para prefigurar al poeta. Dígame algo sobre el interés que hay en algunos círculos de los Estados Unidos por la poesía hispanoamericana.

—Es un interés bastante limitado. Desde luego, las cosas de minoría, los círculos universitarios, esa organización que se llama *New Directions*. Han publicado algo de Neruda, de García Lorca. También su teatro con un prólogo de su hermano Francisco. Este se halla en Nueva York, enseñando. ¡Gran persona!

—He tenido el gusto de conocerle, aunque rápidamente, en una de esas recepciones en que no hay tiempo para hablar con quienes se desea.

—Ahora en la postguerra debe haber mayor interés por ciertos poetas de nuestro idioma.

—Ese interés tuvo cierto momento. Pero el embullo, no sé si usted conoce la palabra cubana, se ha entibiado. Nos conocen muy poco.

—¿Cómo va su cátedra?

—Hace cinco años que enseño literatura española e hispanoamericana en el Barnard College. Doy un curso de poesía española y otro sobre cultura española e hispanoamericana.

—He sustentado la cátedra de Historia de la América Española en la Escuela de Verano en la Universidad de México, y advertí que a los estudiantes norteamericanos les animaba cierto interés.

—Hay una discusión, promovida por Emilio Ballagas, sobre la poesía hispanoamericana.

—Tiene un valor propio, en espíritu, en intenciones. Es una actitud que vale la pena apreciar. Pero hay poetas que evaden el tema americano.

—Tiene usted razón. Pero aún en ellos priva el ambiente, o bien la montaña o bien el mar o la meseta o el trópico... Aunque no hablen de palmeras, ni de nopales, el ambiente da un tono a la poesía, que les permite diferenciarse bien. Esa diferencia es clara, muy clara, entre la poesía de Díaz Mirón y la de González Martínez, por ejemplo.

—Y lo mismo se puede decir de los poetas cubanos.

—Hay tanta luz, tanto mar alrededor que, aunque no seamos tropicalistas, ello tiene necesariamente que influir en nosotros.

—Sin embargo, usted y Mariano Brull son diferentes. Heredia era el estrépito, la sonoridad.

—Hay que fijarse en Zenea. Zenea es un buen poeta y en él hay un inicio de poesía moderna que se acerca al simbolismo.

—No sé si me he referido a Nicolás Guillén, el gran afrocubano.

—Creo que «El son entero» de Guillén es de lo mejor suyo. Todo en él es bueno, bueno en el sentido de poesía. Una poesía más calmada, más meditada. Una poesía de categoría. El nombre de Nicolás, del poeta Nicolás Guillén, hay que citarlo con orgullo.

—¿Y entre los poetas nuevos de Cuba?

—Hay muchos y muy buenos. Samuel Feijóo y Cintio Vitier son de los mejores. Enrique Labrador Ruiz ha tenido un rápido ascenso con su última novela. Novelistas, cuentistas... pero se necesita hacer una revaloración. Habría mucho que decir, ¿no le parece?

—Andrés Iduarte prepara o ya tiene lista una novela. Iduarte es en ella autobiográfico.

—Las letras han ganado con que no haya entrado en la diplomacia.

—¿Qué hay de la nueva obra de don Federico de Onís?

—Sigue preparándola. Se trata de la segunda edición de su *Antología de la poesía hispanoamericana*. Se propone ser más estricto. No pensaba agregar más que uno. Me lo dijo hace tiempo.

—¿Pero será posible que desde que apareció la primera no haya habido siquiera cinco poetas capaces de ser pregonados en la segunda edición?

—¿Cómo ve usted el panorama de la poesía en la América Española?

—Creo observar un regreso a la serenidad y a las formas tradicionales. Es muy curioso —y no sé si decir alarmante— la cantidad de sonetos, liras, décimas, sobre todo sonetos, que están escribiendo nuestros poetas. Claro que por otro lado continúa fluyendo el verso libre. Y todo ello no es otra cosa que el doble camino que por lo general toma la expresión poética: ceñida unas veces, abierta y desorbitada otras. En general, me parece que hay grupos muy interesantes de poetas jóvenes en la Argentina, en Cuba, en Chile, en casi todos nuestros países. Y jóvenes preocupados no sólo en escribir poesía sino en estudiarla y hacer su crítica. Sabe usted, además, que en nuestra América podrá no haber poesía, pero siempre habrá poetas.

—¿Cuál es, a su juicio de catedrático universitario, el problema principal de los alumnos para comprender el panorama de nuestra poesía actual?

—El problema mayor que como profesor se me presenta en relación con los estudios de poesía hispanoamericana contemporánea es la falta de buenas antologías generales. Claro que siempre podremos contar con *Laurel*, que es excelente aunque limitada. La de Onís está agotada y su segunda edición tarda en aparecer, además de ser demasiado extensa, por comprender lo español también. Nos está haciendo mucha falta una seria colección que nos presente lo mejor de ahora y aun lo de antes. Sólo en un libro de esa clase puede el estudiante darse cuenta del complicado panorama de nuestra poesía.

—No creo que Rubén Darío tenga que ser revalorado por la crítica. Como toda gran figura literaria, habrá siempre que escribir sobre él, y comentar o interpretar su vida y sus poemas, y tratar de comprender más y más su mundo poético. Para eso se siguen escribiendo obras importantes, como ese gran libro que nos dio en 1948 Pedro Salinas, *La poesía de Rubén Darío*. Todavía, querámoslo o no, estamos dentro de la órbita rubendariana. Y tengo para mí que todas estas escuelas o modas literarias contemporáneas proceden directamente del modernismo. Sea el nombre ultramodernismo, o postmodernismo, o como se quiera. Rubén Darío abarcó demasiado en su poesía para quedar como cosa de historia. Sus temas, sus maneras, su espíritu están aún vivos y nos llegan todos los días. El mundo poético de Rubén es un universo. En él vivimos aún los que escribimos poesía[22].

---

[22] Eugenio Florit, uno de los poetas y críticos cubanos de significación, ha publicado *32 poemas breves* (1927), *Trópico* (1930), *Monólogo de Charles Chaplin en una esquina* (1931), *Doble acento* (1937), *Conversación a mi padre y Reino* (1938). Actualmente profesa en el Barnard College, de Nueva York, la cátedra de Literatura Hispanoamericana.

CON FLORIT

(El poeta entrevisto por Rita Martin)

Lezama Lima gustaba de afirmar su gusto por llevar cualquier tema a la conversación concluyendo que sólo lo que se conversa se encuentra a la altura del hombre. Me atrevería a afirmar —siguiéndole—, que un poeta se hace grande en la medida que conversa sobre las cuestiones más complejas de la manera más sencilla que es también la más profunda.

Esta idea de participación del creador es la que le otorga su sentido de compromiso ético: la realización de su ser poético y de su verdad con la que arremete en su fe de que la palabra transforma en virtud de sus propios poderes, y el nacimiento de cualquier poética es insondable, iniciándose desde el escenario público o el total silencio, para permanecer como ráfagas descubridoras en la conciencia colectiva de los otros hombres.

Esta permanencia que no necesita de un nombre en los otros o en el otro hace que la misión del arte sea eterno. Eternos llegan los versos anónimos de toda la lírica española y el placer no lo halla el lector pensando en quién fue o de qué manos salieron éstos, su gozo es saber que el sentimiento puede expresarse de un modo preciso y que es a la vez anterior a sí mismo, situando este acto y/o hecho poético dentro de su calidad de eternidad.

En estos caminos de cuestionamientos y fe en el arte se sitúa la obra de Eugenio Florit. Para ello se necesitan fundamentalmente coraje y humildad, dos atributos esenciales de su personalidad humanísima y, por ello, sencilla, afable, esencialmente poética; porque Eugenio, así le llamábamos los que tuvimos la dicha de haberle conocido personalmente, fue ante todo una persona, un ser humano infinito al que la poesía no sólo llegaba, sino que desde él, ella emanaba en su clara virtud de renacimiento.

Tal vez hasta el presente —contaminados por las guerras y los neutrones— no ha habido temas de mayor angustia para el hombre como el tiempo y la muerte. Van de la mano. Andan el mismo camino. Y en su tiempo vive y muere el hombre más vidas de las que él mismo alcanza a comprender. Todo comienza en los recuerdos. Los suyos y los de los otros emparentados con el reino de la soledad, la posesión más verdadera del ser humano, desde la cual proyecta su «sombra contra el muro». Sombra del ser que crea un tejido único, una permanencia, una posibilidad de lo imposible.

La eternidad del instante poético. Su contrasentido y alucinación por la que Eugenio Florit ha dicho: «Lo mejor, lo menos malo que me ha ocurrido en la vida, es mi encuentro con la poesía».

Eugenio Florit, poeta de fecunda vida, una vez más y, como siempre, confirma el paso de su universalidad en estas páginas. La época y la vigencia de su poesía, están ahí, en su propia palabra que hoy presentamos nuevamente como un recíproco homenaje, a él, y, por supuesto, a la poesía. Los dejo entonces con un fragmento de un diálogo siempre inacabado:

R.M: Ante una vida y una obra signadas por las numerosas búsquedas espirituales y sus correspondientes hallazgos, es casi obligado saber cuál es su opinión acerca de la identidad del ser humano, en su relación con la tierra, el universo y su propia alma. ¿Dónde halla el hombre la verdadera comunión?
E.F: Pues mire, no creo que el hombre pueda sentirse como tal sino es participando, del modo que le sea posible dentro de su pequeñez, del universo en que vive y sueña.

R.M: ¿Cuál considera que es el destino del arte en esta época y dónde la solución para el creador en el esfuerzo de perpetuar su vida y su obra en pos de este objeto?
E.F: El destino del arte en todas sus manifestaciones es el de sobrevivir a pesar de todo y de mantenerse firme en su voluntad de creación.

R.M: ¿Tiene el creador alguna especial misión en la tierra? ¿Dónde su más íntimo compromiso con la humanidad?
E.F: Acabo de explicarme, creo, su compromiso con la humanidad es el de crear belleza como y cuando pueda.

R.M: ¿Volverá el poeta a ser reconocido como «la palabra de la tribu»o esta misión quedará ya en manos de los políticos?
E.F: La palabra poética no puede o no debe supeditarse a otras actividades humanas o inhumanas.

R.M: ¿Podría definir algunos elementos importantes de su poética?
E.F: Pues no lo creo. Lo importante para mí es haberme, o saberme expresado poéticamente, si alguna vez he podido llegar a eso, o tal vez sea mi deseo de ver el mundo que me rodea.

R.M: ¿Cómo llega Eugenio Florit a la depurada serenidad de la palabra?
E.F: Si alguna vez lo he logrado ha sido por sentirme parte de ese mundo en el que vivo y que he tratado de conocer y de dejar escrito en mis versos.

R.M: ¿ Qué es el tiempo para usted?
E.F: Es creo un estado del espíritu en relación con el mundo.

R.M: Y la muerte, ¿es tránsito o acabamiento?
E.F: Tránsito, claro está cuando se ha vivido la vida, permanecer en la obra escrita.

R.M: ¿Es el hombre un gran solitario?
E.F: Solitario, sí, pero no tanto. El hombre ha de respirar el aire común a todos.

R.M: ¿ Dónde el ser humano en las grandes ciudades?
E.F: Cuando se vive intensamente la gran ciudad sólo es telón de fondo, o bien escenario en donde actuamos y tratamos de expresar lo nuestro, lo mejor de lo nuestro entre lo demás, lo que nos rodea.

R.M: ¿Cuál es la causa de la incomunicación del hombre moderno?
E.F: La prisa, el movimiento, la televisión, la radio, a veces, todo lo que nos aparta de nosotros mismos. Claro que hay excepciones. Escuchar la música por ejemplo. Pero son simplemente excepciones. Todo lo demás resulta perturbador.

R.M: ¿Cómo conjugaría los elementos de nacionalidad y universalidad? ¿Tiende el hombre hacia una proyección de lo segundo o de lo primero?
E.F: Cuando el hombre, el artista, el poeta, músico, es lo suficientemente nacional puede llegar a ser universal si se mantiene la raza o la raíz de su talento. Mantener su talento y, al propio tiempo, pertenecer al mundo, a lo extranacional.

R.M: Existen dos grandes grupos de poetas —y artistas en general—, por un lado, aquellos que exigen una experiencia vivida detrás de la letra y, por otro, los que ahondan, con su imaginación en la experiencia artística. ¿Dónde considera se inserta su pensamiento poético y actitud vital?

E.F: Creo que hace falta, es necesario haber vivido para poder crear algo, vida y creación han de ir a la mano como buenos hermanitos, sin pelearse, vida e imaginación.

R.M: Permítame hacerle saber que sus libros son leídos con avidez por los jóvenes escritores cubanos para los que su vida de intelectual es una pauta a seguir y sé de muchos que han enviado sus poemas con el temor de que nunca llegasen a sus manos y, que a despecho de un sistema de cosas, preparan homenajes en su nombre. ¿Conoce a algunos de éstos? ¿Cómo se siente al confirmar que la poesía transgrede las normas estéticas, el tiempo y las fronteras?

E.F: He tenido noticias, sí, es verdad, de que los jóvenes poetas de Cuba me leen o saben de mi existencia aquí y ello me alienta y satisface, pero no los conozco personalmente aunque sus nombres y afectos han llegado hasta mí y gracias a ellos y a su poesía, me siento más cerca de nuestra Cuba.

R.M: ¿Podría hacer un balance de aquel grupo de poetas y artistas que conformó, más que una generación, un movimiento literario y artístico de gran valor dentro de la Cuba republicana?

E.F: Desde mi juventud, hace ya tantísimo tiempo, me relacioné con el grupo de la *Revista de Avance*, escritores y artistas claro, hice grandes amistades con ellos. La gran mayoría de los que ya no están en el mundo, pero en esa revista comencé mi relación, mi amistad o mi entrada, casi diríamos en la literatura.

R.M: ¿Cuál es en su opinión la causa de que haya sido la poesía el género de mayor manifestación (y develación) en la Isla de Cuba?

E.F: Sencillamente me parece porque, a pesar de todo es un pueblo sentimental y muy dado a expresar sus emociones tanto en prosa como en verso.

R.M: ¿Es un acierto (o desacierto) el creer que el desarrollo de la Isla de Cuba (evolutivo e involutivamente) es consecuencia de la diferencia impuesta por Colón de que era aquella la «Isla más hermosa que ojos humanos hubiesen visto?»

E.F: Lo que dijera o no lo dijera, eso no lo sabemos bien, el Señor Don Cristóbal Colón no nos importa tanto, la hermosura de la Isla estaba allí y estará y ha de estar a pesar de todo, tiene que seguir estándolo porque para eso la creó Dios.

R.M: ¿Nacer en Cuba es una fiesta innombrable?
E.F: Sí, sí, nacer en Cuba es una fiesta. Yo, que en ella no nací, puedo decirlo a voz de pecho, cuando a ella llegué a mis catorce años supe, supe muy bien, me di cuenta inmediatamente, que había llegado a donde iba a ser el centro de mi vida y de mi obra.

R.M: ¿Cómo se unen en usted música, pintura y poesía?
E.F: A pesar de que comencé a tocar el piano y luego a emborronar algunos cuadritos, y esas cosas, no tengo nada que decir, nada de ello tiene importancia. Me ha gustado y me gusta mucho, claro, la música, la pintura, como afición, pero eso es todo. Lo mejor, lo menos malo que me ha ocurrido en la vida es mi encuentro con la poesía que ha estado junto a mí desde mi juventud y que me ha acompañado siempre.

FLORIT POR SÍ MISMO

REGRESO A LA SERENIDAD[23]

Aquel poeta me decía: —Yo siempre estoy recortando mis sueños. ¿Que viene uno desorbitado, sin posible medida? Pues a encuadrarlo, para tenerlo en límites precisos. No significa esfuerzo alguno el dejarse llevar por espacios sin norma.

Y recordaba a Eugenio D'Ors: «Las cosas han llegado al extremo de que se vean convertidas en rutinas las que ayer mismo eran audacias y de que se necesite un gran valor para no ser revolucionario».

En arte, claro está, ser revolucionario significa obedecer a la fantasía. O mejor: mandar a la fantasía que se desboque, para mirar, en la abierta carrera, cómo van naciendo, a derecha e izquierda, todos los paisajes en movimiento desesperado.

Por eso el poeta me decía: —Hay más virtud en sostener tensas las bridas, para retratar, uno a uno, los paisajes que nos interesen.

Los jardines románticos, fiel retrato del alma del 800, crecieron libremente y eran unos jardines malcriados. Se dejaba al follaje campear por sus respetos —que no respetaban nada— y la apasionada imitación de los bosques traía a espacios reducidos un rousseauniano amor por lo natural. Con ellos como fondo, el poeta lanzaba al cielo sus retóricos ayes de dolor y representaba a las mil maravillas un monólogo de patética superchería. Hemos de pensar en los jardines de Academo, con sus setos de boj y sus bancos de mármol. Está bien, a lo lejos, el bosque. Cerca, para nuestro recreo, habrán de limitarse los impulsos primarios y la podadera, con un prurito aséptico, dejará el marco libre de telarañas y restos de mariposas, podridas en la humedad de las lágrimas que hallan adecuado lecho entre las hojas secas.

¿No será este el problema capital de la nueva poesía? Claro es que hubo un momento en que se hizo necesario romper el círculo de papel y saltar al otro lado, con una cinta original entre los dedos. Nueva explosión del romanticismo. Como antes fue el énfasis del sentimiento, era hasta ayer el de las sensaciones. La velocidad sustituyó a la intensidad. Se tenía la convicción de que era saludable aprovechar el vértigo. El tren, el trasatlánti-

---

[23] *Homenaje a Enrique José Varona en el cincuentenario de su primer curso de filosofía (1880-1930)*. Dirección de Cultura, La Habana (1935) 423-427.

co, el aeroplano, todo lo que llevara de un lugar a otro, desde la Plaza Roja de Moscú hasta un *elevated* neoyorquino. Y de norte a sur, se traían desde Noruega, con aquel célebre explorador, los cuatro puntos cardinales de Vicente Huidobro para engarzarlos en la oreja de una indígena de Fernando Poo. Y así andaban los poetas, dando saltos de júbilo por las cinco partes del mundo. Era necesario. Fue un producto de la guerra.

Pero ya han pasado varios años. Los bastantes para que toda aquella utilería poética esté inservible y la vayamos arrinconando en el cuarto oscuro. Y, de pronto, nos encontramos, «de vuelta ya de la región de las agudezas», como dice Guillermo de Torre, con un cielo despejado del humo de los obuses y de un brillo nuevo casi, de tan limpio, bajo el cual nosotros somos nosotros mismos. Al abandonar el gorro de colores de la fantasía desmesurada, nos miramos hacia adentro y descubrimos —acaso lo sabíamos ya, pero nos avergonzaba confesarlo— que existe una vida interior pródiga en matices espirituales.

Decimos «espirituales» y nos parece llegar con esto a la médula de nuestro propósito. Si el romanticismo, desde Gray hasta Zorrilla, pone en juego como figura central el alma y, con ella, la expresión, el lirismo, todo el dilatado espectáculo pasional y emocional íntimo, por resonancia de lo exterior patético, ya está con ello denunciando una total ausencia del espíritu. Para el hombre romántico alma y naturaleza están de tal suerte ligadas, que todo su deseo girará en torno a esa doble solicitación. Verá su alma a través de la naturaleza, o se explicará ésta por lo que tenga de similar con su alma. Para él, la naturaleza no es interesante en sí misma. Lo es ya que su contemplación sirve para expresar estados de alma. La melancolía de una puesta de sol le conmueve porque se ve a sí mismo proyectado en ella. Ama los rayos oblicuos del sol en cuanto son éstos capaces de extender su sombra, exagerando las dimensiones naturales. Y, de egoísmo en egoísmo, sintiéndose centro universal, el romántico querrá ver reflejado su dolor o su gozo en los seres que le rodean, cuyas almas cree él obligadas a comprenderle. El espíritu no cuenta. El espíritu, que es raciocinio, huye de esta *misse en gros plan* de lo recóndito.

Ahora —tras la llamarada romántica de post-guerra— venimos a conceder importancia esencial a las palabras que *significan* algo, que no son meras gotas de agua en interminables parrafadas oceánicas —en las que cada palabra era tan sólo parte del conjunto y por sí sola no significaba nada. Ya la palabra, como tal, tiene un valor. Abre en mitad del verso una pura isla de significados que sólo la inteligencia —el espíritu— es la llamada a descifrar.

La palabra significa: no expresa. Concita sobre sí, como un prisma, las luces espirituales. El alma, aturdida, pasa cerca de ella sin comprender nada.

Apunta, muy finamente, Francisco Ayala: «Toda una promoción literaria ha encontrado, de pronto, su adultez. Ha tirado los juguetes y ahora se siente desconcertada porque, en cierto modo, había hecho profesión de la edad infantil». Cierto. Como es cierto también que la poesía se recoge cada vez más en sí misma y, lo que era en ella delirio de universalidad geográfica, tórnase contemplación de las fuerzas espirituales y expresión comedida de estados intelectuales puros.

El poeta acaba de descubrir que ya es un hombre y que, como tal, deben interesarle sus problemas íntimos. Ahora bien: como tiene responsabilidad y conoce sus fuerzas, no hará con ellos juegos malabares. Tratará de hacerlos vivir en un verso-vaso. Dentro de él cabrán, no los falsos ayes de anteayer ni los júbilos que ayer salían como cohetes.

Cuando yo digo en un soneto:

> Sin el recuerdo ya, fuego invisible,
> ahora, salamandra pasajera,
> nunca dice la suerte si muriera
> metida el alma en el ardor posible.

estoy destruyendo las puras esencias románticas de la poesía. Ya no se agitan en torno «los invisibles átomos del aire» —y aunque ello fuera así no hallaría resonancia poética en mi corazón, sino en mi pensamiento. La inteligencia pretende abarcar hasta los más sutiles estados poéticos. Estos no son, en definitiva, sino concepciones intelectuales desprovistas de toda implicación emotiva. Toda una serie de imágenes se da cita en quién sabe qué circunvolución cerebral para producir lo que llamamos *hecho poético puro*. Este hecho poético es, en su esencia, que vale tanto como decir en él mismo, un estado de pensamiento totalmente distinto a los estados de alma que se traducían en el derrame, por todos los poros del yo —sentimiento, de un sudor lírico— en la acepción peyorativa del vocablo.

Se habla de una falta de sensibilidad, como síntoma de la actual literatura. No. Cuando ello se afirma se está confundiendo la sensibilidad con la sensiblería. El poeta de hoy se halla en una disposición de espíritu capaz de registrar las más débiles corrientes emocionales. Pero sabe —con la experiencia que le ha dejado más de un siglo de romanticismo— que ha de huir de la inspiración que tales inducciones le produzcan. Esta no debe nacer de la embriaguez, de la sensibilidad, sino de la razón lúcida. Mejor diríamos: razón poética, razón ilógica, que no conoce más postulados que los de la pura intelección poética.

El poeta ha recobrado su serenidad. Tras el agitarse de las aguas, hendidas por un deseo vasto, han vuelto éstas a aquietarse. Y ya el sol puede quebrar en ellas los siete clavos de su luz. Vamos —como ha dicho alguien— a la sencillez, por el respeto de las circunstancias, la lealtad a los materiales, la lógica arquitectónica. Tendemos hacia lo abstracto, hacia la organización geométrica, por instinto de unidad, por deseo de equilibrio y por cansancio de un arte inconsistente.

Este renacimiento de la serenidad poética viene a reforzar la idea —ya lanzada— de si no estaremos llamando a las puertas de un nuevo clasicismo. La valorización del sentido plástico —opuesta fundamentalmente al exaltado fervor de los impulsos que mantuvieron a la literatura a una velocidad de 100 kilómetros por hora— crea, en los poetas de 1930, una comedida ponderación en la que asoma, aún indeciso, el mundo limitado que tuvo su centro en la filosofía platónica. La medida, el profundo equilibrio de las ideas, engarzadas entre sí interiormente —a veces sin nexo visible—, ese horror al suspiro y a las expansiones infinitas del alma, traen una raíz de genuino sabor a mar Egeo.

(Falla, Satie, Poulenc, Stravinski, Halffter, saltan sobre Wagner, Schumann y Beethoven, para caer muy cerca de Bach. ¿Imitación? No. Comprensión de su espíritu y anhelo de geometría. Moldes de ayer para el arte de siempre. Clásico, que es como decir eterno. Geometría y pauta que es como decir divinidad. El «Clavecin bien temperé» y el «Concerto» de Falla. En ambos, un universo de ideas y de normas. El acento de las mejores luces del espíritu).

Y es más: si, como afirmaba Platón —y repite Ortega y Gasset— las impresiones se nos escapan si no las ligamos con la razón, hay en esto una íntima consonancia con el deliberado ordenamiento lógico de la poesía actual que ya no trata de *épater* con sus incongruencias, sino que pone en lo íntimo del poema una perfecta trabazón geométrica de las ideas.

Como un cuadro de Picasso es, ante todo, un cuadro. Y una sonata de Stravinski es sólo eso: una sonata —es decir: música—, así un poema de ahora —no quiero citar nombres— es poesía sólo por el gusto de serlo. Interés en el poeta de hacer arte. Interés en el artífice de crear forma. Y forma sostenida en un ritmo que —como dice Jules Supervielle— habrá de ser más exigente, ya que no está sostenida ni por la rima ni por un metro fijo.

En lo espiritual, como en lo tipográfico, han quedado definitivamente muertos los puntos suspensivos.[24]

---

[24] Fechado por el poeta en La Habana, junio 1931.

UNA HORA CONMIGO[25]

Ya va de cuento: yo nací casi con el siglo, y me he educado en el cinematógrafo. Supe, de niño, cuántas veces ponía los ojos en blanco Francesca Bertini en el espacio de un minuto. Y, panorama más interesante, las vueltas que daba la cabalgata de los pieles rojas alrededor de una pobre carreta indefensa en los desiertos de Arizona. A los doce años compuse un madrigal y me sentí poeta. Había en él la consabida mariposa, la consabida boca roja; en fin: las consabidas bisuterías líricas de pacotilla. A pesar de lo cual, no volví a componer versos hasta tres años más tarde, ya en La Habana. Entonces comenzaron mis lecturas. Baudelaire, Juan Ramón Jiménez, Martí, Rubén Darío y ¡ay! Francisco Villaespesa, que andaba por nuestra América envenenando liras con la juglaría de sus fáciles versos. Como resultado de todo ello compuse un libro «*32 poemas breves*» donde, a falta de otras cualidades más apreciables, se notaba —y así lo hicieron constar varios críticos— un tono general de buen gusto y cierto dominio de la técnica del verso. Con todo, eran versos de juventud, puestos bajo la advocación de cuatro nombres: Víctor Hugo, José Martí, Juan Ramón Jiménez y Amado Nervo.

Aunque en las últimas páginas de ese libro se asomaba tímidamente una luz vanguardista, en temas como «Los rieles», «El tranvía», «El obrero», me dijeron de él que olía demasiado a rosas. Y como tenían razón, me callé. Era a principios del año 1927.

Sabido es que por aquella época nuestra América estaba hundida en las aguas rejuvenecedoras del llamado vanguardismo, que no fue otra cosa que una copia del ultraísmo español. Tras los años de la Gran Guerra, en cuyo crisol tomaron forma buen número de nuestros males y nuestros bienes, España, que había vivido hasta entonces separada literariamente de Europa por un atraso de años, se incorporó a la nueva estética del verso gracias al esfuerzo brillante de sus ultraístas. Ellos —Guillermo de Torre, Gerardo Diego, el argentino Jorge Luis Borges— cortaron el cordón umbilical que mantenía a los poetas españoles unidos al rubendarismo y al posromanticismo, abrieron las ventanas a los cuatro horizontes, y con la escoba y la frazada acabaron con todos los murciélagos y los ratones líricos que

---

[25] Florit, Eugenio. «Una hora conmigo». *Revista Cubana* 2, 4, 5, 6 (1935).

ensuciaban el Parnaso. Borges, tras esa labor de higienización, regresa a Buenos Aires hacia 1921 y desde las revistas literarias, se inicia la revolución en tierras americanas.

En Cuba, después de algunos esfuerzos aislados entre los que no podemos olvidar la página de literatura nueva que José Antonio Fernández de Castro mantuvo durante algún tiempo en el *Diario de la Marina*, la obra saneadora se concreta en la revista «1927". Desde ella se dispararon obuses contra los rezagados y los eternos viejos. Con ella Juan Marinello, Jorge Mañach, Francisco Ichaso, José Z. Tallet, primero y Félix Lizaso después, incorporaron a Cuba al concierto de voces juveniles con que América respondía a la llamada de la nueva literatura.

Unido por cordial amistad a los directores de «1927" —que fue, sucesivamente, «1928", «1929" y «1930"— por ellos me fue dada la gracia de alistarme en su navío y ya en él como grumete, comencé a hacer ejercicios entre el cordaje del vanguardismo formal y logré algunas actitudes graciosas que me fueron aplaudidas. Había, en realidad, que sentirse un poco héroe para arrostrar la ira de una mayoría que se mofaba de nuestro esfuerzo y pretendía acabar con nosotros en medio de la más enconada de las batallas. De todo ello guardo en el cajón de mi mesa un libro inédito que ya no sirve para nada. No sirve. Pero me fue útil en su día. Por él aligeré mi poesía del lastre rubendariano y tal. Conocí el gozo de saberme libre de amarras y tostado por el sol de los cinco continentes. Le retorcí el cuello a la elocuencia. Fui, en fin, poeta de vanguardia, de aquella vanguardia tan desacreditada ya, que anda con el rabo entre las piernas por algunas aldeas del mundo literario.

Además, hemos de anotar el hecho de que el ultraísmo —o el vanguardismo— era en su esencia un movimiento romántico y, como tal, creíase el único acento que los poetas podían y debían entonar. De la misma suerte que el romántico tenía el corazón de manifiesto a todas horas, y sobre la pobre víscera construía párrafos y párrafos desesperadamente trágicos, el literato de vanguardia usaba y abusaba de las metáforas deportivas, del culto de la velocidad. Ser poeta, entonces, significaba saltarse a la torera los cuatro puntos cardinales; elevarse en avión hasta la cumbre del Himalaya, y más arriba; viajar en el Transiberiano; jugar al tenis con la luna y, en el 40 H.P. de la febril imaginación, violar los vientos y las carreteras todas del orbe. El que tal cosa lograba, podía exclamar como Don Juan después de su viaje a Italia: «Yo a los palacios subí —yo a las cabañas bajé, etc., etc.».

Sabemos, también, que las innovaciones del ultraísmo se quedan, las más de las veces, a la puerta del poema. Hay en él nueva tipografía, abolición de nexos formales y palabras inútiles; pero, en el fondo, sólo sustituye el romanticismo del ¡ay! por el de la metáfora y la velocidad. Su originalidad estriba en su negación.

Ahora, he de confesaros esto: al tratar de sumarme al tren del ultraísmo, como mi reloj iba atrasado, perdí el estribo y dí de bruces en el suelo. Quiere esto decir que ya había pasado el tiempo de las cabriolas líricas y que la poesía, vencidos aquellos años de romanticismo de la velocidad, se recogía a beber en las aguas serenas de la pura poesía. Me estaba acariciando la nariz adolorida, cuando vi aparecer a Góngora en el horizonte. Era el año de su centenario.

Las juventudes literarias de España y de América acogieron la efemérides con un fervor inusitado. Libros, revistas y periódicos iban cargados de acento gongorino. Los trabajos que años antes iniciara Alfonso Reyes se actualizaban y comentaban. Aquel sol brilló en el cenit desde 1927 a 1930. ¿Qué significaba tal énfasis del gongorismo? Significaba, sencillamente, esto: el poeta habíase lanzado a una especie de Maratón; tanto como el verso, había fragmentado el mundo en mil imágenes de caleidoscopio. Se sintió un momento libre de las trabas de la retórica y, con el grito juvenil de la revolución en los labios, saltaba de uno a otro horizonte. Pero ya estaba cansado de la carrera interminable. Y en la estética del genial cordobés halló un remanso para su espíritu agitado. Fue como quien echa a andar bajo el sol de agosto, por un camino abierto a todas las saetas luminosas y halla de pronto el árbol grato a cuya sombra se enjuga el sudor y se goza la brisa. Por eso los poetas de habla castellana, que habíamos probado que podíamos y sabíamos ser libres, nos juntamos un día a la sombra del roble gongorino para hacer ejercicios de humildad. Alfonso Reyes, ese admirable tipo de hombre de letras, escribió a este respecto, comentando la aparición de mi libro *Trópico*; «ya somos tan libres que es lícito, si nos da la gana, componer todo un *Trópico* en rigurosas y bien contadas décimas. Triunfo de la voluntad, voluntariamente ceñirse a todo». De mi adhesión al autor de las *Soledades* quedan unas estrofas escritas en su homenaje, que publicó nuestro *Social* y en las que, deliberadamente, traté de imitar su estilo inimitable. Pero más que ese testimonio esporádico, queda uno vivo: *Trópico*, mi libro de décimas cubanas, publicado en 1930. El, y los poemas que fueron apareciendo en las páginas de la *Revista de Avance*, muestran los efectos del nuevo *training*: el gusto por la metáfora y ciertas reglas de medida y de orden de las que estoy contento. En ellos el verso, con una economía verbal cada vez mayor, pretenderá traducir estados emocionales puros. Es el momento de jugar con silencios, y sombras, y el arco-iris, y el reflejo lunar en las aguas marinas. Aquí, el ancho respirar se reduce a *tensión*; la carga lírica se condensa en unos cuantos versos que aparecen, así, como un haz de significados.

A partir de esa boga, el poeta opone a los excesos románticos y pseudo-románticos una geometría de dimensiones definidas, tratando de modelar su obra a la luz viva del espíritu. Reacciona contra el romántico aprovechando su fuerza para encauzarlo. Tomemos el ejemplo del salto de agua. La corriente libre, agitada, cuya energía potencial se pierde en fugaces vapores y ruidos inútiles, un día encuentra el dique, se embalsa, acumula energía y se hace fuerza. El ímpetu romántico, sin dirección ni norma, pierde su carga poética en innumerables ayes, como anteayer, cuando cantaba Zenea; o en explosiones de júbilo iconoclasta, como ayer. Pero llega el momento en que domina el espíritu, le opone diques, le dicta normas, le recorta las orillas a ese caudal, y vemos que la poesía aumenta su energía y se convierte, también, en fuerza.

Claro está que ya sabía —como lo hace notar Juan Marinello en su ensayo sobre mi libro— que Góngora es una despedida. Por eso traté de decirle adiós del modo más decoroso posible. Y sólo conservé, de mi culto circunstancial por el poeta, un leve perfume entre las manos y el recuerdo sin forma de la huida. Ahora, con el olvido del Maestro, ya me siento marchar por un camino que es más mío. Sé lo que vale la poesía por lo que me costó dar con ella. Es decir, con lo que yo creo que es ella. Después de todo, hay que creer en algo. La gente cree en Dios, en el progreso, en el amor. Yo, por ahora, creo en mi poesía. Lo cual, por otra parte, resulta más cómodo que tener fe en los dioses y es menos expuesto al batacazo que suelen llevar los que creen en el amor.

En su reseña del recital que ofrecimos no hace mucho, cinco poetas nuevos de Cuba, en el Círculo de Amigos de la Cultura Francesa, dice Roberto Agramonte estas palabras: «Lo alquitarado, lo metafísico, por así decirlo, de las composiciones de Florit, hacen que sean muchas veces inaccesibles al público. Su parnasianismo quintaesenciado, sus imágenes de implicaciones secundarias y terciarias, hacen asequibles sus versos sólo después de una segunda o tercera lectura. Hay carencia de tesis, y superposición de imágenes propias de lo que se suele llamar poesía pura». En resumen, que para Agramonte, mi poesía es algo etéreo, que se escapa a toda comprensión directa. Menos mal que más abajo afirma que en temas y versos de otra índole —como en el poema «Viejos versos de hoy»— alcanzo un colmo de perfección arquitectural.

De todo lo cual se deduce que Florit es un poeta que, cuando quiere, hace versos, y cuando quiere, también, hace jeroglíficos para tormento de su lector o su público. Y no es eso, amigos míos. En mis poemas veréis cosas fijas, claras, de mármol —lo clásico, en fin. Y otras desorbitadas, sin medida, oscuras. En unas, Goethe o Garcilaso —en otras Walt Whitman o Alberti. Pero en unas y en otras estoy yo. Como esto de la poesía es cuestión de atmósfera, en la que el poeta entra cuando puede, no cuando quiere, el día que brilla el sol, y hay cielo azul, y brisa tenue, se escriben cosas de perfecta calma. Después, a veces, hay ráfagas de misterio, y fuegos fatuos, y gritos en el enrarecido ambiente. Y el poeta —en este caso yo— va de sol a tinieblas, de órbita a camino sin ruta, con la antorcha del verso encendida en la mano.

El mismo título de mi libro futuro, *Doble acento* anuncia la dualidad a que antes aludí. Porque hay uno de ellos que gusta de mecerse en la hamaca del ritmo y las sílabas precisas. Acento que me viene de aquel *training* formal de que os hablé antes. Pero hay momentos en que toda la fuerza lírica que nos sube de quién sabe qué fibra recóndita, no cabe en el verso medido, y hay que verter su esencia en el versículo, en el amplio torbellino de la frase poética ilimitada, y dejarse arrastrar por él a donde quiera llevarnos, que siempre será un cielo espeso de estrellas de fuego.

Eso en cuanto a la forma. El fondo, los temas, el significado en fin de mi poesía, ¿quién podrá explicarlo? Por lo pronto, yo no. Yo sólo trataré de justificarlo, si me alcanzan las fuerzas para ello.

Veamos esto[26], que expuse ya en otra ocasión: cuando yo digo en un soneto:

>«Sin el recuerdo ya, fuego invisible,
>ahora salamandra pasajera,
>nunca dice la suerte si muriera
>metida el alma en el ardor posible,

---

[26] Los ensayos de Florit encuentran muchas veces vasos comunicantes. En esta ocasión, el poeta se refiere a las palabras escritas por él en *Regreso a la serenidad*.

estoy destruyendo las esencias románticas de la poesía. Ya no se agitan en torno «los invisibles átomos del aire» —y aunque así fuera, ello no hallaría resonancia poética en mi corazón sino en mi pensamiento. La inteligencia pretende abarcar hasta los más sutiles estados poéticos, que no son, en definitiva, sino concepciones intelectuales desprovistas de toda implicación emotiva. Toda una serie de imágenes se da cita en alguna circunvolución cerebral para producir lo que llamamos «hecho poético puro». Este hecho poético es en su esencia un estado de pensamiento, totalmente distinto de los estados de alma que se traducían, en otro tiempo, en el derrame, por todos los poros del yo-sentimiento, de un sudor lírico, en la acepción peyorativa del vocablo». La razón poética ya, afortunadamente, se ha desligado de la razón lógica. Para el poeta existe una verdad. Su verdad, que no corresponde con la verdad del matemático, del basurero, de la señora de su casa. El hecho de que esa verdad suya sea distinta de las de los demás constituye su tragedia y, también, su gloria. Además, es su pecado. El pecado de *poetizar*, en lugar de *ser*, como expresa Kierkegaard. Pero es que el poeta, mientras poetiza, ¿no está *siendo*? ¿Es que para *ser* es preciso no poetizar? El hombre en trance de poesía vive un mundo suyo, con una perfecta organización, suya también y una filosofía propia. Y en él, es como su verdad le obliga a ser. Con todas las implicaciones que se derivan de estar viviendo su verdad.

Lo que ocurre es que existe una razón lógica y una razón poética. La primera es directa, llama las cosas por su nombre, vive en la cárcel del silogismo — no fantasea, no poetiza. La otra, la razón del poeta es, según la exacta definición de Ortega y Gasset, una valerosa fuga, una ardua evitación de realidades. Por añadidura, la poesía crea lo que nunca veremos, de igual manera que la fe, (dice Gerardo Diego), es creer en lo que nunca vimos. Aquí se enlazan estas dos palabras: creer, crear; y por ellas nace esta otra, magnífica de carga significativa: creo. Yo creo y, al creer, estoy creando, dando vida a algo. Decimos, creo en Dios. Y más bien debiéramos decir: creo a Dios. Porque basta ese acto voluntario de pensamiento para dar forma a seres y cosas. El hombre antiguo creó el centauro y la sirena. Y porque su imaginación construyó tales entes, porque dio vida a un mito, pudo creer en él. ¿Que el centauro no pudo existir jamás en la realidad real? Y qué, si estaba vivo en la fantasía del poeta que lo creó. ¿Que la sirena no alzó su voz sobre las aguas para atraer a Ulises? Y qué, si Ulises creyó en ella, porque los poetas, antes, la habían creado? Fábrica perenne de mitos es la poesía. Opone al hecho común, que no ha menester de la fantasía para manifestarse, ese otro hecho insólito, donde juegan un divino juego dos realidades: la exterior —mera exposición de la naturaleza— y la interna, creadora de mil formas y seres. De ese juego nace —flor maravillosa— el hecho poético.

Y de aquí el choque del poeta con su circunstancia. Son dos extremos y dos metas: la prosa y la poesía. Por eso, para comprendernos a nosotros no bastan el ánimo, ni el fervor. Es necesario haberse dejado antes en el umbral la razón de su verdad, de su lógica. Hay que entrar en la casa del poeta dispuestos a aceptar como real una lógica extraña, ilógica si queréis, en la que todo aparece claro y no hay que explicar nada. Porque la poesía no es explicación, ni ciencia, ni sabiduría: es algo más, algo distinto, que yo, poeta, no sé lo que es.

Eugenio Florit

DE FLORIT,
ENSAYOS SOBRE
LITERATURA CUBANA

NOTAS PARA UN ESTUDIO DEL ROMANTICISMO EN LA POESÍA CUBANA

Es preciso iniciar este estudio con algunos párrafos que sirvan, en lo posible, para situar a nuestros poetas del siglo XIX dentro de aquel gran movimiento filosófico y literario que alteró fundamentalmente el ritmo del mundo civilizado, y cuyas consecuencias llegan hasta nosotros.

Hay desde luego en el alma humana un impulso hacia lo superior que la ha dominado en todos los ciclos de su historia. El hombre griego se hizo sus dioses a su imagen y semejanza; vivía entre ellos, con ellos discutía. Toda la literatura griega es una conversación con sus dioses. Platón inaugura otra cosa. Ya hay en sus doctrinas una tan elevada idea del mundo espiritual, que ella llegó —a través del neoplatonismo— hasta la cristiandad. Con ella caen los dioses. Surge otro Dios, también humano —hombre muerto por amor.

La presencia de lo espiritual sigue dominando al hombre durante la Edad Media. Hasta que el Renacimiento, al poner en primer término las obras de la antigüedad clásica —su filosofía, su arte—, determina en el hombre del 400 un fuerte aliento de *humanidad*. Y con él viene la Reforma, el libre examen. En los países donde la Reforma triunfa —Alemania, Inglaterra— sube de nivel el concepto del individuo. Se agudiza la sensibilidad. La personalidad se acrecienta. Y el hombre se da cuenta de que existe, libre, dentro del universo.

Hacia fines del XVIII, con las doctrinas de Locke como base, aparece en Francia Juan Jacobo Rousseau y con él la *naturaleza* humana, el idealismo naturalista y la confidencia personal: la autobiografía. Y, así, el primer vagido del Romanticismo en la mente latina. Sabemos que antes, a mediados del siglo, Inglaterra era ya romántica en la lírica nocturna de Ossian. Ramsay —el comentador de Fenelón— y el abate Prevost, escocés el primero y habitante el segundo en Inglaterra durante varios años, envían al Continente, en sus obras *Cleveland y Manon Lescaut*, aquellas brisas del romanticismo inglés (1760-1790). Francia nos ofrece, entre muchos, un nombre: Bernardino de Saint Pierre. Y Alemania, dentro del famoso movimiento romántico del «Sturm und Drang» los de Herder y el Goethe de *Werther* y el primer *Fausto*.

Rousseau inició una revolución espiritual. El significado del espíritu humano ya lo había comprendido —pienso con Lytton Strachey— la Edad

Media. Pero esa significación estaba envuelta, ahogada casi por lo teológico. Por su parte, el siglo XVIII no tuvo en cuenta al concebir la organización de la sociedad la naturaleza espiritual del hombre. Rousseau fue el primero en unir los dos puntos de vista, en revivir la teoría medieval del alma, sin sus trabas teológicas y en creer que el *individuo* en sí era el ser más importante de la creación. La diferencia entre el siglo XVIII y el Renacimiento no descansa tanto en la *emoción* propiamente tal, como en la *actitud* que los hombres adoptaron hacia ella. El hombre clásico a la manera inteligente del 700, no estudiaba sus emociones. Era apasionado de un modo casi inconsciente; no se miraba el fondo del alma; casi diríamos que su alma le estorbaba un poco. Pero llega el ginebrino e inaugura con sus *Confesiones* el método introspectivo. Y este libro, que es la historia de un alma, contiene ya los gérmenes de toda aquella egolatría que fue característica de los más notable escritores del romanticismo, puesta de moda en Europa por Byron y por Chateaubriand.

En lo político nace el liberalismo y con él la Revolución. Se adora a la diosa Razón, en la que se encarna la máxima conquista del individuo. Y así van de la mano liberalismo —el hombre como responsable de los destinos de sus patria; la participación en el poder, la libertad de acción—; y el Romanticismo —énfasis de lo individual, liberación de las reglas neoclásicas, rebeldía, subjetividad, aventura.

Y el poeta regoge la semilla que vuela en el aire universal y comienza a sentirse *él mismo* y con la libertad de gritar, de apostrofar, o de gemir contra una nación opresora o contra su propio destino —que ya antes de él lo habían hecho sus modelos, sus ídolos o sus ejemplos.

Hay además en el brote romántico la presencia de una naturaleza siempre dispuesta a escuchar al poeta; amable con él, por él cantada. En nuestro continente ya entonces comienza a sentirse el «americanismo» literario que todavía en Mera, en Magariños Cervantes no es sino un reflejo del externo y pintoresco indigenismo de Chateaubriand.

Es importante para la comprensión del Romanticismo ver la diferencia que existe entre los poetas ingleses y alemanes de fines del 700 —ya plenamente románticos— y los franceses y españoles del 800. En unos —Wordsworth— la naturaleza vive junto al poeta, tan cerca de él como la niña muerta de aquel poema suyo, que continuaba existiendo entre sus hermanos. No hay plano diferente. Por ello los poetas ingleses son románticos casi siempre, aún nuestros contemporáneos; y porque su romanticismo es hacia dentro, suave, sincero, está en todo momento cerca de nosotros.

Todos los románticos ingleses fueron interiores, sin énfasis (aún el rebelde y apasionado Shelley). En el romanticismo inglés no ha habido más exceso que la figura excesiva de Byron, el menos inglés de sus poetas. Mientras que el mismo origen de la moda romántica en Francia y España, en el teatro —recordemos dos nombres: el *Hernani* de Víctor Hugo y *La conjuración de Venecia* de Martínez de la Rosa, nos explica su sentido teatral en ambos países. Aquí la naturaleza es un recurso más de escenografía, utilizado para que ante ella se destaque la figura del protagonista, del poeta.

De todo el brote romántico le ha quedado al hombre la inquietud. Ya es bastante. A través de diversos modos y modas literarios, al paso de escuelas y de *ismos*, se continúa un acento de bien entendido romanticismo, del que ya no nos avergonzamos. (Recordemos que no hace aún años estaba proscrito, bajo pena de ridículo, el ¡ay! en poesía. Y los puntos suspensivos). En este movimiento pendular de la historia del pensamiento humano vemos —para no remontarnos muy atrás en el tiempo— que el verdadero clasicismo cede su lugar a una época de mal gusto clásico, contra la que reacciona violentamente el huracán romántico. Y no es la palabra «clásico» lo que debe asustarnos; desde nuestro punto de vista ella no significa más que un valor permanente, que llega hasta nosotros a través de diferentes y distintos modos de concebir el arte y la literatura. La actitud, la palabra contra la que reaccionó el siglo XIX fue otra: el neoclasicismo, la regla, la cursilería clasicista, el «Arte poética». No se olvide, por otra parte, que todos los grandes momentos espirituales en la historia literaria del mundo —clásicos por su valor de permanencia—, han tenido, precisamente por esa presencia del espíritu, características románticas. Lo subjetivo se abre paso a través de las frías columnatas objetivas para dar sus mejores acentos, no importa la época, el país, o la escuela literaria en donde florece. Bien. Y al huracán romántico de que hablábamos antes sucede en poesía el gusto de la forma, por lo exterior: lo parnasiano. Y contra él, de nuevo, viene el espíritu a sugerir símbolos y estados interiores. Pasa con él el modernismo, y en sus exageraciones cae, arrastrado por la ola *exterior* de las escuelas llamadas de «vanguardia»; que a su vez son superadas por un nuevo romanticismo menos espectacular que el del siglo pasado y, por ello, más intenso.

Hoy vivimos bajo ese signo de la poesía *interior* que sigue la línea eterna de lo lírico y que ha florecido, aquí y allá, en los casos Virgilio, Dante, Garcilaso, Shakespeare, Goethe, Keats, Mallarme, Darío, Juan Ramón Jiménez. Que aún Goethe, a pesar de sus últimos años, de sus reiteradas opiniones sobre el valor de lo objetivo con marcado menosprecio hacia el subjetivismo; aún Goethe queda vivo entre nosotros por su *Werther* y su *Fausto* para los que, como él mismo dice, tuvo que abrirse el pecho.

Por ello nosotros los jóvenes preferimos a las expansiones byronianas el «Adonais» de Shelley, de igual modo que nos sentimos más cómodos dentro de un poema de nuestro Zenea: «Señor, señor, el pájaro perdido...», que entre el fragor apoteósico de la «Oda al Niágara», de Heredia.

Y no olvidemos que en ambos poetas alienta un «dolorido sentir» hacia la realidad ambiente. Pero mientras en Heredia el ímpetu romántico se le escapa en apóstrofes de obstinada egolatría, en Zenea apunta ya la presencia de un claro sentido lírico, de una inquietud «interior», que años más tarde se resolverá en el *símbolo*, piedra de toque de toda la poesía moderna[27].

---

[27] No fechado por E.F.

UN POEMA MARTIANO DE SILVA[28]

En su conocido libro sobre *El modernismo y los poetas modernistas* Rufino Blanco Fombona estudia, entre otros, a José Asunción Silva, en ensayo cuidadoso y documentado. Y cita una carta del crítico colombiano Max Grillo fechada en La Paz, Bolivia, el 16 de abril de 1913 en la cual se cuenta que «una noche —era yo estudiante de Filosofía— me llevó el poeta a su casa con el propósito de leerme algunos de sus versos. Cuando nos hallábamos cerca de su escritorio donde Silva tenía en estuche valioso el «Ismaelillo», poema de Martí, apareció por una puerta lateral Elvira, la incomparable Elvira...»[29] Hasta aquí lo que nos interesa. De modo que ya sabemos que Silva admiraba a Martí y tenía en su escritorio el primer libro de versos de nuestro poeta. No poseo otros datos que sirvan para reforzar este punto del interés de Silva por Martí. Pero entre los versos del primero hay uno, el nombrado «Mariposas», que dice así:

> En tu aposento tienes
> en urna frágil,
> clavadas mariposas
> que, si brillante
> rayo de sol las toca,
> parecen nácares
> o pedazos de cielo,
> cielos de tarde,
> o brillos opalinos
> de alas suaves;
> y allí están las azules
> hijas del aire,
> fijas ya para siempre
> las alas ágiles,
> las alas, peregrinas

---

[28] En: Florit, Eugenio. *Obras completas*. Luis González del Valle y Roberto Esquenazi Mayo, eds. Madrid: Society of Spanish and Spanish American Studies, 1985. T. III, pág. 90.

[29] (Madrid: Edición *Mundo Latino*, 1929) pág. 119.

de ignotos valles,
que como los deseos
de tu alma amante
a la aurora parecen
resucitarse,
cuando de tus ventanas
las hojas abres
y da el sol en tus ojos
y en los cristales[30]

Nada más. Tampoco en la obra de Silva hallo otros recuerdos de la poesía martiana. Sólo este poema, escrito sin duda bajo el hechizo de la lectura de «Ismaelillo», de cuya forma —la seguidilla— espíritu, color, uso de palabras esdrújulas, asonantes y tono general no puede estar más cerca. No creo necesario insistir en ello. Ni hace falta una comparación o confrontación de este poema con cualquiera de los libros de Martí. Pero bueno es anotar el caso, como simple curiosidad literaria, y también como prueba de que en su propio tiempo y entre los espíritus más escogidos de nuestro Continente, ya Martí contaba con admiradores tan devotos como José Asunción Silva, el colombiano amargo y exquisito.

---

[30] Silva, José Asunción. *Poesías completas*, 2ª ed. Buenos Aires: Editorial Sopena, 1943. pág. 44.

ALGUNAS ANTICIPACIONES DE LA AVELLANEDA
(1954)[31]

Es cosa común y corriente tachar al romanticismo de literatura descuidada y referirse al abandono, al poco interés que ponían sus poetas en la forma que daban al canto. Se me ocurre que tal opinión, si cierta en ocasiones, no es absolutamente verdadera. Que son numerosos los líricos de habla castellana del XIX que mostraron una gran preocupación por la forma y un deseo evidente de arte y organización. Entre ellos, Espronceda; Zorrilla, en los que más; y muy cierto que la Avellaneda entre ellos también y principalmente. Aún pudiera argüirse que esta última podría deber esa preocupación a sus intereses neoclasicistas y a su hondo conocimiento de las formas poéticas del Siglo de Oro —que imitó y rehizo a su sabor con mucha fortuna. Pero lo que es de todo punto innegable es que un poeta como ella, en quien la pasión marcaba todos y cada uno de los momentos de su vida y el sentimiento cada una de sus acciones, se expresó siempre, poéticamente, con el mayor cuidado por la forma y con un sentido «artístico», de profesional de la literatura, según dijo una vez José María Chacón y Calvo, que nos asombra aún si ponemos un poco de cuidado en leer sus versos. A ello voy a referirme en las páginas que siguen, en las que trataré de destacar algunas de las excelencias que he hallado en sus escritos poéticos —excelencias que no sólo adjetivó en función de su momento sino muy principalmente en función de modernidad.

Se han visto muchas veces —y yo sólo pienso en insistir en ellas— las anticipaciones de la Avellaneda en cuanto al espíritu y la forma del verso. Bueno sería estudiar también lo que hay en ella de eco y recuerdo de lo anterior remoto o próximo, los acentos de Villegas: los de su compatriota Heredia. Bueno será siempre volver a estos puntos de investigación que no deben ser puramente malsanos cotilleos de descubrirles las imitaciones y los plagios a los poetas sino buenos deseos de establecer fuentes y relaciones

---

[31] Leído en el Sexto Congreso del Instituto Internacional de Literatura Iberoamericana en New York, agosto-septiembre de 1953, pp. 57-64. *Revista Iberoamericana*, México, 7 (1954).

que nos sirven para apreciar gustos y preferencias y lecturas. Que ni el poeta es un ser aislado, nacido por generación espontánea, sin relaciones con el pasado ni proyecciones sobre el porvenir, ni el verso se crea sin tener en cuenta, consciente o inconscientemente, las palabras ya dichas y las ideas que ya aparecieron antes. Recuerdo a este respecto lo que hace años escribí al frente de uno de mis libros: «Todo está dicho ya, y aun así hay que decirlo»[32]. Claro que hay que seguir diciéndolo siempre; porque para eso ha nacido el escritor: para decir con voz más o menos nueva lo que otros dijeron antes con las formas más o menos nuevas con que los otros lo dijeron.

Los versos de Tula Avellaneda son —y digo los versos verdaderamente íntimos y personales— como tan bien lo expresó Juan Valera en su elogio publicado primero en 1869 en la *Revista de España*, «la historia psicológica, íntima y honda, de esta pasión de su pecho». ¿Qué pasión? Tal vez no importe mucho el nombrarla. Bastará con llamarla así, pasión de su pecho que tuvo muchos nombres y uno de los cuales llenó muchos años violentos de su vida. Y claro está que su amor mismo no fue un amor débil, de paloma torcaz, el de la *columba* del *Cantar de los cantares*, sino fuerte y a veces hasta maternal dominador. Un amor envolvente que tanto me recuerda al de Aurora Dupin. «Fue Chopin el amante aquí, pobre Chopin», comenta Rubén Darío en su «Epístola a Madame Lugones». Ese aire de audacia y modernidad, esa explosión y confesión de sus angustias amorosas la emparentan con toda una serie de poetisas contemporáneas, no sólo de habla española —las Agustinis, Stornis, Ibarbourous de aquí, sino las Noailles y las Millays. Tula, criolla apasionada y, como se dice en inglés, *outspoken*, dice lo que se le ocurre, como y cuando se le ocurre. Ya eso es bastante que lo diga en España en pleno siglo XIX, aún cuando sea en los años isabelinos en los que por cierto había bastantes libertades de comportamiento desde la Reina Castiza abajo. Es esa nota de pasión a la que Ángel del Río se refiere cuando en su *Historia de la Literatura Española* (volumen II, p. 88) dice que nuestra escritora «acusa ya notas que caracterizarán a la poesía femenina hispanoamericana». La obra poética de la Avellaneda se distingue a simple vista, y además de esos acentos apasionados a los que me acabo de referir, por su gran amplitud y diversidad. La de su compatriota Luisa Pérez —con quien la comparó Martí en alguna ocasión para establecer diferencias, claro está— tiene sólo una cuerda, maravillosa por sus sentimientos, sí; pero limitada a

---

[32] El poeta se refiere a las palabras que preceden su poemario *Reino* (1936-1938).

ello mismo. Tula toca todos los temas y en todos se entra con fuerza y con audacia. Lo civil quintanesco —no hay que olvidar la amplitud de la influencia de Quintana en muchos años del XIX sobre todo en Hispanoamérica; en nuestros pre-románticos, y entre todos ellos, en el gran ya romántico Heredia, el primero y mejor de todos. Da la casualidad de que también es cubano. Perdón. Decía que es natural que ese tono ampuloso y declamatorio sea el que se difunda por todos nuestros ámbitos y que en sus jóvenes lecturas camagüeyanas lo tome la Avellaneda y en él se mueva cómodamente. Ese es el tono que advertimos en lo que para nosotros tiene menos interés actual en su obra: sus poemas «A la muerte de Heredia», a la de Espronceda, «El genio poético», o los varios versos de ocasión dedicados a su reina Isabel II. Mucha cosa con aliento, es verdad; pero con muy poca poesía.

Es esa amplitud y diversidad de temas y motivos lo que tal vez y por contrario diluye su poesía, no la deja concentrarse bastante. Lo cívico, lo religioso, lo puramente ocasional. Por ejemplo, a mí se me antoja que las poesías religiosas de la Avellaneda no son lo mejor de su obra. Hay en ellas una como cosa forzada; están hechas a base de lugares comunes neoclasicistas. Mucho Alberto Lista. Mucho: claro está, de los Salmos. Pero todo ello, exterior. Es como un clavo ardiendo al que se ase nuestra poetisa de vez en cuando, según las tormentas de su vida la llevan de un lado a otro. No es que yo ponga en duda la sinceridad de su fe religiosa, no. Pero en su expresión eso no le sale fluido y natural, sino intelectual y forzado, demasiado lastrado de cosas ajenas, sin originalidad ni personalidad.

Lo que hay en la Avellaneda, sí y sobre todo, es el gran deseo de crear una técnica lírica original: una insistente preocupación por la forma. En 1850 escribe a don Manuel Cañete, a propósito de su poema «La noche de insomnio y el alba», al que habré de referirme más tarde, que «había inventado ciertos metros no usados hasta entonces». Esa preocupación por la forma la hace ensayarlas todas, con mayor o menor fortuna, naturalmente, pero siempre con audacia e imaginación. Unas veces son las consabidas, el soneto, la estancia, la oda sáfica, el romance, la lira. Pero más se destacan en su obra las combinaciones originales en poemas diferentes y aún dentro de uno mismo —procedimiento que por otra parte no es original; que está muy dentro de lo romántico de fuera y de dentro de España. La estrofa de sáficos y adónicos que —con diversas variantes en el acento y a veces en el consonante, según lo hace nuestra poetisa— vemos reiterada en algunos poemas de Unamuno y en las «Odas inglesas» —tan españolas— de Santayana. Es ello como un nexo entre el XVII y lo casi contemporáneo.

Claro que en la divina Tula hay también imitación de Villegas, muy de cerca, según puede apreciarse de la lectura de sus poemas «A la luna» (en el que, sin embargo, aconsonanta el segundo endecasílabo con el adónico) y en «A la Virgen», canto matutino, escrito bien cerca del patrón de la oda «Al Céfiro».

Pero vamos a acercarnos un poco más en el tiempo y a ver algunas de las resonancias posteriores de nuestra poetisa. Desde luego que lo del Zorrilla colorista lo encontramos, por contagio directo, en el poema a él dedicado (p. 257 del tomo I de las *Obras completas*, Madrid, Rivadeneyra, 1869), al que corresponden todas las páginas que citaré en lo de adelante) escrito después de haber leído en manuscrito algunos cantos del poema «Granada», y en el que después de varios serventesios de elogio cambia de metro y, en imitación de los del poeta español, se quiebra el giro de unos decasílabos —sólo ocho— que tienen todo el acento que más tarde va a heredar el malagueño Salvador Rueda. Con ello encontramos algunos alejandrinos suntuosos, como los del poema «Al mar» (29), que bien gemelos son en acento y en ritmo y en el tono general religioso de los otros de «Las Nubes» del vallisoletano ardoroso. También nos presenta la Avellaneda otro ritmo curioso, de seguidilla, en el poema «A una joven madre» (279) del que entresaco esta estrofa, bien característica:

    ¿No admiras, cuando baña la tibia esfera
    Del alba sonrosada la luz primera
        Con qué armonía
    Cielo y tierra saludan al nuevo día?...

estrofa de seguidilla, aunque en diferente disposición de la popular, que se repite en otros dos lindos poemas, «En el álbum de la bella Condesa de San Antonio» (332) y «A las cubanas» (336). Es curioso notar que ambos poemas los escribió la Avellaneda durante su estancia en Cuba, ya casada con el coronel Verdugo, entre 1859 y 1863. Parece como que el aire patrio, la alegría de verse de nuevo entre sus paisajes —a los que nunca olvidó— le daba ese aire movido, como de baile, que se le sale entonces a la pluma. Cuánto color, cuánta luz hay en estos versos. Años más tarde, mucho de este ritmo y de este color —a través, naturalmente, de Rueda— pasará a Rubén Darío, en cuyo «Elogio de la seguidilla» (p. 649 de la edición de sus *Obras completas*, Madrid: Aguilar, 1945) va a jugar el poeta con este móvil ritmo de siete y cinco sílabas, que en él aparece en estrofas de cuatro versos con consonancia alterna.

Se ha hablado y escrito mucho ya sobre el modernismo de la Avellaneda, y yo sólo deseo apuntar aquí ciertas observaciones que la lectura de sus versos me ha sugerido, teniendo en cuenta para ello algunas de sus condiciones de artista y de poetisa, consciente como quien más de sus posibilidades. Por ciertos de esos rasgos Tula se nos acerca, se nos pone delante, se nos salta, diríamos, de su tiempo, y nos dice que aquí, bien cerca de nosotros está, tan cerca como lo está Martí, tan en lo cerca como Darío. Veamos un ejemplo en su poema «La juventud del siglo» (90). Anda poniendo en boca de la juventud una serie de cosas que no nos interesan ahora mayormente; pero de pronto dice que es

    Rica de fe, sedienta de ilusiones

y ya se nos ha colocado aquella mujer junto a Martí que en el poema «A Adelaida Baralt» aludía al colibrí

    loco de luz y hambriento de verano

y tras él al Rubén de «Melancolía» (p. 744, *op. cit.*),

    ciego de ensueño y loco de armonía.

Trébol imaginario ¿no es verdad? Tres versos admirables que por los años se acercan y se asemejan.

Quedémonos un instante en lo de Martí para recordar su gran afición al serventesio —especialmente por los años de 1875, por sus años de vida en México. Gran número de sus versos de aquella época están escritos en esa estrofa, que en otra ocasión he emparentado con la de su maestro Mendive, quien tanto la usó en sus poemas. Pero es que tal serventesio —y tales formas acentuales del mismo— nos lo encontramos también en la Avellaneda. En la III parte de su conocido «Amor y orgullo» (104) poema cuyo proceso narrativo se encuentra después en algunos del propio Martí, como en «Magdalena» (*Poesías*, Colección de libros cubanos, volumen XI, La Habana, Cultural, S.A., 1928, p. 197); en esa parte, digo, ya está el mismo serventesio martiano, con el propio ritmo, con sus acentos, su énfasis, su gradación:

> Con un gemido enmudeció María,
> Y —dando de rubor visible muestra—
> Su rostro, que el amor enardecía,
> Cubrió un momento con su blanca diestra,

o más adelante:

> Que cuando amor tan imperioso grita,
> Razón y orgullo a su placer sofoca,
> Y al corazón turbado precipita,
> Cual bajel sin timón de roca en roca.

Estrofas hermanas de algunas de las de la «Magdalena» de Martí, a cuya lectura me remito.

Todo esto que llevo escrito es algo de divagación, lo confieso. Pero siempre y en todo caso resulta interesante ver de dónde le vienen los hilos al ovillo, aunque sean hilos tan tenues como los que hemos estado viendo. Más importante, por más evidente, resultaría estudiar las huellas de la Avellaneda en Rubén Darío, quien de un modo específico representa todo el clima estético del modernismo.

He hallado algunas cosas a este respecto, que voy a citar. Por ejemplo, una curiosa poesía de la cubana, «Ley es amar» (canción del francés Parny, traducida libremente, según aparece en la p. 143 de sus *Obras Completas*). Qué curiosa coincidencia de ritmo entre el de este poema y el de la «Danza elefantina» (Rubén Darío, p. 835) y sobre todo, con el del «Poema del otoño» (p. 841).

Dice ella:

> Vosotros que huís de Cupido
>   La blanda lid.
> Corred de mi lira al sonido...
>   ¡Corred y oid!
> En vano la dulce cadena
>   Será esquivar:
> Natura imperiosa lo ordena:
>   Ley es amar.

Y más adelante en el propio poemita delicioso:

> ¡Mirad cómo se abren mil flores
> Y el sitio aquel
> Perfuman con nuevos olores
> Nardo y clavel!...

combinación de eneasílabos y pentasílabos (aquí en estrofas de ocho versos,) que repetirá años más tarde (1907) Rubén en su maravilloso canto:

> Cojamos la flor del instante;
> ¡la melodía
> de la mágica alondra cante
> la miel del día!

¿No es una encantadora coincidencia? ¿No es un recuerdo muy cierto? ¿No es por cierto lo francés, que tanto ilusionaba al nicaragüense, pero trasvasado en el XIX por la cubana a su finísimo verso por su finísimo oído musical?

Por cierto que en la importante lista de las variantes de los versos de la Avellaneda, que con tanto cuidado preparó Chacón y Calvo y se publicó en el tomo VI de la edición del Centenario (Habana, 1914) hay unas pertenecientes a este poema y que vienen a darnos la razón en lo que hemos dicho antes respecto al cuidado musical, artístico, de orfebre del verso, que parecía tener Tula. Casi siempre sus variantes obedecen a un deseo de afinar, de perfeccionar sus versos. En éstas de aquí, en donde en la edición de 1850 se decía:

> Yo juro a su yugo mi cuello
> jamás postrar,...

en la última y definitiva de 1869 se modifica:

> Jamás a su yugo mi cuello
> querré postrar,...

evitándose con ello dos grupos de asonantes interiores en un mismo verso: juro-yugo; jamás-postrar, que afean el verso sin duda alguna.

De las innovaciones métricas de la Avellaneda habría que ver cómo en su poema «La noche de insomnio y el alba» (172), se presenta el verso de dieciséis sílabas:

> Lanzará, fatigando las alas del rápido viento
> A doquiera que lleguen triunfantes tus sacros
> fulgores...

—dos versos que escojo, los dos últimos del poema, que se vino ensanchando desde las estrofas de dos sílabas con que comienza hasta llegar a este amplísimo sonoro caudal. También este verso vamos a encontrarlo en Rubén —aunque no con la regularidad que presenta en estas dos estrofas de Tula— en la «Salutación del optimista» (Darío, p. 695) y la «Salutación al águila» (ibid., p. 787). De ambos poemas escojo como ejemplo el tercer verso:

> Porque llega el momento en que habrán de
> cantar nuevos himnos,

y

> a traer en tus garras anilladas de rojos brillantes.

Ambos poemas de Darío son, como digo, inciertos de versificación; pero en ambos brillan de cuando en cuando esos versos rotundos de dieciséis sílabas, hermanos de aquellos otros de la Avellaneda, que supo bien en todo su siglo XIX «aguzar el oído a los sones más raros del verso». (Acabo de escribir un verso como los que comento. Todo sea por la música).

También el verso de quince sílabas, del propio poema «La noche de insomnio y el alba» lo encontramos en la famosa «Marcha triunfal» rubendariana (*op. cit.*, p. 711):

Tula: Qué horrible me fuera brillando tu fuego fecundo...
Rubén: llevados por manos robustas de heroicos atletas...

Pero uno de los aspectos más curiosos y «anticipados», por así decirlo, de la poesía de Tula Avellaneda es el de lo modernista, no sólo en cuanto a las formas —y ya acabamos de ver lo que en ella hay de nuevo y adelantado— sino el ambiente, la atmósfera, el aire. Es ello de advertir, especialmente en sus poemas «Los reales sitios» (246) y «Serenata de Cuba» (360). En la primera obra, escrita en 1849, nos encontraríamos, en primer lugar, con una estrofa de cuatro versos de seis más seis sílabas, con su exacta cesura, aconsonantados en forma alterna como lo hace Rubén en «Era un aire suave»...

Si se comparan ambos poemas se advertirá la exactitud acentual del primero, con un acento constante en la sílaba que sigue al anacrusis es decir (—/—), con ritmo igual a lo largo de sus cuarenta y ocho versos, mientras que en «Era un aire suave»... (*op. cit.*, p. 609), si hay mayor variedad de acentos hay menos consistencia en ellos. Rubén usa muchas veces el mismo de la Avellaneda (véanse las estrofas cinco y seis especialmente) pero en el resto del poema los combina con otros de acento en la primera sílaba sin anacrusis, o de acento en la tercera; además, claro está, de los otros acentos interiores del verso.

Tula insiste en este verso en las primeras siete estrofas de su «Serenata de Cuba», estrofas que después se convierten en otras de menor interés:

¿Por qué los arroyos murmuran suaves,
Sus diáfanas ondas cubriendo de espumas?
¿Por qué canto insólito preludian las aves
De gozo rizando las nítidas plumas?

hermanos estos versos de las rubenianas interrogaciones:

¿Fue cuando la bella su falda cogía
con dedos de ninfa bailando el minué,
y de los compases el ritmo seguía
sobre el tacón rojo, lindo y leve pie?

Lo que también hay que advertir al comparar estos dos o tres poemas es el ambiente. El primero de los de la Avellaneda está todo él lleno del lujo, la riqueza, el esplendor sensual que nos parece tan dieciochesco en Rubén, pero que en ella es actual, es decir, visto y sentido con sus propios ojos y por sus propias emociones. Lo de Rubén, claro, es recreado, es traído de un pasado y convertido en un mundo nuevo «muy siglo dieciocho» como él mismo nos dijo en los primeros versos de *Cantos de vida y esperanza*. En Tula no hay sino la realidad alquitarada por el arte. Son estos sitios vistos los que se vierten por su arte en el papel del verso. De todos modos, qué cerca unos de otros. Hay que citar algunas de las estrofas, éstas para poder ver hasta qué punto está en estos versos todo el rico sensualismo de los de Rubén:

> Es grata la calma dulcísima y leda
> De aquellos salones dorados y umbríos,
> Do el sol, que penetra por nubes de seda,
> Se pierde entre jaspes y mármoles fríos.
>
> Es grato el ambiente de aquellas estancias
> —Que en torno matizan maderas preciosas—
> Do en vasos de China despiden fragancias
> Itálicos lirios, bengálicas rosas.
>
> Es grato que al Euro —que huyó silencioso—
> Imiten las bellas moviendo abanicos;
> Allí do cual tronos del muelle reposo
> Se ostentan divanes de púrpura ricos.
> ....
> En dulces insomnios disfrutan las bellas,
> En tanto que vuelan balsámicas brisas
> Y en tanto que el cielo se cubre de estrellas.

Esa estrofa y ese ambiente se repiten, según anticipamos, en los versos de la «Serenata de Cuba», escritos años después:

> ¿Por qué al tenue soplo de silfos traviesos
> Las palmas suspiran, las cañas se mecen,
> Y allá entre el follaje de bosques espesos
> Circulan cocuyos, que estrellas parecen?

y en ellos permítaseme ver un vaivén de hamaca meciéndose en un paisaje tropical con ese ritmo constante y adormecedor tan grato, ay, y tan lejano.[33]

---

[33] Margarita Nelken, en su libro *Las escritoras españolas*. Buenos Aires: Colección Labor, 1930, se refiere a esta relación entre la Avellaneda y Darío, citando lo expresado al respecto por García Calderón en su selección de poesías de la primera, publicada en París en la Biblioteca Liliput por la Casa Editorial Franco-ibero-americana, y que no me ha sido posible consultar.

Estas son las cosas que nos admiran en la poetisa cubana. ¿Su pasión? Tal vez. ¿Su fuerza? Acaso. ¿Su ternura? Mucho. Pero con todo y sobre todo ello su dominio de la materia, ese formar lo que quería con el verso, dominándolo, plegándolo a sus caprichos; haciendo de él lo que no pudo hacer nunca de los hombres, que se le fueron escapando siempre de entre los dedos: un esclavo.

JUAN CLEMENTE ZENEA: MÁRGENES AL CENTENARIO DE SU NACIMIENTO[34]

Pensando en el Zenea de «Fidelia», en ese «Yo estoy triste y tú estás muerta» que le sale al poeta de lo más hondo del sentimiento, se me ocurre que tal verso pudiera ser el santo y seña de la Orden de los caballeros románticos. En efecto: soledad, tristeza, muerte, canción vespertina; dolor. A lo menos, todo ello grabado en una cara de la medalla conmemorativa del romanticismo. En la otra, la que da frente al sol, estarán los piratas de Byron y Espronceda, los cantos de libertad, las estrofas de Hugo.

Una visión patética del mundo, puesta a la luz oblicua de un sol ya deformado cerca del horizonte, o toda la carrera de la luna, que porque va en la noche ya debe contener rayos tristes, forman el rasgo común de los románticos, que, como Zenea entre nosotros, dieron al viento su dolor, sincero, por sentido en el instante de la inspiración; pero falsamente desmesurado al quererlo hacer ingresar en la corriente trágica.

Zenea —y en eso están de acuerdo todos los autores—, fue más que otra cosa un poeta elegíaco. Tal vez el mejor que ha tenido Cuba. Su tono es ése. El menor, de los momentos con lágrimas y suspiros, o sólo con un recuerdo ante los ojos. Cuando piensa, frente a la azul mirada de una dulce extranjera,

---

[34] Escrito en febrero de 1932. Publicado en *Revista Bimestre Cubana* 29. 2 (1932): 168-173, cuya redacción añadió las palabras que aquí reproducimos:

El 24 de febrero de 1832 nació en Bayamo Juan Clemente Zenea. Cúmplese, pues, ahora el primer centenario de su nacimiento. Los amantes de nuestras letras lo han celebrado en la medida que permite la trágica y absorbente realidad político-económica en que nos debatimos. REVISTA BIMESTRE CUBANA, *que cierra definitivamente su admiración en el orden estético por el inspirado poeta romántico con tan firmes trazos como se abre, en el avance del tiempo, el interrogante subjudicial que pesa sobre su ética política, no ha querido pasar en silencio este magno acontecimiento para la literatura patria; y ha encomendado a uno de sus más talentosos colaboradores la tarea de enjuiciar la personalidad del cantor de «Fidelia». La pluma del Dr. Florit ha hecho revivir en 1932, colocándolo «al día», a aquel «cuyos tiempos eran los de la antigua Roma y cuyos hermanos con la Grecia habían muerto». De aquí que no dudemos en recomendar esta bella silueta a los lectores, consignando nuestra gratitud hacia su autor.*—(N. de S.).

en el cielo patrio. Siempre en una buena atmósfera de Musset, que parece enviar ondas de simpatía a través del Atlántico para que Zenea las recogiese. Pero Zenea no imita a Musset. Lo ha sentido dentro de sí y, al respirar, le vemos en el aliento gotas del romanticismo del francés. Nos recuerda a Musset con ese aire de familia que asemeja a veces a parientes lejanos. Zenea es un miembro de la gran familia romántica, de esa familia atormentada y feliz porque puede contar sus cuitas a los cuatro vientos. Y si el lector miraba con mayor simpatía al bardo que creía más infeliz, es natural que se estableciese casi como un campeonato de desgracias entre los poetas, que cuantas más calamidades contaran se hacían más dignos de lástima.

Tal vez esto sea exagerado. Pero no se me negará que, al menos una rama de esa familia romántica formó un *trust* del dolor, cuya puerta se abría al toque de todo el que llevaba el corazón hecho un guiñapo.

El Romanticismo fue eso. Pero fue, además, otra cosa. Y por ello está aún vivo. Porque más allá del lamento o de la fanfarronada estériles, y sobre todo ello, está el calor de humanidad que trajo a la vida por el camino de la literatura. El «Homo sum»... del romano recibe su más completa respuesta en el ochocientos, donde el factor *hombre* adquiere un valor que nunca tuvo antes. Por eso mismo se vio cada hombre más cerca de la humanidad y esa intimidad le dio alas para confiar al mundo sus dolores más recatados. Así, dijo una vez José de Armas: «Hugo exageró sus sentimientos, pero los tenía». He aquí una acertada frase. El romántico genuino *siente* su papel de hombre en la tierra; no es simplemente el canto; es la voz humana, que sale llena de un sentido total de vida. Lo que ocurre al romántico es que no se conforma con sentir; necesita que alguien *vea* su dolor o su gozo y comparta con él los sentimientos; por ello tal vez fue exagerándolos para que se le escuchase mejor la voz angustiada. Como el niño mimoso que de un simple rasguño en el dedo finge una herida cruel para recibir más cariños de la madre solícita.

Cuando Zenea quiere la voz guerrera y alta, la que apostrofa y grita, también le sale bella; pero no está en su centro; le viene con Gallego, o con Heredia; es a veces también el eco de Quintana. La voz que usó España para cantar la guerra y el horror del combate. La voz en que nadaba como en su propio elemento Tula Avellaneda. Esa que tantos ecos dejó en la impresionable América y de la que no quedan hoy, como recuerdo, sino contadas estrofas. Por eso a Zenea hay que buscarle en el reverso de la medalla, donde está su Fidelia muerta.

El temperamento naturalmente exaltado —romántico— de Zenea, halló aquí, en su propio suelo, motivo bastante a ejercitarse en actitudes dramáticas. El estado de la colonia era más que suficiente para prender al corazón de los poetas— ya sumidos por otra parte, en el «aire del tiempo», cuyos átomos llevaban de un continente a otro esencias de inconformidad con el ambiente— un ansia de sentirse personajes activos en el drama para el que estaba sonando el tercer timbre.

Entre ellos, entre los personajes, hubo quienes lograron mantener su rol hasta el fin de la obra con toda gallardía. Pero hubo también —y aquí el ejemplo de Zenea— alguien que alzó su vuelo con alas de cera. El ímpetu romántico —amor a la patria y necesidad de tener una Teresa a quien dedicar los más apasionados ayes— inició a nuestro poeta en empresas de héroe. Quiso él justificar ante el auditorio su vivo ademán y su palabra ardorosa con una acción heroica. Todo ello estaba bien, y se le aplaudió. Pero la actitud de Zenea era falsa. No por convicción de que estaba mintiendo, no. Era falsa, porque no respondía a un alma de firme voluntad para llegar hasta el fin. Su romanticismo de atardecer, bueno para ser visto a la luz débil de los suspiros —a despecho de algún canto exaltado en los que no se halla la nota personal de su poesía— mal se pudo avenir con el gesto audaz que toma la espada. De ahí viene su fracaso. Triste fracaso de romántico que inició un parlamento de encendida palabra, para caer, al final de su obra, en una red oscura, donde quedó asfixiado con la falta de gloria que lleva el pez a la muerte.

«...Y fue mi breve, lamentable historia
la historia de otros muchos corazones».

dijo una vez, Zenea. Son los versos finales de su poesía «Quasi naves». Así fue su vida. El poeta escribió para sí el mejor epitafio imaginado. Su existencia fue breve; eso es lo de menos. Breves, pero fecundas, lo fueron otras muchas. Lamentable, sí. Porque quiso ser mucho: libertador, comerciante, buen padre de familia; anexionista al principio; más tarde, soñó con la total liberación de Cuba; después, pacificador. Tuvo la preocupación de la política, al uso de la época, sin ver jamás su débil condición. De esa pugna entre anhelo y realidad nace su fracaso. Le fracasa el ímpetu heroico, la llama viva del ideal. Su historia es la de otros muchos corazones. Enciden la luz alta y la luz les asusta. Hubo en Zenea un fondo incontenible de timidez que su actuación revolucionaria no logró borrar. Tras el ardor patriótico estaba en él un pensamiento sostenido de incapacidad para la vida fuerte. Del propio modo que Amiel se vio inhábil para definir su actitud ante el amor, Zenea no logra dar un rumbo cierto a su borroso deseo de luchar por la patria. Y es porque en ambos falta la correspondencia entre la fuerza y el ideal. Vemos a Amiel preocupado por la vida amorosa en abstracto, sin que su única experiencia sexual deje una huella profunda en su espíritu. Amiel es un enamorado del amor, que no halló, por la misma elevación de su ideal, mujer en quien éste se encarnase. Su timidez proviene de eso; de un concepto extrahumano de la mujer. Buscando a *la mujer* pasó su larga vida entre mujeres. Es el tipo de super-tímido (Marañón); de tímido por exceso de mentalidad. Le faltó el arrojo de quien juega a la lotería arriesgando el último centavo. O mejor: tuvo miedo a que el amor se le quedase roto entre las manos.

En Zenea la timidez se cubre con un vivo ropaje de actividad. Su timidez no es ante la mujer; menos idealista que el oscuro profesor suizo, Zenea amó intensamente y existe en toda su vida la huella del amor real a Adah Menken, y a «Fidelia», y a su mujer. Su timidez es frente a la vida; lo sitúa en una atmósfera imprecisa que él pretende definir con insistencia. Pero hay en el poeta el vacilar. Cede pronto al influjo extraño y se hunde en las aguas que, sucesivamente, le rodean. Tal vez él no sepa por qué. Cuerda sensible, vibra con exaltación a cada toque. La verdadera consistencia, que hace tercos y heroicos a los hombres no fue nunca la cualidad de su espíritu. Por eso fue a veces heroico y en ocasiones terco; pero no pudo lograr la unión firme de ambas cualidades.

Otro aspecto de la tragedia de Zenea es éste: a pesar de sus arranques patrióticos, de su actividad revolucionaria, de su romanticismo, de sí mismo, en fin, Zenea fue un burgués. Por su vida agitada este fondo apacible queda en segundo término. Luchó por exaltar en sí la negación del orden burgués de la vida (Plejanov) y acumuló frecuentes experiencias revolucionarias que le ocultaron su invencible burguesismo. Sin embargo: lleguemos al momento decisivo. Cuando, hecho prisionero por los españoles, es encerrado en la Cabaña. ¿Qué piensa el poeta entonces? ¿Persistirá en su canto la actitud romántica? En cierto sentido, sí; puesto que canta su dolor y alza la voz atormentada, y le interesa demostrar su sufrimiento. Pero su voz no lleva acento heroico, ni su canto es el del poeta que mantiene un tono de fuerza insobornable. Zenea confía en la eficacia de su pasaporte y sueña en ir a reunirse «con su niña y su mujer», verdadera preocupación del padre de familia. Al delirio romántico de los años anteriores, ha sucedido el sueño en una existencia de sabor patriarcal. Todos sus años de azarosa vida de lucha por mantener en alto la luz que tomó en sus días juveniles, los daría gustoso por una caricia de su hija. De aquel apasionado canto a la libertad, o de su tono gris con el que anduvo en horas de la tarde, escuchando «la voz de los sepulcros», ya no le queda nada. Hemos de ver en esto el porqué de su incierta posición ante la vida; como burgués, fue Zenea el más romántico de todos; tanto que supo ocultar, hasta para sí, el ansia de reposo «junto al paterno río», envolviéndola en una activa atmósfera. Puesto a luchar desde muy joven, el poeta llega a olvidar todo lo que no es un amplio braceo en contra de la corriente. Sabe el combate diario y el sueño tras las horas agitadas. De ellos nace tanta canción amarga por la sal que se le entra en el alma en el continuo jadear a que le obliga el encontrado curso de su existencia.

«Me agrada más ocuparme del pasado que del porvenir, porque conservo mayor número de memorias que de esperanzas». Hay en esta frase del poeta una verdadera profesión de fe romántica, pareja al recuerdo de sus hermanos muertos con Grecia. Ese volver la cabeza hacia atrás lleva en sí el castigo de la mujer de Lot, cuya piedra salada quedó en el centro del camino. Si el romántico pudo vencer la amenaza divina, lo debió al canto que le brotaba del alma en ancho río, y en el que estaba disuelta una tácita voz con alas hacia el norte.

Pero también Zenea quiso ser constante. Es decir: quiso ser burgués. Y la frase le sale redonda por el oriente, porque la tenía desde siempre en el deseo. Contra el viento que agita la cabellera y aventa los recuerdos al mediodía, para luego a la tarde traerlos al poeta con el ojo tenaz de las estrellas, está ese impasible y firme deseo de constancia. No logró realizarlo Zenea. Cuando está cerca de una ilusión, piensa en la que quedó lejana. Cuando se acerca a ésta, ya la mujer se ha hundido en el sueño. Persigue, y llega tarde; ama con más fuerza el recuerdo de sus muertas que el gozo de mirarlas cuando estaban junto a él. Comienza a escribir con el fantasma de un amor al lado, y, sin saberlo, viene a dar con otro que le agita las alas. Para, después de todo, ya próximo a la muerte, no saber qué hacerse con su romanticismo y arrojarlo lejos de sí, y ponerse a pensar en una vida serena con la que hacerse un daguerrotipo familiar.

ZENEA: ÚLTIMO Y PRIMERO
(1970)[35]

Juan Clemente Zenea (1832-1871) es para mi gusto —como lo indico en el título de estas notas— el último de los poetas románticos de Cuba y el primero, tal vez, en quien aparecen acentos de parentesco con el simbolismo. Recordemos que el romanticismo cubano había dado a la poesía en castellano dos nombres cimeros, por lo menos: José María Heredia y Gertrudis Gómez de Avellaneda, ambos, ciertamente, con algunas reservas en lo que a su total función dentro de la escuela respecta. Y acaso no esté demás recordar, también, que la extraordinaria Tula se adelantó varias veces a su época y, según lo tengo ya dicho en otra ocasión[36], nos dio numerosas muestras de «modernismo» inicial. Mas en el amplio panorama de las letras cubanas del ochocientos fueron ellos los únicos. Nombrar a los demás no me parece oportuno, aunque sí lo sería decir que junto a Zenea se escuchan las voces, ya delicadas, crepusculares, elegíacas, de un Mendive, y de una Luisa Pérez de Zambrana, que van a teñir —y a tañer, sobre todo esta última— con hermosa originalidad aquellas letras.

Porque ese es el tono que prevalece por entonces. Lo personal elegíaco. Cuando Zenea quiere la voz guerrera y alta, la que apostrofa y grita, también le sale digna; pero, como apuntaba don Marcelino Menéndez y Pelayo:

> «Sus injurias rimadas contra España no aumentarán ciertamente la gloria de su nombre; lo que lo protege y conserva son sus versos elegíacos, pocos en número, pero que apenas tienen rival en la literatura cubana».

Sustituyamos las palabras «injurias rimadas» del polígrafo español por otras nuestras de «grito de rebelión» o de «ardiente amor patrio». Lo que resta es lo mismo. Son los versos elegíacos de Zenea los que nos quedan; es su

---

[35] Congreso Internacional de Literatura Iberoamericana (15th: 1971: University of Arizona).
    La literatura iberoamericana del siglo XIX: memoria del XV Congreso Internacional de Literatura Iberoamericana, Arizona: Universidad de Arizona (1974): 183-190.

[36] Véase «Algunas anticipaciones de la Avellaneda», incluido en esta compilación.

magistral romance «Fidelia». Es bastante del resto de su obra lírica, de tan subidos quilates y de tonos tan nuevos y personales, de un tan misterioso «no sé qué» de vago y de impreciso, que nos lo colocan en un lugar de aires simbólicos, según ha visto también, coincidiendo conmigo, el gran poeta español Jorge Guillén. Don Marcelino aprecia en Zenea lo que en él hay de permanente, y sabe distinguirlo de lo pasajero, como hace asimismo en el caso de Heredia. Don Marcelino se fija, entre otras cosas, con su habitual perspicacia, en uno de los momentos más eminentemente líricos, más altamente misteriosos, más profundamente «poéticos» de la obra de Zenea. Dice: «Qué acento tan penetrante y lánguido, qué suave negligencia y qué misteriosa vaguedad final la de los versos que siguen (se está refiriendo al poema «Recuerdo»):

> Cuando emigran las aves en bandadas
> suelen algunas, al llegar la noche,
> detenerse en las costas ignoradas
> y agruparse de paso a descansar.
> Entonces dan los ánades un grito
> que repiten los ecos, y parece
> que hay un Dios que responde en lo infinito
> llamando al hijo errante de la mar».

Yo podría llenar bastantes páginas señalando los aciertos expresivos de Zenea. Y podríamos organizar una bellísima antología «nueva» con los momentos que me parecen más evidentes de la tensión lírica de este poeta. No serían ellos los más reconocidamente románticos de su obra. Como he indicado antes[37], Zenea tiene en su cuerda la voz de tono mayor, la que le viene de Gallego, de Heredia, a veces con el eco de Quintana. La voz que usó la misma España para cantar la guerra y el horror del combate. El temperamento naturalmente exaltado —y digámoslo también— un tanto despistado de Zenea, halló en su propio suelo motivos suficientes para prender a su corazón y al de sus compañeros de grupo —ya unidos por otra parte en el aire del tiempo, cuyos átomos llevaban de uno a otro continente esencias de inconformidad con el ambiente— un ansia de sentirse personajes activos en el drama que se preparaba en Cuba. Entre ellos, entre esos

---

[37] Florit hace mención aquí al diálogo que sostiene con su trabajo «Juan Clemente Zenea: márgenes al centenario de su nacimiento», igualmente incluido en esta edición.

personajes, hubo quienes lograron mantener su papel con toda gallardía hasta el fin de la obra. Pero hubo —y aquí el nombre de Zenea— alguien que alzó el vuelo con alas de cera. El ímpetu romántico de amor a la patria llevó a nuestro poeta a empresas de héroe. Quiso él justificar su amor con una acción heroica. Pero la actitud de Zenea era falsa. No por convicción de que estaba mintiendo, no. Era falsa porque no respondía a su modo de ser. De ahí viene su fracaso. Triste fracaso de romántico que inicia un parlamento de encendida palabra para caer, al final de su obra, en una red oscura, donde se asfixia con la falta de gloria que lleva el pez a la muerte.

Algunas ideas más que apunté en su día y hoy me vienen a la memoria podría agregar a lo ya expresado en lo que al carácter de Zenea se refiere, y cómo ese carácter, o carencia del mismo, le llevó a su triste fin de mártir. Pero más me conviene fijarme en lo que de positivo hay en su obra poética, que está pidiendo que nos fijemos en ella —en una parte de ella, desde luego. Y a eso vamos.

Uno de los críticos cubanos más inteligentes de nuestros días, el poeta Cintio Vitier, en su magistral libro *Lo cubano en la poesía*, dedica varias páginas a estudiar el «caso» Zenea, poniendo de relieve cómo con los *Cantos de la tarde* (1860) de éste —y sin olvidar las *Poesías* (1856) de Luisa Pérez— se consuma «el proceso de interiorización del tono» dentro del romanticismo cubano, a la vez que comienza una lírica de pura intimidad, y muy dentro de lo musical y evocativo del simbolismo. Y es de notar que en Zenea aparecen muy evidentes huellas de su contacto con la poesía francesa, norteamericana, inglesa y alemana. Es decir, que al extender el radio de sus lecturas va al mismo tiempo descubriendo nuevos modos de expresión, tonos muy suyos, desde luego, que se le despiertan con dichas lecturas. Y aprende a expresar lo que Vitier llama «el lirismo de las sensaciones». Tales sensaciones, ya sean visuales ya auditivas, las vierte Zenea en moldes de delicada forma. Recordemos juntos algún pasaje de su poema dedicado a Adah Menken, aquella en su tiempo famosa actriz nacida en New Orleans en 1835 con el nombre de Dolores Adiós Fuertes y que más tarde adoptó el apellido del primero de sus cuatro maridos, John Isaacs Menken. Zenea la conoció en La Habana, ya como actriz, y volvió a verla en su primer viaje a Estados Unidos, en New Orleans. No hay duda de que entre los dos hubo algo más que un simple «romance» al que más tarde ella, ya en Europa, habría de agregar otros, como lo testimonia un conocido retrato de la artista en actitud amorosa sobre el pecho —o más bien el vientre— de Alejandro Dumas, padre. De las relaciones de Adah con Zenea queda, por fortuna, uno de los poemas más bellos de nuestro autor, como el que lleva por título las iniciales «A.M.», escrito al enterarse de su muerte en París. Allí está enterrada en el cementerio de Montparnasse bajo una piedra que, según su voluntad, lleva el simple epitafio de «Thou Knowest».

Comienza el poema a que me refiero con estos versos:

> Lanzaba un rayo tenue y azulado
> la lámpara encubierta con un velo,
> como un rayo de luna aprisionado
> en un vaso del cielo;
>
> y al lento fuego que en su hogar ardía,
> desprendida del barro de la tierra,
> los versos mi adorada me decía
> del trágico inmortal de la Inglaterra...

y más adelante, después de haber ido los amantes a la ventana, a ver cómo la nieve «llovía» de las nubes, vuelven al calor de la chimenea encendida y entonces el poeta nos pinta a su amada como «la imagen de las penas» —no hay que olvidar que estaba leyendo una tragedia de Shakespeare— y

> Del verde de las olas en reposo
> el verde puro de sus ojos era,
> cuando tiñe su manto el bosque hojoso
> con sombras de esmeralda en la ribera,

para terminar el retrato con estos dos versos ejemplares:

> recordaba su pálida hermosura
> la escanciadora del licor celeste.

Fijémonos en que Zenea va de una pintura fiel, como lo es la descripción de los ojos de la amada, comparándolos con «el verde de las olas en reposo», a otra imprecisa, alada, impersonal, como lo es esa «escanciadora del licor celeste», que no debe de ser otro que la ambrosía. Y esto ocurre muchas veces en la escasa obra poética de Zenea. Así, por otro ejemplo, en el poema «En días de esclavitud». El poeta sale de su patria, como tantos otros: Heredia, Mármol, el Duque de Rivas, Espronceda, Caro; cuántos, antes, y aún cuántos, ahora. Bien. Y ya en la quinta estrofa —son endecasílabos de rima consonante alterna— aparece por milagro lo puramente poético:

> Vienen de la ciudad voces lejanas
> que el desgraciado corazón oprimen.
> y al toque de oración de las campanas
> los ecos tristes de la tarde gimen.
>
> Asoman solitarias las estrellas,
> y engalanan las orlas del espacio
> las tintas, melancólicas y bellas
> del ópalo, las perlas y el topacio.
>
> Empieza a vacilar la incierta raya
> que dibujan las costas y los montes,
> húndense las palmeras de la playa
> y se visten de azul los horizontes.
>
> El Sol, al ver la Luna, acorta el paso,
> y se ven suspendidos, frente a frente,
> un globo de oro y sangre en el Ocaso
> y un globo de alabastro en el Oriente...

Véase qué modos tan exquisitos de expresar lo inexpresable se le ocurren a nuestro poeta. Los ecos de la tarde gimen; se visten de azul los horizontes: las orlas del espacio se engalanan; la incierta raya de las costas y los montes empieza a vacilar. Llegan voces lejanas. Todo en estos versos está como visto tras un tul, que sólo deja traslucir lo impreciso. Que es lo mismo que aquel «hijo errante de la mar» que escuchamos al comienzo de estas páginas.

Otras veces es el romance:

> Miro al pie de los nogales,
> encima del alto cerro,
> el pastor que a breves pasos
> va meditando y sonriendo.

Poema que comienza:

> Solitario y abatido,
> abandonado y enfermo,
> tengo una lágrima triste
> para bañar tu recuerdo,

y que termina:

> un amor al que sostienen,
> después de muy largo tiempo,
> entre las penas más tristes
> los más delicados sueños.

Como en el otro momento bellísimo de su romance más conocido, «Fidelia»:

> Estábamos en un bosque
> sentados sobre una piedra,
> mirando a orillas de un río
> cómo temblaban las yerbas.

Así nada más. No me diréis si esto no es la más simple, la más sencilla, la más pura poesía. Por cierto que estos romances de Zenea los veo yo emparentarse a lo lejos con algunos del primer Rubén Darío y por azares del ir y venir de las ondas del Atlántico, con otros de las *Arias tristes* y las *Pastorales* de Juan Ramón Jiménez. Sí, un aire de simpatía, un tono de delicadeza y de imprecisión que va apareciendo ya hacia 1860 y asciende, como un vapor apenas perceptible, hacia los más extraños cielos de la Poesía.

Advierte Vitier en su ya citada obra que lo que distingue a Zenea es su modo trémulo, lejano y desamparado de sentir el mundo. (En ello ve el crítico la esencial «cubanidad» del poeta; pero no podemos detenernos en este punto; hay que ir adelante). Y continúa: «Inestable a veces hasta el desaliño y la inconsecuencia, otras el más distinguido y delicado poeta imaginable»... Añadiendo que lo que hay en él es «algo imponderable, indefinible; un modo evasivo de trasmutar la cultura;... una ensoñación velada, libre, modesta; una voz pequeña erguida en el aire; un anhelo extasiado; una *lejanización* radical del mundo... Brillos, ecos, aromas»[38], dice. De acuerdo. Recordemos que el propio Zenea apuntó una vez: «Me agrada más ocuparme del pasado que del porvenir, porque conservo mayor número de recuerdos que de esperanzas». Profesión de fe romántica, ¿no es cierto? Acaso no lo sea exclusivamente. Ese volver la cabeza hacia atrás lleva en sí el castigo de la mujer de Lot, cuya piedra salada quedó en el centro del camino. Si el romántico pudo vencer la amenaza divina, lo debió al canto que le brotaba del alma en ancho río, y en el que estaba disuelta una tácita voz con alas hacia adelante. Pero Zenea también quiso ser constante. Es decir: quiso ser burgués. Contra el viento que le agita la cabellera y aventa los recuerdos al mediodía, para luego a la tarde traerlos al poeta con el ojo tenaz de las estrellas, está ese impasible, firme deseo de constancia. No logró realizarlo Zenea. Cuando está cerca de una ilusión, piensa en la que quedó lejana. Cuando se acerca a ésta, ya la mujer se ha hundido en el sueño. Persigue, y llega tarde; ama con más fuerza el recuerdo de sus muertas que el gozo de mirarlas cuando estaban junto a él. Comienza a escribir con el fantasma del amor al lado y, sin saberlo, viene a dar con otro que le agita las alas. Para después de todo, ya próximo a la muerte, no saber qué hacerse con su romanticismo, arrojarlo lejos de sí, y ponerse a pensar en una vida serena con la que hacerse un daguerrotipo familiar. (Estas últimas palabras las escribí en 1932, al recordarse en Cuba el centenario del poeta. Ahora, en 1970, sigo pensando lo mismo).

Dijo Zenea una vez:

> Y fue mi breve y lamentable historia
> la historia de otros muchos corazones.

Breve y lamentable, es cierto. Mas por ello, por haber sido tan lamentable, pienso yo, pudo dejarnos, aunque escasos en número, algunos de los más acendrados versos de mágico lirismo con que cuenta la poesía cubana.

---

[38] Vitier, Cintio. *Lo cubano en la poesía*. «Sexta lección». La Habana: Universidad Central de las Villas. Departamento de Relaciones Culturales, 1958. pág. 177.

LOS VERSOS DE MARÍA SÁNCHEZ DE FUENTES
(1950)[39]

Creo sinceramente que al formar este librito con las poesías de María Sánchez de Fuentes estoy cumpliendo con un deber. No de hijo hacia su madre, que ello desde el punto de vista literario sería lo de menos, ya que el prejuicio amoroso puede hacernos exagerar méritos y disimular defectos, sino deber de hombre de poesía hacia la poesía de su país. He de explicarme. Deseo hacer constar desde ahora que me gustan estos versos porque tienen calidad lírica; y que los quiero y los amo porque son de mi madre. Pero entiéndase que, gracias a Dios, tengo el suficiente buen juicio crítico para no tomar molinos de viento por gigantes, ni versitos tontos de escuela por verdadera poesía. Quiero con ello decir honradamente que estimo que los versos de M.S. de F. son buenos y que merecen ser publicados, conocidos y admirados.

La poesía de mujer en Cuba ha tenido grandes figuras a lo largo de nuestra historia literaria. América, ya lo sabemos, es tierra de mujeres poetas. Y Cuba es isla de poesía y de poesía hecha por mujeres. Ha tenido la pasión romántica y la destreza más que romántica de Tula Avellaneda; la desesperada y maravillosa tristeza de Luisa Pérez de Zambrana; el tono más culto de Aurelia Castillo de González; el apasionado de Mercedes Matamoros; el exaltado de Nieves Xenes; el delicadamente triste de Juana Borrero. Y ya entre nosotros, en nuestras contemporáneas, la dignidad artística de Dulce María Borrero, la excelencia de Dulce María Loynaz, o la inquietud de Mariblanca Sabas Alomá, o la novedad y clareza de Josefina de Cepeda o de Serafina Núñez, o el gran aliento y la honrada palabra de Mirta Aguirre. Todo eso y algo más hay en la poesía femenina de Cuba. Todo eso, que ya es muchísimo. Lo que M.S. de F. trae a esta poesía es otro tono— menor, si se quiere, por más íntimo— un tono de lirismo desnudo de ornamentos; de poesía casi a flor de alma, en la que a veces la palabra no es señora de la

---

[39] Florit, E. *Poesía, casi siempre (ensayos literarios)*. Madrid, New York: Ed. Mensaje, 1978. págs. 27-34.
Prólogo al libro *Polvo de luz*, La Habana (1950).

idea, y en la que, sin embargo, son palabra e idea señoras de la emoción. Una poesía triste —conozco muy poca buena poesía que sea alegre— hecha de sufrimientos pequeños, de pequeñas desilusiones, de soledades íntimas, de momentos de desengaño ante la luz que se va o ante la esperanza que no se realiza:

> Yo querría andar siempre sobre alfombras
> para no oír mis recuerdos,
> para no oírme a mí misma
> para pensarme ya muerta.
> Ay, los ruidos apagados,
> pedales de los ensueños,
> donde se calla la nota,
> donde la cuerda se quiebra.

Una poesía en la que nada grande sucede, como no sea ese quebrarse de una cuerda, de una ilusión, o el pasar de un deseo. Una poesía, en fin, que trae a la literatura cubana el tono de Emily Dickinson.

Aseguro aquí que M.S. de F. no ha leído a la gran lírica norteamericana del siglo XIX. Lo aseguro, y me consta, porque para algo soy su hijo. No la conoce y, sin embargo, todo el que lea estos poemas ha de advertir qué gran simpatía existe entre ambas mujeres, y qué corta distancia media entre las dos. Ya volveremos a esto más adelante.

M.S. de F., hija de padre poeta, de los dignos, serios, enfáticos poetas del XIX no romántico español, casó muy joven con mi padre y pronto se fueron a vivir a Madrid. Allí comenzó ella a escribir más frecuentemente y, de vez en vez, publicar poemitas en revistas y periódicos de poca circulación. A Bécquer sí lo había leído, y a Núñez de Arce, y a Campoamor. Antes, en su Cuba primera, también a Gutiérrez Nájera, y a Julio Flórez, y a muchos más. Es decir, sabía los versos que toda muchacha guardaba, copiaba en sus cuadernos, y hasta recitaba en las veladas, junto a unos juegos de prendas. Mi madre por entonces también cantaba con una hermosa voz de mezzo soprano que le saldría de sus mangas de jamón y su cintura de avispa, la habanera «Tú», que acababa de componer su hermano Eduardo.

En España siguió haciendo versos que yo recuerdo bien; impresiones de paisajes, de una visita a un monasterio abandonado, reminiscencias becquerianas. Tono general de buen gusto, pero sólo eso. Y en 1918, el regreso a Cuba. Esta vez traía el matrimonio los cuatro hijos nacidos en

España, en cuyo suelo castellano se había quedado, por cambio, el que nació en La Habana en 1898. Continúa escribiendo y publica versos en los periódicos (*La Nación, El Mundo, El Diario de la Marina*). Lee alguna conferencia en el Lyceum. En la colección *La poesía cubana en 1936*, reunida por Juan Ramón Jiménez, bajo los auspicios de la Institución Hispanocubana de Cultura, aparecen varios poemas suyos. Su poesía se afina, se «interioriza»; la anécdota se diluye en el ambiente. Ahora es la luz lo que domina. Todos los tonos de la luz; la del sol, la de la luna —en la que insiste muchas veces— la del atardecer, la de la mañana; la que entra por los árboles y la que está en los pétalos de la flor. El paisaje se refleja en el sentimiento. Mujer de una agudísima, infantil sensibilidad, que la hace sufrir y gozar más que a nadie y por lo que apenas molestaría a otra persona. M.S. de F. personaliza sus inquietudes y las identifica con las de la naturaleza, para la que tiene siempre los ojos abiertos y llenos de simpatía. Esa es su cuerda mejor. Con una tranquila vida de hogar, claro es que ni lo erótico falso, ni aún lo simplemente amoroso se advierten en sus versos. Si hay a veces algo de «amor» en ellos, será más bien el amor abstracto, del que todos andamos enamorados y al que todos hemos cantado alguna vez. O luego, ahora, al amor de madre que la hace exclamar, por ejemplo:

> Vacía y llena de ti toda estoy.
> Recuerdo tenaz en esta ausencia.
> Sombra, nube, recuerdo; y en el oído
> siempre tu voz, ¡siempre tu voz!

Tampoco hallamos aquí, sino como excepción, las figuras, los personajes. Hay alguien a quien alude vagamente, algunas veces, pero sin que ello dé tono a esta poesía, que, como digo antes, está hecha de colores y de luces, de claros de luna y de puestas de sol entre los que la poeta se halla, con los que conversa, a los que pregunta —por no preguntárselos a sí misma— los grandes misterios del mar, de la vida, del pensamiento.

Hay en ese asomarse al misterio otro lazo que relaciona la obra de M.S. de F. con la de Emily Dickinson. Es un pensar, claro que no filosófico, sino poético —suma de filosofías— en las cosas esenciales, frente a la eternidad o frente a lo mínimo, que le hace escribir dos extraordinarios versos:

> Me siento como arena que le pesa
> el agua de la mar

O en otro de estos poemas:

>en las ondas del éter sé que están las palabras,

o cuando dice que se siente tan pequeña

>como un átomo de luz,
>como el recuerdo de luz que tuvo una estrella.

La forma de esta poesía es de una sencillez casi desnuda. Pocas palabras y pocos versos. Otra semejanza con Emily Dickinson, aunque en ésta el metro se repite casi siempre igual —dando a toda su obra el tono de un largo monólogo, mientras que en M.S. de F. hay más variación. Lo que ocurre es que tanto en ésta como en aquélla se dice sólo lo necesario. Por eso es por lo que no hay apenas elaboración de metro medido. Ni el soneto existe. La estrofa es simplemente el vehículo de una idea que para respirar se divide en momentos. Todo esto nos está indicando la ausencia casi absoluta de literatura que se nota en los versos de la cubana, y por lo que sigue la línea de su parentesco con la de la Nueva Inglaterra.

Lo que sí hallamos a menudo es el recuerdo de alguna de las formas populares de la poesía castellana, como la copla, o algún cantar paralelístico. Veamos dos ejemplos.

De copla:

>Quiso el olvido olvidar;
>se encontró con el recuerdo,
>se miraron tristemente
>y se echaron a llorar.

De cantar paralelístico:

>Qué callada se quedó
>la tarde, cuando te fuiste.
>¡Como reía la tarde,
>la tarde que tú volviste!

Y por todo ello, también, notamos la escasez del consonante. En cambio, el asonante, no sólo final, sino interior entona curiosamente a estos versos para quitarles todo resto de «oficio», de «Maestría», de «Mester». Y es que es en el asonante —de tan pura raíz— en el que con mayor facilidad se expresa un poeta «natural». Hay en el consonante, por muy necesario que él nos venga al poema, un como aire de artificio. Es un vehículo, un camino, aunque tan bello, como lo son las liras de San Juan de la Cruz. El asonante es, por el contrario, el aire libre; está sobre el camino, como la alondra o la nube. Y nunca hay que «pensarlo». Que él baja solo al verso, y en él llueve o se posa a cantar.

En cuanto a su organización, me ha parecido bien dividir este libro en tres grandes secciones: «Espejos», «El Cielo y yo» y «Corazón», títulos tomados de algunos de sus versos. La división es clara; los poemas mismos, al tenerlos en mi mano, parecía que se iban reuniendo en los tres grupos, ellos solos.

En «Espejos» están lo que refieren momentos en que la poeta descubre «su naturaleza», es decir, los que reflejan ese mirar objetivo y ese anotar de impresiones vivas que le produce una puesta de sol, o la luna entre sus nubes, o la lluvia, o un pájaro, o una flor. Las cosas esenciales del mundo de afuera, que sólo el poeta sabe mirar con el amor que crea, como el niño mira con el amor que descubre.

Emily Dickinson dice aquí:

The mushroom is the elf of plants

y M.S. de F.:

Las golondrinas son la élite de los pájaros,

porque Vicente Huidobro nos advierte, para siempre que: «Cuanto miren los ojos creado sea».

Miran los ojos del poeta, y luego nombran los labios, o escribe la mano: creación. Y sale como nueva la cosa poetizada, de igual modo que el niño, al descubrir el mundo que le rodea, lo va señalando asombrado con su dedito recién hecho.

El segundo grupo, «El Cielo y yo», establece una relación íntima, de romántico sabor, entre la poeta y esa misma naturaleza externa. Sigue mirando la luna, la puesta de sol de antes, sí; pero ahora el espectáculo hiere, penetra el alma, y el alma respira por esa herida, y se siente *«en»* ese mundo, formando parte de él, relacionada con él, y con él dialogando, de tal manera que es esta parte, más que el resto de su obra, una pura conversación con el universo, como puede advertirse en este poemita, enorme en su sencillez:

>Puse mi alma al sol, y le dije:
>Sol, seca mis lágrimas.
>Puse mi alma junto al mar, y le dije:
>Mar, llévate mis lágrimas.
>Puse bajo el cielo mi alma, y le dije:
>Sol, mar, cielo,
>Tú, mi Dios, que eres todo eso,
>oye mi deseo.

Y luego se forma un tercer grupo con los poemas de mayor intimidad. Aquí encontramos todas esas pequeñas tragedias de que hablé antes. M.S. de F. es mujer de extremada sensibilidad. Su corazón es tan bien templado que el más pequeño roce de la vulgaridad o de la incomprensión lo hace vibrar, sonando —quiero decir haciendo versos. Llora y sufre por tener ese corazón que registra fielmente los más sutiles climas afectivos, y a pesar de ello no puede vivir sin ese sufrimiento. Y así, cuando, según ella nos cuenta:

>Quedó deshecho en lágrimas
>mi pobre corazón,
>sentí un cruel vacío,
>miré la sima inmensa.
>Y a pesar de saber
>cuánto de nuevo sufriría,
>en la sima vacía
>sembré otro corazón.

Claro. Si ése es el destino del poeta, a quien no se le puede quitar el «dolorido sentir» de Garcilaso.

Mezclados en estos tres grupos mayores he colocado algunos menores, que forman como paréntesis entre ellos. Son «Los otros» e «Intermedio». «Los otros», una serie de poemas en los que —como en «Sus ojos», «Todo fue inútil» y «La única palabra» —parece haber una historia de amor y desengaño y que la poeta nos refiere con emocionada simpatía hacia esos seres desconocidos que vemos aquí como sombras o fantasmas; o en los dos de las «almas anónimas», que mueren aquí en la tierra sin dejar más que una tímida palabra de adiós, o una plegaria de flores. El grupo termina con uno de los poemas de mayor serenidad del libro, «Tú bien lo sabes», comentario final sobre el paso de estas figuras que son «ocultos manantiales». Y después de esos coloqué un poema solo, muy extraño, que he titulado «Intermedio», porque me parece que es eso: un intermedio trágico, desapacible, amargo, de atormentado pensamiento y que resulta gran contraste con los tonos claros o grises del resto del libro.

Y me parece que con estas palabras queda suficientemente explicado el contenido de este tomo de versos.

Así ha seguido poetizando M.S. de F. Cada vez más afinada, más hacia sí, hacia su sentimiento. Ahora escribe poco. Pero de vez en vez, para que no se diga que la fuente se agotó, sale de ella un hilillo de agua purísima, como ésta:

> No arrastres tu cola, luna,
> sobre el mar.
> Recoge tu cola, luna,
> que el mar te la va a mojar.

Agua que no pide nada, que no alborota ni salta; pero agua que va en sosiego deslizándose para entrarse callada en el corazón de sus hijos.

Yo quiero que esa agua de la poesía de M.S. de F. llegue, por este libro, al corazón de los demás, y que afluya con su gracia necesaria en el gran caudal de la literatura cubana.

MI MARTÍ[40]

Mucho temor me pone en las letras de la maquinita el escribir unas cuartillas sobre Martí. Lo he hecho antes y supongo que lo haré otras veces. Y siempre el mismo cuidado. Comprender no es bastante; amar y admirar son peligrosos. Hay que ir con tiento, a freno tenso, para que los caballos no se lancen a la carrera del entusiasmo. Y al mismo tiempo el ardor y el ímpetu deben estar presentes, porque no se trata de estudiar o disecar un cuerpo muerto sino de ver las palpitantes entrañas del ser vivo y las trémulas alas del espíritu.

No quisiera ser uno de los exegetas andaluces que pedía Rubén Darío. Él los deseaba por el «ángel», claro. Pero tal vez un ángel andaluz, uno de los barrocos ángeles de la Roldana podría retorcer o complicar las cosas. Y lo ideal es decir lo necesario, siempre que haya necesidad de decirlo.

Por ejemplo, decir: en toda la poesía castellana no hay ninguna igual a la de Martí. Decir, por ejemplo: nadie como él ha expresado, en algunas ocasiones, el fenómeno poético en su total pureza. Ejemplo, por decir: No hay poeta castellano, a excepción de san Juan, que haya tenido más clara idea del alma. Por decir ejemplo: su poesía mejor es tan buena como la mejor poesía de los poetas mejores.

Así se puede continuar hasta el infinito, desde luego. Pero se acerca uno al peligro del entusiasmo volandero. Y hay que apartarse al rincón de las pocas palabras, a ver cómo arden los pensamientos y cómo pueden salir compuestos y sobrios, de traje de domingo campesino. Quién pudiera salir así muy de mañana, como salió una vez mi Dulce María, cantando a la misa de domingo, mientras el sol la besaba a la mitad con la brisa. Quién, para pensar en la poesía de Martí, pudiera abrir ventana y cuello de camisa; dejar sombrero y corbata; tenderse un ratito en el campo a que nos rozara la boca una abeja, a sentir crecer un mundo en el pecho. Quién hubiese tal ventura sobre el mar de las aguas de esta poesía para irse con quien ha dicho la canción más armoniosa, más honda, más extraña, casi tan marinero como el que escuchó el Infante Arnaldos.

---

[40] Florit, E. *Poesía, casi siempre (ensayos literarios)*. Madrid, New York: Ed. Mensaje, 1978. págs. 79-80.

Martí dice que vio el alma dos veces, dos. Quien lee sus versos multiplica el número. Tantas la vio, que la propia suya se le sale de continuo en la poesía. Y tantas, y de tal claro modo nos la presenta, que nosotros, lectores, ya le vemos el alma en cada rasgo de la pluma. Se irá una vez, para pronto volver y en papel amarillo contar el viaje. Cuenta lo de allá arriba, lo que está tan habituado a ver y sentir, de modo tan claro, que nos parece que lo de la tierra es —y claro que lo es— prestado, temporal, de casi sueño. Y que lo real y verdadero es lo otro, lo que nos cuenta firme, porque cierto lo sabe. Porque es el más feliz; aquel que lleva al brazo, «con un traje más blanco que la nieve», la novia aquella que no vuelve. Que no vuelve de un modo, tal vez; pero de nuevos modos. La poesía será, que baja y habla, y que nos lleva por el brazo lejos. Y volverá diferente con el águila que pasó por el mar de los zapaticos de rosa. Y con la Cuba del clavel sangriento «que en la mano le tiembla», y que es su corazón. Y en la copa con alas de su beso. Y en los héroes del claustro, y en su canto de otoño. Y qué sé yo cuántas veces más por su extraña palabra.

Desde la madrugada de su carta hasta el último de sus versos, viaja Martí ese ir y venir de tierra a cielo y vuelta y regreso arriba y abajo. Lanzadera que teje alas y raíces con sus yugos y estrellas. Pocos poetas, como él, para hundirnos la cabeza, para echarnos de pronto, para empujarnos y ¡zás! en el mar de la maravilla. Va el lector por su obra caminando, y súbitamente le falta suelo, y cae, cae como en los sueños hasta el nuevo choque de la realidad. O súbitamente le falta el aire y sube, sube como en los sueños hasta que ya no puede más, y se desploma, como aquel cisne que muere «del dolor de su blancura». Hay cisnes y palomas y muertes con flores en la mano y amigos generosos y tiranos y patrias y mujeres y barcas temblorosas a la orilla del lago. Hay todo un mundo propio, tan distinto, en todos estos versos. Hay, creo yo, el mundo, inconsútil, presencia indecible, de la más absoluta poesía. Claro que hay más, que siempre cabrá decir más, que siempre se deseará decir más. Y que siempre, como en este momento en que escribo, me entrará el temor de no decir lo justo, ni lo bastante. Que por ahora, ya basta.

NOTAS SOBRE LA POESÍA EN MARTÍ[41]

Porque se trata sólo de contar una «impresión» personal de la poesía de Martí; porque no ha de haber en aquella estudio minucioso ni crítica literaria; porque, en fin, el objeto de estas conferencias es dar a conocer la resonancia que en nosotros, los poetas cubanos de este siglo, tienen los poetas cubanos del XIX: por todas estas razones me he decidido a escribir unas cuartillas, cumpliendo así el compromiso que adquirí hace algunos meses con nuestro querido Presidente del Ateneo José María Chacón y Calvo. Y no se crea que no me haya costado esfuerzo comenzar el trabajo; tanto por el temor de caer en el elogio apasionado y débil, que ha sido con honrosas y escasas excepciones, el único elogio que ha recibido entre nosotros la obra del Maestro, como por la certidumbre de que no podré llenar mi cometido del modo preciso y claro que un ensayo de esta naturaleza requeriría. Se puede hablar y escribir mucho sobre Martí, poniendo en la palabra y en la pluma un fervor epidérmico, un amor de dientes a fuera, un entusiasmo que en muchas ocasiones no ha servido más que para disimular el desconocimiento de su obra y la distancia a que se ha estado de su espíritu. Y sin embargo, a la obra de Martí hay que ir con fervor, con amoroso ímpetu, con ardiente entusiasmo. No queda, pues, otro remedio que dejarse llevar por ellos, poniendo además, como en mi caso particular, una sinceridad de muy hondas raíces y una honradez con la que me atrevo a desafiar al más honrado.

Siempre que me he preguntado sobre el valor de la poesía de Martí, la respuesta ha sido terminante. Podrá admirarse mucho de ella y disentir mucho de ella también; podrá entusiasmarnos en sus momentos serios y desilusionarnos un poquito en sus instantes ligeros. Pero siempre, a través de toda ella, desde *Ismaelillo* hasta los *Versos Sencillos,* desde los *Versos Libres* hasta cualquier dedicatoria de retrato escrita a vuela pluma por el poeta, nos sorprenderá su acento personalísimo, su originalidad en la expresión, los hallazgos de imágenes y metáforas que hacen de él— que hago yo de él —el primero de nuestros poetas, de igual modo que es el primero de nuestros prosistas. Curioso es observar que si la prosa martiana está llena de poesía,

---

[41] Florit, Eugenio. *Anales de la Universidad de Chile* 89 (1953): 82-96. También publicadas en *Archivo José José Martí*, 1-2. 4 (1940-1943): 15-27.

su poesía nunca es prosaica. El verso lo utilizó siempre para decir lo que no podía expresar en prosa. Y sin rebuscamientos, sin falsas oscuridades logró modos de realización poética que todos los que han venido después de él —y no me ciño ahora al límite de nuestra isla— le deben y le han de agradecer.

Tantas veces escuché en los primeros años de mi vida literaria, y aún de labios de personas cultas, que lo que contaba en Martí, era todo lo demás: su vida, su obra, su oratoria, su prosa, su ideología política, su pensamiento revolucionario, todo, menos su poesía, que me asombraba un poco mi entusiasmo por ella y dudaba un mucho del valor que mi juvenil apreciación tuviera. Andábame un tanto deslumbrado por los para mí espléndidos jardines de su lírica y no acertaba a comprender cómo los que yo pensaba que sabían más que yo le restaran valor a mi devoción juvenil. Pensé muchas veces si no estaría yo equivocado, si realmente la obra poética de Martí no tendría la altura que yo le veía. Montes pensé ver yo, y tal vez fueran tan sólo lomas. Mis palmas de entonces acaso fueran como el «marabú» de nuestros campos, que todo lo cubre y sobre toda otra planta se extiende, ahogándola.

Pero no. A medida que mis conocimientos y mis lecturas me lo dejaban ver, me aseguraba en mi impresión primera. Sabía ya, después, de quien le llamó Maestro; de quien le ponía en firme y altísimo lugar dentro de la lírica de su tiempo. Y así fueron disipándose las dudas, y las sombras clareándose. Han pasado muchos años. Y hoy miro entusiasmado establecerse el poeta, de un modo cada vez más seguro, en el lugar en que mi joven intuición lo había colocado. Si antes, al escuchar a los niños el «hay sol bueno, y mar de espuma, y arena fina» se me alegraba el corazón porque sí, que es suprema razón de la niñez, ahora el espíritu se regocija con esos versos en los que la bondad del sol no es sólo un adjetivo y la finura no es sólo una cualidad física de la arena y el mar de espumas es un mar distinto de los otros, porque es el mar vivo del poeta. Recordando ese espléndido poema «Los zapaticos de rosa», releyéndolo muchas veces, puede uno aquilatar el profundo contenido lírico que encierran versos al parecer triviales como «el aya de la francesa —se quitó los espejuelos» y aquellos enormes a lo alto y lo hondo de: «y pasó el tiempo y pasó— un águila por el mar». Es extraordinario el poder de síntesis que utiliza Martí, el frondoso orador y el arrebatado poeta de los *Versos libres*, cuando en un sencillo octosílabo encierra toda una evocación sentimental o la caída del crepúsculo sobre la playa. En estos poemas de *La edad de oro* o en sus *Versos sencillos* pensamos, cuando pensamos en el Martí del modernismo inicial; como volvemos a los *Versos libres* o a la oda

«A mis hermanos muertos el 27 de noviembre» para reconocerle el ímpetu romántico.

Y es que en él, alta arista que une dos lomas de diferente ladera, viene el romanticismo a dar últimos gemidos y apóstrofes postreros, para verterse después en el lujo moldeado y exacto del puro verso con que lo moderno se entra por la lírica de los últimos años del siglo XIX. Se me ocurre decir aquí, pues, que en Martí termina lo romántico de escuela poética y comienza lo otro, lo que llegó en Rubén Darío a su más alta cumbre. La evidente dualidad que se observa en la vida de nuestro revolucionario: el aliento romántico y el sentido práctico de la realidad circundante, tienen un equivalente en las dos fases de su poesía. No fue él, desde luego, precisamente un modernista —en lo que para nosotros significa el término como denominación de un movimiento literario— porque estaba haciendo revolución, estaba soñando con libertar a un pueblo y para eso había que ser romántico. O, mejor: porque lo era —hijo de su siglo y de su dolor de hombre hambriento de patria libre—, hizo revolución y soñó con libertades. Hace poco tiempo Pedro Henríquez Ureña, en admirable conferencia, se refería a esto. Y nos hacía notar que América no pudo dar más que poesía romántica mientras no terminó el ciclo revolucionario, al lograrse la independencia de sus pueblos. A la única guerra justa, la que se empeña en destruir una tiranía, no se la alienta con estrofas de terciopelo, sino con férreos gritos. Cuando se hace la calma —aunque sea esa calma un poco turbia de nuestras inquietas repúblicas—, el poeta puede llegar a lo que piensa, después de lo que exalta; a lo que busca una forma ordenada, después de lo que se vierte en una desordenada forma. Porque Martí no llegó nunca a ese momento de lujo, le vemos a las puertas de la nueva escuela, señalando el camino que otros, más afortunados que él, habían de seguir. No quiso jamás en sus tiempos, que eran de lucha, de agonía, refugiarse en torre de marfil. Era muy honda su responsabilidad de hombre de acción para inhibirse de sus deberes públicos. Todo lo más, se hundía en el campo, no de grado, sino por fuerza —«me echaron —dice— al campo», como para disculparse el honrado de su temporal apartamento. Y entonces, cuando rozaba su boca una abeja, sentía crecer en su cuerpo un mundo, y le brotaban de la angustiada pluma esas joyas de la poesía que son sus *Versos sencillos*, en los que tan a menudo se echa de ver la preocupación mayor de su vida, que no trata de ocultar aún en el tono menor de su verso de entonces.

Pero no nos precipitemos. Antes de continuar, quiero dejar expreso aquí mi deseo de no entrar en el análisis cuidadoso de lo que romanticismo y modernismo fueron como modo de expresión poética. Apenas he aludido a ello y eso me basta. Quede sentado también —y por eso lo reitero—, que para mí, Martí representa el ocaso bellísimo del primero y la aurora, de luz incierta aún, pero ya hermosa, con que el segundo amanecía. Hay poetas de tan poderosa significación en la historia literaria, que sus momentos valen por capítulos enteros de ella. Para no remontarnos muy lejos en el tiempo y sobre todo, para no hacer historia, bástale a mi propósito decir que, del propio modo que con Juan Ramón Jiménez sale la poesía de habla española del modernismo rubeniano para entrar en lo que le ha seguido y que forma el grupo de las escuelas contemporáneas —si la palabra «escuela» vale algo al hablar de poesía—, así el romanticismo americano se ensancha y cobra alturas muchas veces dignas en nuestro Heredia, se desborda en todo el ciclo de «El laúd del desterrado» y llega a Martí, que lo recoge y lo dignifica en la maravillosa floración de sus *Versos libres*. Y en el propio Martí, poeta de transición, aparecen los primeros acentos modernistas, ya bien determinados, ya con todas las características que habrían más tarde de llegar a su cumbre en Rubén Darío. Porque es esto, amigos míos, lo interesante en él. El —permitidme que lo exprese con queridas palabras mías— «doble acento».

Nótese, también, que la poesía de Martí, es de tal naturaleza que no podemos encerrarla en los estrechos moldes de una clasificación determinada. Su romanticismo o su modernidad saltan por encima de tales barreras y llegan hasta nosotros siempre frescos, originales siempre. Nadie hasta él, ni después de él, ha sabido decir las cosas que él dijo. Ni del modo clásico, romántico o moderno como él las dijo. Porque se sabía hasta olvidarlas su copla española y su elegía inglesa, porque, sin pedirlas prestadas a nadie, eran por la cultura connaturales en él las más diversas formas poéticas, podía hacer con el verso lo que su necesidad creadora le dictara. «Recortar versos también sé, pero no quiero. Así como cada hombre trae su fisonomía, cada inspiración trae su lenguaje», dice en el prólogo de sus *Versos libres*. Lo que no le impide exclamar años más tarde, al publicar sus *Versos sencillos*... «porque amo la sencillez y creo en la necesidad de poner el sentimiento en formas llanas y sinceras». De suerte que su gran amor a la libertad se lo llevaba también a la poesía. Y, sin casarse con ningún modo de expresión, vierte en ella su sentimiento y sabe dar la vasija que más conviene a cada lluvia que le baja de su cielo.

Hay primero versos de escuela —o de no escuela—, notas aisladas, aún la vibrante de indignación que es su oda «A mis hermanos muertos el 27 de noviembre», escrita en Madrid, en 1872. Pero, una vez en México, escribe tres años después el poema «Magdalena», en el que nos encontramos con versos como éstos, que parecen de Rubén:

>   Aquel cuello gentil se doblegaba,
>   Aquella alta cabeza no se erguía;
>   Y en los valles el lirio sollozaba,
>   Y el nelumbo en los lagos se moría,

o este maravilloso serventesio de «María»:

>   Esa que ves, la del Amor dormido
>   En la mirada espléndida y suave,
>   Es un jazmín de Arabia comprimido
>   En voz de cielo y en contorno de ave.

Hay que ir hasta 1894, para encontrar en el poeta acento semejante, como cuando escribe para Cecilia Gutiérrez Nájera:

>   En la cuna sin par nació la airosa
>   Niña de honda mirada y paso leve,
>   Que el padre le tejió de milagrosa
>   Música azul y clavellín de nieve.

Esa música azul del poema es, se me antoja a mí, digna hermana de aquella «voz de cielo y contorno de ave». En una y otra estrofa están ya de un modo claro, definido, terminante, el trabajo de orífice y el lujo de la palabra exquisita y alada que caracterizan las mejores realizaciones del modernismo.

Pero desandemos un poco el camino, para encontrarnos con *Ismaelillo*, que se publica en abril de 1882. De este libro —de esta fecha— se hace partir el modernismo americano. Pero, ¿no corre a lo largo de todo él, como una vena de tinte crepuscular, el tono romántico? Ese tono que veremos después, impetuoso y brusco. Lleno de sacudidas dolorosas y exclamaciones tremendas en los *Versos libres*, aquí presenta el reverso de la medalla. Aquí se asienta —a pesar de las alusiones que el poeta hace a su destino batallador— en una luz de tenue brillo, muy a lo Bécquer, a quien siempre recuerdo cuando leo momentos como éstos, el primer libro de Martí:

> Sobre la piel, curtida
> De humanos aires,
> Mariposas inquietas
> Sus alas baten.
>
> («Brazos fragantes»)
>
> De águilas diminutas
> Puéblase el aire:
> ¡Son las ideas, que ascienden,
> Rotas sus Cárceles!
>
> («Musa traviesa»)

y en todo el poema titulado «Penachos vívidos»:

> Como taza en que hierve
> De transparente vino
> En doradas burbujas
> El generoso espíritu;
> Como inquieto mar joven
> Del cauce nuevo henchido
> Rebosa, y por las playas
> Bulle, y muere tranquilo;
> Como manada alegre
> De bellos potros vivos
> Que en la mañana clara
> Muestran su regocijo,
> Ora en carreras locas,
> O en sonoros relinchos,
> O sacudiendo al aire
> Su crinaje magnífico;
> Así mis pensamientos
> Rebosan en mí vívidos,
> Y en crespa espuma de oro
> Besan tus pies, sumisos,
> O en fúlgidos penachos
> De varios tintes ricos,

> Se mecen y se inclinan
> Cuando tú pasas —¡hijo!

y más aún, en los exasílabos de su «Tórtola Blanca»:

> El aire está espeso,
> La alfombra manchada,
> Las luces ardientes,
> Revuelta la sala;
> Y acá entre divanes
> Y allá entre otomanas,
> Tropiézase en restos
> De tules o de alas,

bellísimo poema todo él, que termina con estos cuatro versos de ternura inefable:

> Que el balcón azotan
> Dos alitas blancas
> Que llenas de miedo
> Temblando me llaman.

Ismaelillo rebosa de instantes alucinados, irreales, como los vamos a encontrar luego en toda la poesía martiana. El hombre que vio dos veces el alma, que le amansaba el cráneo a su amigo muerto, tenía el sexto sentido tan alerta siempre, que constantemente nos hace ver su comercio con lo desconocido, aunque ahora sea lo tiernamente fantástico, que le hace decir en «Sueño despierto»:

> ¡Un niño que me llama
> Flotando siempre veo!

y en «Sobre mi hombro»:

> Es que un beso invisible
> Me da el hermoso
> Niño que va sentado
> Sobre mi hombro.

¿Qué San Cristóbal del verso pudo decir jamás la ternura de esa emoción de llevar sentado un niño como el Jesús pequeño sobre su hombro? ¿Y qué herido del mundo podría tener, como él lo tiene, el consuelo que le hace pensar, en «Tábanos fieros»:

> Y yo en el agua fresca
> De algún arroyo amable
> Bañaré sonriendo
> Mis hilillos de sangre?

Es que a nosotros, heridos todos por el inmenso dolor que agobia al mundo, en estos tiempos de barbarie suelta, cuando parece que todo el aire está lleno de llanto y el crujir de dientes de que hablaba Cristo; cuando se quisiera detener con un anatema la avalancha que desde el centro de Europa se desborda y que como un pulpo de pesadilla va extendiendo sus tentáculos sobre pueblos heroicos y pueblos acobardados; es que a nosotros, repito, nos cae como una bendición del cielo de la poesía poder leer versos como estos de Martí, y se nos restañan un poco las heridas al pensar que en medio de su tormenta viva, nuestro poeta sabía buscar una hora serena para decir el verso de oro. Verso de oro que en este *Ismaelillo* tierno va entrándosenos por la piel «curtida de humanos aires» y que el poeta sabe expresar sencillamente si, como él dice «de mis sueños desciendo y en papel amarillo —cuento el viaje». Así es, así debe ser toda poesía: el cuento de un viaje que se hace a regiones altísimas, de las que se regresa con un poco menos de fango en las alas y un poco menos de niebla en el espíritu.

Y ahora, el salto. Hemos venido bogando por el arroyuelo claro, como quien, a la mañana, busca en el paseo el frescor de las aguas y la sombra verde que cae de las orillas frondosas. Y de repente, la catarata. Y por ella bajamos aturdidos primero por el fragor y asombrados por la rugiente belleza después. Son los *Versos libres*, que le salen al poeta del hondón mismo de su alma atormentada. Él lo dice. Recordémoslo: «Tajos son éstos de mis propias entrañas— mis guerreros. Ninguno me ha salido recalentado, artificioso, recompuestos, de la mente; sino como las lágrimas salen de los ojos y la sangre sale a borbotones de la herida». Y, más adelante: «He querido ser leal, y si pequé, no me avergüenzo de haber pecado».

Aquí vuelvo a ver yo —y a decirlo— la última gran lumbrarada del mejor romanticismo de habla castellana. Aquí están, todavía, la actitud arrogante, el yo que domina, la frase en primera persona, firme y entre signos de exclamación. La diferencia con los románticos anteriores está en el genio. Lo que en alguno parecía sonoro, y era hueco; sonaba a recio y muy a menudo era flojo y como de papeles de colores, en este Martí de los *Versos libres* nos convence por el absoluto dominio del lenguaje y por la firme sinceridad con que traduce sus visiones. Nunca —y menos aquí— es nuestro poeta el artista artificioso, sino el verdadero vate. El sueño visto está ahí: primero, en la mente iluminada por el divino toque de gracia; después, en el poema que se transcribe del modo más digno, por la maestría y la cultura. Sabe Martí ver su visión y también sabe escribirla para que la veamos nosotros.

No pretendo que recordemos juntos, amigos para quienes desde lejos escribo estas cuartillas, todo el enorme caudal poético que contienen los *Versos libres* de Martí. Sería irlos leyendo uno a uno. Esta «selva de bramidos», que dijera Sarmiento, y también de caricias exquisitas, agrego yo, no puede comentarse en detalle. Nos faltaría el aliento y el vértigo de la altura se apoderaría de nosotros. Quiero tan sólo detener mi vacilante paso en el olor que a poesía del más alto rango tienen algunos de sus versos. Sabemos todos que el poema digno lleva una calidad ejemplar y un valor serio. Algunos hay que llegan a nosotros nítidos, casi perfectos, rebosantes de belleza, como una copa de oro de la que se vierte hacia fuera el vino más precioso. Y hay versos en tales poemas en los que, además, está el sello del misterio. El algo inexpresable que es la poesía. De esos momentos que caen como flores del cielo sobre los poemas de Martí he compuesto una antología ideal, esbozo de otra más cuidadosa que para más adelante acaricio. Por ese estigma con que el espíritu denota su presencia se reconoce el verdadero poeta. La lengua de fuego no siempre está en presencia. Pero cuando ha bajado, cuando se detiene por milagro e ilumina, por milagro también, el sueño, entonces ya podemos olvidar, y perdonar y disculpar los versos flojos y como hechos en otra fábrica. A veces, toda la obra de un poeta la daría yo por un solo verso, que salta de ella como un torrente de luz deslumbradora. ¿Dónde se me queda la magnífica obra de Rubén Darío, con sus aciertos y sus momentos extraordinarios, ante uno de sus grandes versos únicos, como el inefable «viste caer las gotas de mi melancolía», y como los de aquel su gran poema en que llama a los poetas «torres de Dios» y «pararrayos celestes» y «rompeolas de las eternidades?»

Pues los *Versos libres* de Nuestro Martí, están sembrados de esos instantes de gracia poética, de esa presencia del Espíritu. Veámoslos juntos:

..........y no vuelan

Del arbolar espeso entre las ramas
Los pálidos espíritus amados!

(«Hierro»)

De pie sobre las hojas amarillas,
En la mano fatal la flor del sueño,
La negra toca en alas rematadas,
Ávido el rostro, trémulo la miro,
Cada tarde aguardándome a mi puerta.

(«Canción de otoño»)

Yo, pálido de amor, de pie en las sombras,
Envuelto en gigantesca vestidura
De lumbre astral, en mi jardín, el cielo,
Un ramo haré magnífico de estrellas.
No temblará de asir la luz mi mano!

(«Flores del cielo»)

¡El cielo, el cielo, con sus ojos de oro
Me mira y ve mi cobardía, y lanza
Mi cuerpo fugitivo por la sombra...

(«Media noche»)

Y la tierra en silencio, y una hermosa
Voz de mi corazón, me contestaron.

(«Homagno»)

...Se enciende, como a fiesta, el aire claro
Y el vivo que a vivir no tuvo miedo,
Se oye que un paso más sube en la sombra.

(«Yugo y estrella»)

y así en todos ellos, en «Astro puro», en «A los espacios», donde nos cuenta, porque lo ha visto, cómo quiebra su cáliz el alma; y en «Poeta»,

>...en tierra y mar lucía
>Una tranquila claridad de boda,

y en «Luz de luna», y en «Flor de hielo» y por último en aquel maravilloso poema de la «Copa con alas», que yo me leo mil veces y las mil me suena nuevo por lo original y lo exquisito y lo apasionado. Todo él está tocado de gracia poética. Parece que con él al espacio azul nos remontamos. Dice el poeta que sólo el amor sabe el «modo de reducir el Universo a un beso». Y yo digo ahora y me digo siempre, que sólo Martí supo ese modo de reducir el Universo a un verso. Verso de fuego y de cristal, de «ala y raíz», de amor y de éxtasis, como debe ser el éxtasis y el amor de los grandes místicos. ¡Qué poema! ¡Qué único y solo poema de divina y humana hermosura!

Ahora el torrente se ciñe a sus orillas y el agua amánsase de nuevo. Lo que venía en alto y ancho se vuelve a otra dimensión: y ya es lo hondo. Por la profundidad de serena superficie, agitada tan sólo aquí y allá por el latigazo que los recuerdos de la patria esclava levantan en el aire, vamos con los *Versos sencillos*. Extraña sencillez la de estos poemas de Martí, donde todo nos parece tan pensado, donde no falta ni sobra nada. Qué bien le ha sido posible naturalmente, sin que se eche de ver el esfuerzo, encerrar su lírica en estos octosílabos densos. Es que, además, él no lo ha buscado. No se ha dicho —como se lo están diciendo muchos hacedores de versos— «Ahora voy a escribir así», o «ahora voy a decir esto o lo otro», como si la poesía fuese cosa de voluntad y de esfuerzo. ¿Que se convoca un certamen para premiar un poema sobre tema dado? Pues a él van. Y a construir versos y versos de ocasión y a la medida de unas bases absurdas. ¿Que se cansan de tal forma de su poesía y se les ocurre pensar otra nueva? Pues a trabajar en ella, para luego asombrar a los burgueses con su hallazgo. Y qué poco saben los tales de la humildad que se necesita para llegar a convencerse de que todo eso es falso, y que lo único que los poetas hemos de hacer es esperar...esperar a que la Voz nos llegue, y sintamos la sacudida de su aire divino. Y entonces sí hemos de trabajar, de juntar voluntad y esfuerzo y aprovechar el aviso, despiertos, vigilantes, con todos los sentidos alerta para que no se nos escape el ángel visitante. Humildad, poetas. Trabajo lento en nuestra sombra. Serenidad en nuestra inquietud. Amor apasionado a la soledad y a la poesía. Y otra vez humildad. Y que en premio de ello, alguna vez —para unos llegó ya; otros aún la esperamos en paciencia— baje sobre nuestra cabeza la lengua del divino Espíritu.

Perdón. Decía que Martí no buscó la forma de sus versos sencillos, sino que la encontró un día en que, enfermo de alma más que de cuerpo, tuvo que huir de la ciudad y acercarse a la pura naturaleza. ¡Qué bien! Así le salieron esos poemas brillantes, claros como gotas de rocío, infinitos en su brevedad, hondos en su apariencia cristalina. Ahora no es el mar bullente y trágico lo que le atrae, sino el «arroyo de la sierra»; ahora es el «bosque eterno cuando rompe en él el Sol»; ahora prefiere «estar en la sierra cuando vuela una paloma». Ya su verso, que fue monte, se asemeja más al abanico de plumas. Le queda —siempre le quedará— el «vigor del acero con que se funde la espada», y con ese vigor apostrofa a la tiranía, y nos cuenta el extraño suceso del hijo que pasó «de soldado del invasor» por la tumba del cortijo «donde está el padre enterrado», y nos señala en su recuerdo, como una pesadilla, la hilera de «los esclavos desnudos» cuando «una madre con su cría pasaba dando alaridos» y le dice, en fin, al hijo que prefiere verlo muerto a verlo vil. Pero al lado de todo eso que tiene que decir constantemente, porque es su alma noble de hombre libre la que se lo impone, están esos exquisitos momentos de poesía nueva, de acento único, que hicieron a Rubén Darío adivinar en él «el espíritu de un alto y maravilloso poeta». Díganlo, si no, los versos del poema XVI:

> En el alféizar calado
> De la ventana moruna,
> Pálido como la luna,
> Medita un enamorado.
>
> Pálida, en su canapé
> De seda tórtola y roja,
> Eva, callada, deshoja
> Una violeta en el té,

que se me antojan a mí hermanos mayores de los que luego iba a escribir el propio Rubén: «En invernales horas mirad a Carolina...» Como lo son los de «La perla de la mora», que ya en *La edad de oro* estaban, mejor logrados, por cierto.

Y si queremos que en esos versos sencillos nos llegue el tono melancólico, no tendremos más que ir al final del poema IV:

> Volveré, cual quien no existe,
> Al lago mudo y helado;
> Clavaré la quilla triste:
> Posaré el remo callado.

y, ¿por qué no? a «La niña de Guatemala», con su ir y venir de estrofas que forman a lo largo de todo el poemita como las líneas de un doble recuerdo doloroso.

Nadie sabrá, al leer muchos de estos versos, a qué momentos de la vida de Martí corresponden los recuerdos que nos salen al paso como cervatillos asustados, que huyen al sentir el ligero ruido que va levantando el pie paseador. Pero tengo por muy cierto que todos ellos se escribieron a la pura luz del instante vivido por el poeta. No importa su fecha, próxima o remota. Lo importante es acumular recuerdos y horas intensas. Eso es nuestro tesoro. Quien no tenga de la tierra suya los tendrá de su cielo. Quien no de amor de mujer o de caricia de árbol, los tendrá de ala de sueño y viaje a nube y estrella. Pero toda poesía está hecha de un recuerdo y un sentimiento. En Martí, que según sus palabras amó la sencillez y creyó en la necesidad de poner el sentimiento en formas «llanas y sinceras», el recuerdo es de «ala y raíz». Lo que vivió enraizado en las tierras de su existencia nómada de desterrado y lo que vió con los ojos de su espíritu.

Que este hombre extraordinario «veía» cosas también extraordinarias, lo tenemos sabido por sus versos:

> Yo he visto en la noche oscura
> Llover sobre mi cabeza
> Los rayos de lumbre pura
> De la divina belleza.

Veía nacer alas en los hombros de las mujeres hermosas; al alma, la vio dos veces: «cuando murió el pobre viejo —y cuando ella me dijo adiós»; vio a su paje el esqueleto, que se acurrucaba a verlo trabajar y sollozar; y vio en extraordinario sueño los claustros de mármol, en donde los héroes, en pie, reposan; y habló con ellos, y les besó la mano. Con sus palabras lo pregunto: «¿Será revelación y poder?» ¿De qué estaba hecha el alma de este hombre, que de tal suerte se entraba, luminosa, por las oscuras galerías del misterio? ¿Qué oculto puente se le tendía entre el aquí y el allá? Y ¿por cuál camino iba y venía de su angustia de tierra irredenta a su cielo limpio y sereno? Y la respuesta nos llega, clara en el oro poniente de esta tarde de primavera próxima, que durante tantos años él supo mirar atribulado o contento: la revelación y el poder, la esencia de su alma, el puente y el camino fueron todo uno y lo mismo: la Poesía.

LOS VERSOS DE MARTÍ[42]

Mi verso crecerá; bajo la yerba,
yo también creceré.

No se ha de decir lo raro, sino el instante
raro de la emoción noble o graciosa.

José Martí

Los versos de Martí han sido publicados en su totalidad —salvo alguno que ande todavía perdido entre viejos papeles y hojas de álbum— en los tomos 41, 42 y 43 de sus *Obras completas*[43] y el tomo II de la edición del cincuentenario.[44] Aunque Martí en la carta-testamento literario[45] expresó claramente su voluntad («Y de versos podrá hacer otro volumen: *Ismaelillo, Versos sencillos* y lo más cuidado o significativo de unos *Versos libres* ... No me los mezcle a otras formas borrosas y menos características», agregando en otro lugar: «Versos míos, no publiqué ninguno antes de *Ismaelillo,* ninguno vale un ápice. Los de después, al fin ya son unos y sinceros»), al hacer la suma de las obras del Maestro se juzgó apropiado publicar todo lo posible, dando así el panorama completo de su obra. Criterio que, desde luego, me parece el justo, ya que a la crítica literaria le es imprescindible el conocimiento, no sólo de las obras más importantes de un

---

[42] Florit, Eugenio. *Poesía en José Martí, J. R. J., Alfonso Reyes, F. G. L. y Pablo Neruda.* Miami: Ed. Universal, 1978. págs. 11-66. Publicado antes en el número dedicado a Martí de la *Revista Hispánica Moderna,* 1-4. 18 (1952).

[43] *Obras completas de Martí.* Director: Gonzalo de Quesada y Miranda. La Habana: Editorial Trópico, 1942. Las sucesivas referencias a esta publicación indicarán Trópico, tomo y pág.

[44] José Martí, *Obras completas,* edición conmemorativa del cincuentenario de su muerte, vol. II. La Habana: Editorial Lex, 1946. Las sucesivas referencias a esta publicación indicarán Lex, pág.

[45] *Ibid.,* vol. I, pág. 4.

autor dado, o de las que él mismo considera como tales, sino de las anteriores o posteriores a ellas. Sólo así es posible el estudio de las fuentes, influencias y desarrollo de esa propia obra.

En el estudio y antología que siguen me referiré a esas ediciones con la siguiente indicación bibliográfica: Trópico, 41, etcétera., para las publicadas en la Editorial Trópico por Gonzalo de Quesada y Miranda; y Lex II, para la edición del cincuentenario.

Como el orden cronológico de los versos —en lo que van indicando por sus fechas— es de todo punto indispensable en un estudio de esta naturaleza, adopto el ya seguido por Augier[46] e Iduarte[47] en sus lineamientos generales, al que agregaré algunos puntos, resultando de esta manera:

1. Versos anteriores a 1881
2. *Ismaelillo*, 1882
3. *Versos libres* (1882)
4. *Flores del destierro*, Versos de amor, Cartas rimadas y Fragmentos (1882-1891)
5. Los versos de *La edad de oro* (1889)
6. *Versos sencillos*, 1891
7. Versos posteriores a 1891.

Versos anteriores a 1881

La vida poética de Martí comienza muy temprano; de sus quince años son los versos «A mi madre», probablemente los primeros que escribió. También de 1868 es «A Micaela». Dos poemas que en las ediciones anteriores habían llevado esta fecha de 1868, «Carta de madrugada» y «Linda hermanita mía», han sido situados por M. Isidro Méndez en fecha posterior. El primero, en 1874, estando Martí en España; el segundo, en 1881.[48] De todos modos, veamos qué nos revelan esos comienzos. En primer lugar recordaré que ya

---

[46] Augier, Ángel. «Martí poeta y su influencia innovadora en la poesía de América». *Vida y pensamiento de Martí*, 2 (1942): 265-333.

[47] Andrés Iduarte, *Martí, escritor*. México: Ediciones Cuadernos Americanos, 1954.

[48] Véase artículo publicado en la *Revista de la Biblioteca Nacional*, La Habana (enero-marzo, 1957).

Martí está cerca de otro poeta, maestro suyo en letras y amor patrio, Rafael María de Mendive, aquel hombre a quien Martí calificaba de «maravilloso» —añadiendo: «Y esto lo dice quien no usa en vano la palabra 'maravilloso'», como recuerda M. Isidro Méndez en su libro.[49] Junto a él, aquel joven vehemente y apasionado, con más alas de las que puede agitar en su pequeño hogar serio y prosaico, se va enterando de cosas nuevas. Estudia con afán; descubre a los poetas del mundo. Con Mendive lee los clásicos ingleses y sabemos por él mismo que a los trece años intentó la traducción de *Hamlet*.[50]

Naturalmente, va a entrar en el ambiente del romanticismo posterior, del que Cuba puede mostrar buenos y muy nobles ejemplos: Zenea, el propio Mendive, que como es sabido representa un tono especial en la poesía cubana del fin de siglo. Hombre honrado, casi angélico, eran para él la bondad y la justicia fundamentos de la vida. Si a eso se añade un tono misterioso y alado y una atmósfera espiritual finísima (en la que tanto Mendive como Zenea y Luisa Pérez de Zambrana se mueven), comprenderemos lo que esa amistad y esa «maestría» significan en la vida y la obra de nuestro poeta. Hay además el otro romanticismo, el ardoroso de Heredia, en el que aprendió Martí, al propio tiempo que sus formas exteriores, el amor inextinguible a la libertad, que estaba vivo y ardiendo por los aires. Conviene también recordar que Mendive tradujo las *Melodías* de Thomas Moore, y que ese contacto con el poeta irlandés se mantuvo en Martí hasta el punto de traducir el poema «Lalla Rookk» —traducción que, a pesar de todo el cariño que Martí le tenía, ya que habla de ella muchas veces, se ha perdido por desgracia. Los versos de ese primer año —1868— se refieren todos a sucesos de familia o de amistad. En ellos no se ve aún inquietud de otra especie, aunque sí la sincera pasión, la sensibilidad. En «A mi madre» advertimos adjetivos como «arrobadoras, seductoras, ardientes», y otro que se verá muy a menudo a lo largo de su obra: «inmortal». Ya veremos cómo la palabra «inmortal» se presenta en los mejores momentos del poeta, como si con ella quisiera recordarnos su fe en el más allá, en lo extrahumano o extraterreno a que el poeta habrá de referirse luego, en 1875, en su apasionada época mexicana:

> Nadie sabe el secreto misterioso
> De un beso de mujer: yo lo he sabido
> En un arrobamiento luminoso

---

[49] Méndez, M. Isidro. *Martí*. La Habana: Imprenta P. Fernández y Cía., 1941. pág. 29.

[50] de Quesada y Miranda, Gonzalo. *Martí, hombre*. La Habana, 1940. pág. 29.

Extra-tierra, extra-humano, extra-vivido.[51]

Notemos también, en el verso final de la primera estrofa del poema a su madre, un consonante interior que parece escrito a propósito; que no nos da la sensación de descuido, sino de recurso estilístico «voluntario».

Al año siguiente va a aparecer el otro gran motivo de la vida y la poesía martianas: el patriotismo. El 23 de enero de 1869, en el primer número del periódico *La Patria Libre* se publica su poema dramático *Abdala*, inicial expresión literaria de su amor a la libertad de su patria, escrito en romance heroico. En esa obra de los dieciséis años, «en fáciles y rotundos endecasílabos», se desarrolla un drama «escrito expresamente para la patria», como él declara con evidente y audaz doble intención.[52] Y en esos meses —los primeros de 1869, a los pocos de haber estallado la guerra de los Diez Años— escribe y publica en *El Siboney*, periódico manuscrito estudiantil, su soneto «10 de octubre».[53] Nos interesa como un primer ejemplo de sumisión a la forma del soneto, que aceptará muy pocas veces y una de ellas precisamente, para protestar de la cárcel de la forma. Por lo demás, este primer ensayo no aporta nada personal a su obra: está dentro de lo español heroico del siglo XIX, con los consabidos «bárbaro opresor», «bélico estampido», etc. Y claro, nos interesa desde el punto de vista ideológico, ya que en él vemos asegurada su posición decididamente independentista. Esa actitud, la valentía de expresión y su firme vocación llevan a Martí a la cárcel en octubre de ese año; y en marzo siguiente, al presidio. Después, su deportación y primera estancia en España. Y allí, esa pasión de patria y la expresión herediana de la misma nos las va a dar en el tono heroico y la voz alta y dramática de su oda «A mis hermanos muertos el 27 de noviembre», extenso, vehemente y exaltado poema que brotó de su corazón al enterarse, en Madrid, del fusilamiento de ocho estudiantes de medicina en La Habana, cometido por el gobierno colonial por un supuesto delito político. Martí reacciona como lo que era: como patriota y como poeta. La voz es segura, el gesto, firme, sin titubeos. Dice lo que quiere decir, y lo dice noblemente y además, con valentía y audacia, por decirlo allí en la misma España.

---

[51] Trópico, 42, pág. 76.

[52] Andrés Iduarte, *op. cit.*, pág. 147.

[53] Trópico, 42, pág. 18.

Del poema pueden destacarse dos cosas que parecen importantes porque van a repetirse más tarde en su poesía: la personificación de la Muerte y la fe en la vida perdurable del espíritu. La Muerte

>(Y tú, Muerte, hermana del martirio,
>Amada misteriosa
>Del genio y del delirio
>Mi mano estrecha, y siéntate a mi lado;
>Os amaba viviendo, mas sin ella
>No os hubiera tal vez idolatrado[54])

no es casi nunca para Martí la figura horrible de calavera y guadaña de las Danzas medievales, sino una dama, o misteriosa amada, con una flor en la mano según la describe años después en su «Canto de otoño» (1882) de los *Versos libres*[55] que pasa cerca, o se detiene junto a nosotros y nos sonríe atrayéndonos, como la bella y despiadada Dama del poema de Keats. Y por ella, gracias a ella, se entra el hombre en lo inmortal y amanece a la vida de la fama, del honor y del decoro:

>el mundo generoso
>Donde la vida del perdón se vive!

Porque —y esta es idea constante en nuestro poeta—

>Cuando la gloria
>A esta estrecha mansión nos arrebata,
>El espíritu crece,
>El cielo se abre, el mundo se dilata
>Y en medio de los mundos se amanece.[56]

Más adelante volveré a este aspecto tan importante del pensamiento martiano— su espiritualidad.

---

[54] Trópico, 42, pág. 31.

[55] Trópico, 41, pág. 123.

[56] Trópico, 42, pág. 39.

En el año 1875 se encuentra ya Martí en México. Su presencia allí «coincidió con uno de los movimientos literarios más renovadores de América» —dice Rafael Heliodoro Valle— alternando con hombres de letras, poetas de la más alta significación: Guillermo Prieto, Ignacio Manuel Altamirano, Justo Sierra, Manuel Gutiérrez Nájera, José Peón y Contreras y otros más. No olvidemos —añado— a don Luis G. Urbina, Manuel Acuña, Manuel M. Flores y Carlos Díaz Dufóo, que con Gutiérrez Nájera tanta importancia tienen en los orígenes del modernismo mexicano. Es esta época de Martí la más «amorosa», poéticamente hablando; corresponde a su plena juventud, a sus veinticinco años, y además, a un momento romántico de su poesía. Aquí también comienza a colaborar en *La Revista Universal*.[57]

A esta época corresponden sus poemas tocados de una filosofía a lo Campoamor (a quien veremos después cómo ha leído y comentado y cuya huella en algunos momentos de su poesía de entonces es innegable —huella que está presente en el Rubén Darío anterior a 1888, es decir, el Darío pre-*Azul*). De sus muchos poemas de entonces nos conviene destacar en primer término «Mis padres duermen»,[58] escrito con motivo de la muerte de su hermana Mariana Matilde, «Ana», ocurrida en México el 6 de enero de 1875, poco antes de la llegada de Martí. Era novia del pintor Ocaranza, que también muere luego. Se trata de un largo poema bastante desorganizado en la forma, pero en el que encontramos, ya completo y firme, el serventesio que va a ser nota constante en la poesía mexicana de Martí.[59] Esa rotunda estrofa en endecasílabos de consonancia alterna que tanto y con tanto éxito usó Salvador Díaz Mirón (1886), la vemos ya en Martí en 1875 —indicando así la idea de la probable influencia de Martí en el mexicano. Y a su vez, es probable que Martí recibiera esta estrofa de su maestro Mendive, ya que en el libro de éste[60] hay varios poemas escritos en esta forma: «La música de las palmas», «La gota de agua» con una primera estrofa en la que el segundo verso es heptasílabo —procedimiento que Martí empleará muchas veces, «El caracol», «La pasionaria», «Tu imagen» y «A Miguel T. Tolón». Interesante es ver también cómo Rubén Darío emplea el serventesio en «A un poeta» de su libro

---

[57] Cf. Miguel D. Rodríguez Rendón. «En torno a la poesía de Martí». *Martí en México*. J. de J. Núñez y Domínguez (1937).

[58] Trópico, 42, pág. 40.

[59] Cf. Augier, *op. cit.*, pág. 277.

[60] Mendive, Don Rafael María de. *Poesías*. Madrid: Rivadeneyra, 1860.

Azul y en otros muchos de sus poemas de *Prosas profanas y Cantos de vida y esperanza*; y con él, claro está, los demás poetas del modernismo. Otro punto que se me ocurre destacar aquí es la curiosa coincidencia de expresión que se observa entre dos versos, uno de Martí y otro de Darío. Martí, en un poema de ocasión, escrito en 1884, un soneto a Adelaida Baralt, en el que se excusa de asistir a una reunión en casa de ella por no dejar solo a su padre enfermo, escribe este verso en el que habla de cómo el colibrí vuela

> Loco de luz y hambriento de verano.

Pues bien: véase cómo años más tarde (*Cantos de vida y esperanza* se publicó en 1905) dice Rubén Darío en uno de sus más extraordinarios poemas, «Melancolía»:

> Voy bajo tempestades y tormentas
> Ciego de ensueño y loco de armonía,

como si la hermosa expresión del uno hubiera hallado respuesta en la del otro, siendo lo más probable, porque se trata de unos versos de ocasión, que Darío ni sospechase siquiera que el cubano se le había adelantado en la extrañeza del verso único. Lo que ocurre es que a los dos se les había adelantado la Avellaneda, con este otro

> Rica de fe, sedienta de ilusiones,

en su poema «La juventud del siglo». Como ya en ella aparece el serventesio que Martí va a recoger y a desarrollar.[61]

Habría que ver también lo del uso de la redondilla en los *Poemas de adolescencia* de Rubén, con cierto tono que nos recuerda al de Martí. (Como los «Madrigales» de Rubén se ven muy claramente proyectados en el Juan Ramón Jiménez de las «Adolescencias», en *Primeras poesías*).

De todos modos, lo interesante en el punto de que me venía ocupando —el poema a la muerte de su hermana— es que el poeta cubano se entra por el serventesio como por su casa; a veces —como en el poema que comento—

---

[61] Cf. E.F. «Algunas anticipaciones de la Avellaneda» en *Anales del Sexto Congreso de Literatura Iberoamericana*. México: Imprenta Universitaria, 1954.

de un modo, diríamos, *inconsciente*, puesto que comienza con un pareado muy a lo Campoamor:

> Es hora de pensar. Pensar espanta
> Cuando se tiene el alma en la garganta.[62]

sigue con una serie de combinaciones de endecasílabos con algún heptasílabo intercalado y luego se deja llevar por el cauce de la estrofa de consonancia alterna— aunque no de un modo constante; que lo interrumpe de vez en vez para salirse a jugar con el heptasílabo. Esto en cuanto a la forma. En cuanto al fondo— versos hechos al contacto con la muerte, van a tener, como siempre que eso ocurre en la vida de Martí, la presencia de lo espiritual eterno y, además, algunos toques verdaderamente hermosos, de ésos que aparecen tan a menudo en toda esta parte de su poesía primera, nada deleznable, como se ve. Sirva de ejemplo la estrofa siguiente:

> Ella el lenguaje hablaba misterioso
> Del sueño y la oración: —ella tañía
> En el arpa del ángel silencioso
> El canto aquel que el ángel prefería,[63]

o bien, estos dos versos exquisitos, en los que dice que Ana sabía:

> Y la manera con que gime el lirio
> Y el modo con que llora la azucena![64]

expresión de lo bello puro, y lo puramente lujoso que lo está aproximando ya a los más acabados de los modernistas.

La poesía discursiva y de pensamiento, con el fin moralizador: pobre poesía, en suma —el propio Martí nos previno contra ella una vez, según se verá más adelante— la encontramos en su largo poema «Magdalena», del propio mes y año. Es importante el año —1875— porque en estos versos, sin mayor interés, ya que son una serie de consideraciones sobre el perdido honor

---

[62] Trópico, 42, pág. 40.

[63] *Ibid.*, pág. 42.

[64] *Ibid.*

de una mujer, y su entrega al oro, al «pan y las galas», etc., está la bellísima estrofa cuarta, joyita que salta del resto y brilla por sí sola, para formar otro de los momentos en los que Martí se adelanta a las más delicadas expresiones verbales del movimiento modernista:

> Aquel cuello gentil se doblegaba,
> Aquella alta cabeza no se erguía;
> Y en los valles el lirio sollozaba
> Y el nelumbio en los lagos se moría,[65]

repetidos los dos últimos versos al final de la parte I del poema. Tengamos presente que estos versos son de aquel año famoso de 1875, y que los más conocidos y celebrados de Gutiérrez Nájera, como «De blanco», «Non Omnis Moriar», etc., datan de los años 1880 a 1895.[66] Un punto más para apoyar el papel de iniciador del movimiento, que corresponde más que a ninguno otro a Martí.

Tal vez para el estudio de la influencia de Campoamor en Martí convendría agregar que en la parte III de este poema dice el autor:

> ¿Quién sabe en los placeres lo que llora?
> ¿Quién conoce la sangre en la sonrisa?
> ¿Y el odio en el amor, y la dolora
> En el bullente fondo de la risa?,[67]

trasladado aquí el vocablo *dolora*, inventado por Campoamor hacia 1846 para designar un tipo especial de composición poética, y atribuyéndole una calidad

---

[65] *Ibid.*, pág. 50. Martí escribe «nelumbio», según el *Diccionario de la Academia española*. Marinello, en su edición de las *Poesías* de Martí, vol. XI (La Habana: Colección de libros cubanos, 1929), corrige «nelumbo», como lo escribió años más tarde Rubén Darío en su «Sonatina», influenciado tal vez por la voz latina *Nelumbo lutea* de los naturalistas. En lo sucesivo nos referiremos a este libro como Col.

[66] Cf. Peña González, Carlos. *Historia de la literatura mexicana*. México: Editorial Porrúa, S.A., 1949, pág. 317.

[67] Trópico, 42, pág. 53.

como de sentimiento filosófico sugerido por los contrastes de la vida, o las ironías del destino.[68]

De tono semejante a «Magdalena» es «Alfredo», de abril de 1875. Diríamos que son paralelos; como cuentos en verso, y en estrofas endecasílabas de consonancia alterna. Paralelos y en contraste; porque en el segundo de ellos la figura del joven extraño nos la presenta con cuidadoso detalle y amorosa compasión: en contraste, porque todo aquí exhala un aire misterioso; la presencia de su propio espíritu dando espíritu al héroe del poema —hombre extraño, es quien nos dice el poeta que vio con miedo:

sangre inmortal manándole de un hombro;[69]

verso tremendo, también, y que nos da el adjetivo *inmortal*, que gusta de repetir tantas veces, y que aquí, en este propio poema, va a aplicar luego al joven.

Estamos aún en este año de 1875, y en México, y en abril; y con el mes florido, unos versos de amor —o de no amor, como se quiera: «Sin amores».[70] Con él entramos en otros de los grandes temas martianos. Pero lo curioso es que en esta poesía no se trata de amor-pasión, sino de un amor ideal; del amor —como él dice— «extra-terreno». Es ésta una manera que se repetirá siempre en su poesía. No que Martí no sintiera el otro amor, el que llamaríamos total, de carne y espíritu; pero sí que a éste anteponía en su mente el otro, para el que tiene las palabras más nobles; consciente, además, de que el uno pasa —o puede pasar pronto— y el otro permanece, o es menos perecedero, por no realizado, tal vez. Entrase en él como inseguro, pero muy pronto se pone al cinto su famoso serventesio mexicano y con él va casi hasta el final. El *casi* lo explica un pareado último de heptasílabo y endecasílabo, recuerdo de su Campoamor. Aquí nos interesa, sobre todo, la actitud del poeta, desdeñoso del amor, él que tanto lo buscó. Recordemos a Sor Juana:

Al que ingrato me deja, busco amante;
al que amante me sigue dejo ingrata;

---

[68] Seguimos la definición que da el *Diccionario de la lengua española* en su edición de 1936.

[69] Trópico, 42, pág. 62.

[70] *Ibid.*, pág. 68.

juego de contrarios afectos que lleva al cubano a decir que su alma,

> Esta infeliz de amores se me muere,
> Y por lo mismo que la estás amando,
> Por lo mismo esta loca no te quiere;

y le pide perdón a la desdeñada, a la que quiso amar, por el instante

> En que quise soñar que te quería.

Esta actitud la vamos a encontrar reiterada y como más hecha en el otro poema que también con el título de «Sin amores» aparece en las *Obras completas*, edición de Quesada y Miranda.[71] En él se expresa Martí en forma diversa. La estrofa no es el serventesio, sino una compuesta por dos endecasílabos y tres heptasílabos, de los cuales el primer verso es blanco, o libre; rimando el segundo con el quinto y el tercero con el cuarto.

Estrofa de bellísima forma, apropiada —y ya sabemos que Martí conocía su oficio plenamente— al ambiente que iba a dominar en el poema. Y es un poema en que la pasión, la voluptuosidad, están presentes, a pesar del desdén que el poeta muestra hacia aquella mujer voluptuosa y apasionada; y, sobre todo, presentes en una estrofa que se me antoja la más alta del poema, en la que la intensidad se pone tan tirante, que parece que los versos van a quebrársenos entre las manos:

> Y besabas tú bien; yo hago memoria
> De aquel beso apretado de aquel día:
> Fue largo; nos dormimos
> Y cuando en nos volvimos,
> Duraba todavía![72]

Pero todo parece que fatiga: el amor, el llanto, la victoria. Y resume esa actitud de hastío hacia lo ya conocido en el amor —o en el amorío— exclamando su gran inquietud:

> Yo quiero,—¡oh fin de males!—

---

[71] *Ibid.*, pág. 80 y ss.

[72] *Ibid.*, pág. 81.

Con labios nunca iguales
Un beso siempre nuevo.

La influencia de Campoamor se advierte, como un paréntesis entre esos versos de amor, en dos grupos de pensamientos rimados, que él titula «Síntesis». Los encontramos en las páginas 71 y 72; y 100 a 103 de las *Obras completas*. Se nota en ellas una tendencia hacia el esquematismo y la sencillez que dará su fruto más tarde, hacia 1892, cuando aparecen en la obra de Martí los *Versos sencillos*. No ha llegado aún el octosílabo de ellos. Aquí todavía domina el endecasílabo. Pasemos de largo, no porque no se encuentren en ellos —como siempre— momentos interesantes, sino para no alargar demasiado este examen.

En el «Haschish» vuelve la pasión; lo exótico aparece —«amor de mujer árabe»— y en él otra referencia, esta vez más extensa, pero en admirables versos, a lo que es un beso. Fragmento maravilloso de poesía que quisiéramos incluir en una antología ideal. Anotemos de paso que el beso es

...algo como en sueños
Nos pareció escuchar, algo que ha sido
Verdad, aunque fue sueño, porque deja
Partida la verdad, cierto el sonido.—
Un rayo que refleja
Muy suave claridad, —una dulzura
Que todos nuestros átomos orea,
Y una especie de aroma de ternura
Que sobre nuestros labios titubea!—[73]

¿Qué nos viene a la mente? Segismundo:

Que fue verdad, creo yo,
En que todo se acabó
Y esto sólo no se acaba.[74]

¿Qué más? Bécquer. Los *átomos*; la dulzura que los *orea*. Recordemos «los invisibles átomos del aire» («Rima X») y «Como la brisa que la sangre orea»

---

[73] *Ibid.*, pág. 77.

[74] Calderón, *La vida es sueño*, jornada segunda, escena XVIII.

(«Rima VI»). Ya volveremos sobre esto. Pero me gusta, de pasada, ir anotando las coincidencias de palabra o de expresión, o aún de ambiente que se observan entre Martí y el poeta sevillano. (A pesar del propio Martí).

¿Y ahora? «Carta de España».[75] Una mujer enamorada le ha escrito. Es Blanca de Montalvo, su novia de estudiante en Zaragoza. Martí reacciona en verso, como siempre. Estamos en octubre de 1875. Y escribe, claro está, en sus estrofas endecasílabas de consonancia alterna. Va a decir muchas cosas a esa mujer —a la que llama tiernamente «mi dueña», «quejumbrosa mía», y luego «mi muy bella»; va de decirle

> Tú palpitas en mí, yo no sé dónde,
> Pero sé que yo estoy de ti cautivo.

El poema contiene cuatro estrofas —de la tres a la seis inclusive— que a nuestro gusto cuentan dentro de lo más personal y vivo del poeta. Esa carta le revuelve recuerdos y le trae a la memoria su paso por París en diciembre del año anterior (1874), y su visita al cementerio de Père Lachaise, y:

> Allí llegué: la vista enamorada
> Esparcí con placer por la arquería;
> Mi mano puse en la columna helada
> Y mi mano de vivo era la fría!
> Y es que a la sombra de los arcos graves,
> Y sobre el mármol que coronas pisa,
> Bajo los trozos de extinguidas naves
> Duerme Abelardo al lado de Eloísa.

Como Martí es artista, sabe que estos versos son buenos —y termina el poema con esta misma estrofa.

Del 28 de noviembre y de ese mismo fecundo año 1875 es «Patria y mujer», hermoso poema característico de esa época suya, pero aún más; porque en ese instante podríamos decir que en su poesía la patria hace crisis, se define; y lo que va a ser constante preocupación de los años futuros lo vemos aclararse en estos versos. Tengamos en cuenta que en Cuba está aún corriendo la guerra de los Diez Años y que el ambiente es, en todo, heroico. En «Patria y mujer» encontramos ideas como la de la inmortalidad de la vida

---

[75] Lex enmienda «carta», en singular. Creemos que así debe ser.

por la fama y el poder milagroso del amor a la patria. Y repite «amor inmortal», con ese adjetivo que Martí gusta tanto de emplear, o que tantas veces se le sale a la punta de la pluma. El final es una expresión de arrepentimiento por haber callado a tal voz de dolor y asegura:

> Truéqueme en polvo, extíngase este frío
> En fatales vergüenzas empleado;
> Todo habrá muerto; mas en torno mío
> Este amor inmortal no habrá acabado.[76]

Quisiéramos completar el cuadro de esta etapa de la poesía de Martí refiriéndonos a algunos poemas que en la edición de Quesada y Miranda figuran bajo distintos rubros, como *Versos en álbumes*, *Versos de amor*, pero sólo en cuanto a los que llevan fechas anteriores a 1881. Así, en *Versos en álbumes*,[77] además de una magnífica estrofa escrita en el álbum de su amigo Carlos Sauvalle (1871), hecha toda ella de Cuba, con repetición del nombre de la patria en cada uno de sus cuatro endecasílabos y una doble en el terceto, ejemplo muy notable de lo que el poeta sabía hacer a los dieciocho años, hay que mencionar dos poemas a Rosario de la Peña. Ambos son de 1875, su año romántico de México. El primero consta de tres serventesios exactos y rotundos, en los que se combinan sus dos sentimientos: de un lado el amor y todo lo que él tiene de voluptuosidad y goce sensual; de otro, ese su alzar los ojos a lo de arriba, y su constante búsqueda de lo eterno.[78] Ese más allá de sus amores le hace exclamar en el segundo de los dos poemas —más desorganizado y prolijo que el anterior—

> Ni la enamoro yo para esta vida:—
> Es que a unas horas por la senda andamos,
> Y entre besos y lágrimas hablamos
> Del instante común de la partida!

En él se reitera todo lo que ya hemos comentado de amor, «más que al amor, a la memoria», y de no desear el reposo, sino el abandono; y salir, y pasar

---

[76] Trópico, 42, pág. 157.

[77] *Ibid.*, pág. 160.

[78] *Ibid.*, 43, pág. 107 y ss.

siempre, con ese temor a echar raíces en el descanso; temor que le impulsó en todo momento de su viaje, y que le hizo exclamar una vez: «Toda mi vida ha sido una hora de ansia». Hay en este grupo otros versos, inusitados por su forma de endecasílabos y pentasílabos alternos con asonancia en éstos, escritos en el álbum de Virginia Ojea y titulados «Desde la Cruz», que bien merecen destacarse por la nobleza de su idea y lo justo de su expresión formal.

Versos de amor es un grupo que a nuestro parecer no debería figurar por sí solo, ya que los poemas que lo forman podrían caber en otros. De ellos acaso los más interesantes son los cuatro últimos: «Allí despacio...», que corresponden en tono y forma a los *Versos libres*, sobre todo el último de los mencionados,[79] extrañísimo poema, digno de ir al lado de los mejores de Martí. Al comienzo de estos versos de amor hay alguno que corresponde a esta primera fase de su obra, y en especial el que se titula «Dormida» y lleva fecha de 1878, el año del nacimiento de Ismaelillo, su hijo; precisamente cuando en Cuba se firma el Pacto del Zanjón que puso fin a la guerra de los Diez Años. Estamos aquí[80] en presencia de uno de los más hermosos poemas de Martí, delicado, noble, todo él tocado por esa gracia inefable de la pura poesía. Hay en él —canto de amor a su joven esposa dormida— un como tono dieciochesco que nos recuerda una pintura de Boucher —con más espíritu, desde luego. Y véase esto: comienza con una estrofita de cuatro versos de consonancia alterna, octosílabos los tres primeros y pentasílabo el cuarto, en los que nos da como el *leitmotiv* del poema, y lo continúa en redondillas exquisitas, hermanas gemelas de las que once años más tarde formarán «Los zapaticos de rosa», en *La edad de oro*, y catorce años después compondrán la gran mayoría de sus *Versos sencillos*.

Quisiéramos destacar también entre los de este grupo, dos poemas: «Baile» y «Baile agitado»,[81] que están muy dentro del tono de *Ismaelillo*,[82] especialmente del titulado «Tórtola blanca». Ninguno lleva al pie la fecha, y no quisiéramos aventurar suposición alguna; pero bien podrían ser antecedentes de aquel libro. Decimos antecedentes, sólo; el motivo del baile es el mismo, pero aquella presencia intangible del hijo no está aquí. Deben ser anteriores

---

[79] *Ibid.*, 43, pág. 107 y ss.

[80] *Ibid.*, pág. 83 y ss.

[81] *Ibid.*, 43, pág. 94 y ss.

[82] *Ibid.*, 41, pág. 41.

a 1881. De ambos, el segundo está escrito en décimas, estrofa que Martí usa muy raras veces, a excepción de las que aparecen en su obra teatral *Amor con amor se paga*.

De todo lo visto hasta aquí podríamos sacar algunas conclusiones en cuanto a dos puntos principales: influencias y temas.

Las primeras resultan claras, según hemos ido viendo. Comienzos bajo el doble signo de Heredia y de Mendive, a los que corresponden, en uno, la exaltación patriótica de tono romántico; en el otro, una mayor mesura y serenidad, nobleza profunda en los sentimientos y exactitud y economía en la manera de expresarlos. De Mendive, además, ciertas vaguedades y matizaciones no del todo ajenas a lo simbolista francés, que se observan asimismo en Zenea. Lecturas de los clásicos ingleses y españoles. Conocimiento de los cubanos menores de la generación romántica —y en especial de Luaces, cuya obra teatral *Aristodemo* es evidente en el *Abdala* martiano. (*Aristodemo* se publicó en 1867, año de la muerte de Luaces). La estancia de Martí en España, de 1871 a 1874, le pone en contacto directo con los escritores de entonces. De ellos, ya hemos visto cómo la huella más evidente hasta 1881 es la de Campoamor, sin que dejen de percibirse ya ciertas vaguedades de tono, muy becquerianas. A todo ello se junta su relación estrecha de amistad con los poetas mexicanos del 75, entre los que descuella Martí por su acento inconfundible. Es de notarse, a este propósito, que en una polémica con *El monitor republicano* de México, con motivo de ciertos puntos de política, decía ese periódico:

> No entendemos el contenido de su escrito, como no entendemos cuanto escribe, por el *nuevo estilo* (el subrayado es nuestro) que caracteriza sus obras en prosa y verso.[83]

En cuanto a temas, aparecen ya los definitivos de su poesía y de su vida:

1) *El amor*, que oscila entre la mujer y la patria. Al principio, en la niñez, es el ardor patriótico —cuando aún Martí no conoce más— y como subtema, diríamos, el cariño a la familia, su madre, sus hermanas o sus amigos. Luego parece haber una época —entre 1871 y 1875— en que el amor-pasión se coloca en primer plano. Son Blanca de Montalvo, y Rosario de la Peña y otras más —mujeres que aparecen en sus versos y se desvanecen después. Esa

---

[83] Citado por Méndez, M. Isidro, *op. cit.*, pág. 82.

situación hace crisis en un momento especial, y comprende que en su vida tiene que tomar una decisión, y su decisión fue la patria, aunque se destruya su hogar y se echen por tierra sus planes de seguridad familiar. No se piense que tal decisión aparece en Martí como de súbito. Ya hemos visto como su destino le ha llevado desde niño a servir a la patria y a padecer por ella en lo que Félix Lizaso ha llamado con razón una mística del deber. Lo que sucede es que ese tema se redondea en su voluntad a medida que le llega al hombre la madurez. Y ya en 1880 su suerte está echada y de su camino no le aparta nadie, ni nada; ni siquiera el amor de su hijo.

2) *La eternidad*. El segundo de los grandes temas de Martí es éste, para llegar al cual hay que pasar por la muerte, que calificaríamos de subtema. Para él, el hombre debe vivir siempre en función de eternidad, con los ojos puestos en ella, puesto que, como dice en carta a Juan Bonilla: «Toda la vida es deber. Para esta vida es la espina, y para la otra será la masa del pescado», en una frase muy, pero muy castellana, de mística teresiana, a mi ver. Una relación de las referencias a esto nos llevaría a recorrer y anotar la mayor parte de los escritos de Martí. Su idea del cumplimiento del deber como condición indispensable para conseguir la vida eterna lo relaciona estrechamente con el ideal cristiano, del que andaba muy cerca aquel hombre espiritual como el que más.

El sub-tema de la muerte, antes mencionado, lo presenta reiteradas veces desde la *Oda* de 1872 hasta sus últimos años. Es en Martí la muerte, como lo vio Darío en los artículos que sobre él escribió, «atrayente y muy hermosa. La thanatos griega». Así la ve Martí siempre; pues sólo en contada ocasión se refiere a ella como cosa horrenda, en el poema a la muerte de Ocaranza. Es lógico que ello sea así, que la mire con la flor del sueño en la mano, a ella, la gran liberadora, por quien el alma se entra en los palacios de la eternidad. Ahora bien, la condición, como apuntamos antes, es el cumplimiento heroico del deber —en Martí, destinado por Dios a realizar una de las tareas más hermosas: la de libertar a un pueblo. Y esa seguridad nos la ofrece él en todo momento. Hay uno, que cita Fernando de los Ríos en sus «Reflexiones en torno al sentido de la vida en Martí»,[84] que en pocas, sencillas y firmes palabras nos está diciendo la satisfacción que ese cumplimiento del deber produce en el hombre: «¡Se sale de la vida tan contento cuando se ha hecho una obra grande!» Y lo dice así, como si él lo hubiera ya experimentado, con el familiar se sale a flor de labio.

---

[84] *Archivo José Martí*, II (La Habana, 1947), pág. 23.

Relacionado con el tema de la eternidad estaría, indudablemente, otro aspecto de la poesía de Martí que ya ha sido visto por todos los que de ella se han ocupado, y que no voy a tratar en este momento, para dejarlo entrar en el escrito cuando se presente, que será y ha sido infinito número de veces: es la presencia de lo sobrenatural —un contacto del poeta con fuerzas misteriosas que le hace decir haber visto

> En la noche oscura
> Llover sobre mi cabeza
> Los rayos de lumbre pura
> De la divina belleza.[85]

Fijémonos que en «Ismaelillo» va a decir que:

> De mis sueños desciendo
> Y en papel amarillo
> Cuento el viaje.[86]

Así, he dicho en otra ocasión, debe ser toda la poesía: el cuento de un viaje que se hace a regiones altísimas, de las que se regresa con un poco menos de niebla en el espíritu y un poco menos de fango en las alas.[87] Y a propósito, acabo de leer —y me parece oportuno mencionarlo— el libro de Joaquín Casalduero sobre «El diablo mundo» de Espronceda,[88] en el cual su autor advierte, al referirse al verso del poema: «Y yo tan sólo lo que observo cuento», que «no es la observación de la realidad moral y material circundante, es el haber vivido el dolor metafísico del hombre» lo que le hace decir eso al poeta. En Martí hay, además de ese haber vivido el dolor metafísico del hombre, la relación directa y casi diríamos física, con el espíritu.

---

[85] Trópico, 41, pág. 51.

[86] Ibid., 41, pág. 20.

[87] «Notas sobre la poesía en Martí», *Archivo José Martí*, 4 (La Habana, 1942), pág. 15 y ss.

[88] Casalduero, Joaquín. *Forma y visión de «El Diablo Mundo» de Espronceda*. Madrid: Ínsula, 1951.

Ismaelillo, 1882

Todos sabemos que la fama de nuestro Martí como poeta reside en tres libros principales: *Ismaelillo, Versos libres y Versos sencillos*. Hasta ahora he tratado de ver cómo en los versos anteriores a *Ismaelillo*, si bien en forma no desarrollada aún, están ya los gérmenes de lo posterior. Los rezagos de romanticismo exaltado, los recuerdos de Campoamor y tal vez de Núñez de Arce pasan muy pronto, y desaparecen. De lo español contemporáneo suyo, de lo vivo, lo único que tiene fuerza bastante para dejar en él alguna marca es Bécquer, a pesar del propio Martí. Es curioso, a este propósito, ver cómo por las alusiones que a él hace, a Martí no le interesaba la obra poética de Bécquer. Aquel apasionado total que fue Martí no se hallaba cómodamente en el ambiente entre apasionado y desilusionado del otro, y como que le molestaba su actitud. Pero nada de eso empece a que en la obra martiana se hallen momentos becquerianos, como he tratado de hacer ver más arriba.

Y ahora *Ismaelillo* da ocasión para insistir en ello. Este librito bellísimo está cerca de las *Rimas*. Afortunadamente, pues —y no podía ser de otro modo— el gusto de Martí adquirió algo de lo mejor de la poesía española de entonces; porque, por muy diferente que fuese su actitud y su posición ante la vida, ambos poetas no sólo lo eran de su momento —y esto Martí no lo supo ver, en su prisa— sino que apuntaban al porvenir. Bécquer es un romántico a quien el traje de moda le queda estrecho. Se sale de él para acercarse al simbolismo y, de paso, a lo más fino del XIX. Y el nuestro, Martí, es un romántico de temperamento que resiste ser encasillado en escuela alguna, o en moda literaria o en *ismo* de ninguna clase, porque su poesía es mayor que todos ellos y se ensancha y los cubre con su genialidad sin par. Valdría la pena recordar aquí las palabras de Onís en el estudio que precede a su selección de los versos del maestro en su Antología:[89]

> El espíritu de Martí no es de época ni de escuela; su temperamento es romántico, lleno de fe en los ideales humanos del siglo XIX, sin sombra de pesimismo ni decadencia; pero su arte arraiga de modo muy suyo en lo mejor del espíritu español, lo clásico y lo popular, y en su amplia cultura moderna donde entra por mucho lo inglés y lo norteamericano;

---

[89] De Onís, Federico. *Antología de la poesía española e hispanoamericana*. Madrid, 1934.

su modernidad apuntaba más lejos que la de los modernistas, y hoy es más válida y patente que entonces.

Pues bien: llega *Ismaelillo* y con él se inaugura un nuevo tono, no sólo en Martí sino en la poesía de habla española. Por ello hizo muy bien Pedro Henríquez Ureña en señalar la fecha de aparición de este librito, 1882, como la del comienzo de nuestro modernismo. Porque si el movimiento modernista es, como parece que ya se va viendo claro, no sólo un gusto por los valores externos de la poesía (color, línea, forma) sino la manifestación de un cierto estado de espíritu que se entra en todas las literaturas occidentales a fines del siglo XIX, y un deseo de expresar algo nuevo, original y propio, entonces hay que reconocer el papel de iniciador que a Martí corresponde. Y adviértase que la intervención de Martí en ese movimiento no es sólo algo intuitivo o, mejor, inconsciente; no. Nadie mejor que él supo darse cuenta de lo que ocurría en la literatura de su tiempo, y así lo manifestó en diversas ocasiones, siempre que pudo, a los cuatro vientos, como más adelante veremos, al estudiar los *Versos sencillos*.

Ya sabemos bien que Martí quiso que su poesía comenzase por *Ismaelillo*:[90] «Versos míos no publiqué ninguno antes del *Ismaelillo*, ninguno vale un ápice. Los de después, al fin, ya son unos y sinceros». Y los publica entonces porque «manos amigas los han sacado a luz»,[91] dice a Vidal Morales en su carta del 8 de julio de 1882, aunque se siente un poco avergonzado del empeño: «Ya estoy avergonzado de ver esa sencillez en letras de imprenta». Pero no deja de comprender lo que significan esos versos en relación con los anteriores, ya que en esa misma carta a Vidal Morales agrega: «Ni se parece a lo demás que he hecho. Fue como la visita de una musa nueva». Parece que los 15 poemas que componen ese libro los escribió Martí casi todos en Venezuela en 1881, a donde llegó en febrero de ese año, después de haberse separado de su esposa e hijo, que el año anterior habían regresado a Cuba. No he de referirme en estas páginas —no es el caso— a las desavenencias conyugales de Martí. Lo único que importa decir es que aquella situación dio a Martí un constante motivo de preocupación —sumado a los de otra índole que le rodeaban. El hijo ausente, que ya cuenta casi tres años, le duele en lo más hondo. Y como en él todo dolor se resuelve en verso, de éste de ahora, del de la ausencia, le salen los «riachuelos», de que habla en el prólogo.

---

[90] Cf. *Carta a Quesada*, Lex, I, pág. 4.

[91] Lex, II, pág. 1337.

Anotemos, de paso, que todas las extrañezas y visiones que aparecen en él las vio Martí, como no se cansa de decir. Estamos, pues, en presencia del primer libro de versos que Martí considera digno de publicación —aunque luego se avergonzara de su pequeñez; él, que se sentía impulsado a cosas de mayor acción: y también en presencia de un libro nuevo, todo él hecho de cosas inusitadas, y expresadas asimismo por modo inusitado. De haber sido Martí un poeta mediocre, sin cosas grandes que decir, de aquella ternura paternal le hubiese salido un libro de poemas como los que su gran amigo Peza escribía: por ser el grandísimo poeta que era, escribió uno de los hitos de nuestra poesía, y el primero tal vez de los libros de la época moderna de nuestra América.

Ismaelillo es, pues, un libro de amor en el que la figura principal, el protagonista, es el hijo —«a quien no hemos de llamar José sino Ismael»—[92] que a los ojos del padre irá tomando diversas formas y nombres, como un Proteo pequeñito según lo imagine o mago, o ángel, o reyezuelo, o caballero, y todas esas formas hacían nacer «esa sencillez que acaba gravemente, porque así con gravedad y sencillez» están aparejadas en su alma.[93] Naturalmente el poeta ha puesto sus pensamientos en el cauce del metro menor, como conviene al asunto. Es un verso de castiza prosapia en el que predominan las combinaciones de hepta y pentasílabos, el ritmo de seguidilla. ¿De dónde le viene a Martí esa forma? Ángel Augier en su estudio[94] nos recuerda los nombres de Quevedo, Góngora —a quien por cierto cita Martí en la nota de sus cuadernos de trabajo ya mencionada,[95] como para hacernos ver que no andaba muy lejos de los maestros españoles del Siglo de Oro. Iduarte menciona también a Meléndez Valdés.[96] Cabría añadir a esa lista los de Villegas y Lope —de alguno de cuyos villancicos están por cierto bien cerca los versos de *Ismaelillo*. Todo eso sirve, claro está, para indicar las fuentes muy castellanas de este libro y, en general, de la poesía martiana; cosa indudable. Pero lo que aquí sucede es, además otra cosa. Lo que aquí sucede es el *tono*, diferente y nuevo, con tantas entradas e incursiones en lo

---

[92] Nota en sus «Cuadernos de trabajo», *op. cit.*, II, pág. 1687.

[93] *Ibid.*

[94] *Op. cit.*, pág. 323, nota 50; y pág. 290.

[95] Lex, II, pág. 1687.

[96] Iduarte, *op. cit.*, pág. 98.

sobrenatural y lo puramente poético, de tal suerte que todo él está en tremenda tensión bajo la aparente sencillez de la forma. En los quince poemas de *Ismaelillo* está contenida también, toda la gama de los temas martianos, aunque el de la ternura paternal sea el predominante. El amor de mujer trata de mezclarse y es siempre como disipado a la invocación del nombre del hijo. «Brazos fragantes» presenta el conflicto que el poeta resuelve rechazando a los «fragantes» para recibir a los dos bracitos «menudos». En «Tórtola blanca» va a hablarnos, como en otro poema de los «versos de amor»,[97] de su desprecio por lo frívolo y galante, insistiendo en su idea trascendentalista del amor. Y aquí, tras lograr un cuadro bellísimo de la agitación de una fiesta —ejemplar pintura de color y movimiento— rechaza el poeta «la copa labrada» porque la visión del hijo, símbolo de pureza, se le aparece en el balcón, aquellas «alitas blancas» llenas de miedo le llaman, rescatándolo así de caer en el vértigo del vals. Las preocupaciones poéticas de Martí apenas se ven en esos versos. Son más bien alusiones a la necesidad de lucha, como:

> ¡Héme ya, puesto en armas,
> En la pelea!
> Quiere el príncipe enano
> Que a luchar vuelva,[98]

o a un estado de decoro y honor en el que el hombre ha de vivir si ha de merecer tal nombre. Es decir: dignidad sobre toda otra cosa.

> Mas si amar piensas
> El amarillo
> Rey de los hombres,
> ¡Muere conmigo!
> ¿Vivir impuro?
> ¡No vivas, hijo!,[99]

o el anhelo de servir, de hacer bien, de entregarse a una noble causa, que le hace ponerse triste

---

[97] Trópico, 43, págs. 94-95.

[98] *Ibid.*, 41, pág. 14.

[99] *Ibid.*, pág. 27.

> Porque en los mares
> Por nadie puedo
> Verter mi sangre.[100]

Ya en otra parte he dicho[101] cómo a lo largo de este libro corre, sin menoscabo de su modernidad, una vena de tinte crepuscular, un tono romántico. Es el tono que vamos a encontrar, impetuoso y brusco, lleno de sacudidas dolorosas y exclamaciones delirantes, en los *Versos libres*, y que aquí presenta el reverso de la medalla. Aquí se asienta —a pesar de las alusiones que el poeta hace a su destino batallador— sobre una luz de tenue brillo muy a lo Bécquer, a quien siempre recordamos al leer momentos como éstos:

> Sobre la piel, curtida
> De humanos aires,
> Mariposas inquietas
> Sus alas baten.[102]
> ....
> De águilas diminutas
> Puéblase el aire.
> Son las ideas, que ascienden,
> rotas sus cárceles,[103]

y en el poema titulado «Penachos vívidos», verdadero y «necesario» alarde de perfección, en el que todo, desde el primer verso, va dirigido a una sola palabra que no se dice sino al final. La palabra *hijo*.

Véase que en el extraordinario poema que es «Musa traviesa» Martí se alza a las alturas más vertiginosas, y nos hunde en una atmósfera enrarecida —con el impulso vertical de un Fray Luis de León:

> Yo suelo, caballero
> En sueños graves

---

[100] *Ibid.*, 41, pág. 31.

[101] *Op. cit.*, págs. 15-27.

[102] *Trópico*, 41, pág. 17.

[103] *Ibid.*, pág. 42.

> Cabalgar horas luengas
> Sobre los aires.
> Me entro en nubes rosadas,
> Bajo a hondos mares,
> Y en los senos eternos
> Hago viajes...,[104]

para luego descender, y contar su viaje en el papel amarillento de sus cuartillas. Tengamos en cuenta, para comprender mejor la poesía martiana, que esa idea de elevación que aquí le vemos, la va a reiterar en sus veros constantemente de aquí en adelante. Que siendo para él la poesía cosa trascendental, el único medio de apoderarse de ella es subir como alondra a las alturas, para bajar y contar *lo que ha visto* en su vuelo. Y subrayo la expresión, porque Martí afirma muy seriamente en varias ocasiones que esas cosas que pueden parecernos imaginaciones y fantasías él las ha visto con unos ojos mucho más reales y profundos que los de la cara: los ojos del espíritu.

Versos libres, 1882

Comprende esta colección, según aparece en la edición de Quesada y Miranda,[105] un grupo de cuarenta y cinco poemas, de los cuales treinta y tres convienen con el apunte-índice que Martí preparó a esta parte de su obra. De dicho índice no se reproducen el titulado «Bosque de rosas» por no haber podido hallarse, y «Homagno audaz», cuyo manuscrito está en letra ininteligible y al parecer sólo en fragmento.[106] Los demás poemas, hasta completar el número de cuarenta y cinco, fueron publicados por primera vez en el volumen XI de las obras de Martí editadas por Quesada y Aróstegui en 1913. El manuscrito lleva un prólogo titulado «Mis versos», de gran importancia para el estudio y conocimiento de su obra, según hemos de ver inmediatamente. En cuanto a dato cronológico, es oportuno señalar que aunque al margen de los manuscritos de estos *Versos libres* hizo constar Martí: «a los 25 años de mi

---

[104] *Ibid.*, pág. 19.

[105] *Ibid.*, pág. 41.

[106] Cf. nota de Quesada en el Apéndice al tomo de referencia.

vida escribí estos versos», es decir, en 1878, muchos de ellos son de 1882;[107] lo que es para mí aclaración del tiempo transcurrido en su manejo, y cómo esta forma de verso blanco estuvo presente en Martí desde la época del nacimiento de su hijo, en una de sus cortas estancias en Cuba, antes de su segunda deportación a España. Es también de interés observar cómo *Ismaelillo* se produjo en un remanso de ternura —pero no de quietud— entre los primeros de esos *Versos libres* de 1878 y los posteriores. De todos modos, conviene aceptar para este estudio la fecha de 1882 a que corresponde la mayoría de ellos.

Hemos visto que Martí «si no cuidó de publicar su prosa en forma de libro, sí se ocupó de su poesía»[108] organizando con pequeños prólogos sus libros más importantes. En estos breves ensayos sobre su poética nos va explicando origen, forma y expresión de cada uno de ellos para que no nos quede duda alguna de la clarísima visión que acerca de estos puntos tenía. Ahora nos da las «sonoridades difíciles, el verso escultórico, vibrante como la porcelana, volador como un ave, ardiente y arrollador como una lengua de lava», y continúa:

> Tajos son éstos de mis propias entrañas —mis guerreros. Ninguno me ha salido recalentado, artificioso, recompuesto, de la mente; sino como las lágrimas salen de los ojos y la sangre sale a borbotones de la herida.
>
> No zurcí de éste y aquél, sino sajé en mí mismo. Van escritos, no en tinta de academia, sino en mi propia sangre. Lo que aquí doy a ver lo he visto antes (yo lo he visto, yo), y he visto mucho más, que huyó sin darme tiempo que copiara sus rasgos. De la extrañeza, singularidad, prisa, amontonamiento, arrebato de mis visiones, yo mismo tuve la culpa, que las he hecho surgir ante mí como las copio. De la copia soy yo el responsable. Hallé quebrados los vestidos, y otros no y usé de estos colores. Ya sé que no son usados. Amo las sonoridades difíciles y la sinceridad, aunque pueda parecer brutal.
>
> Todo lo que han de decir, ya lo sé, y me lo tengo contestado. He querido ser leal, y si pequé, no me avergüenzo de haber pecado.[109]

---

[107] Cf. nota I, pág. 109 de Trópico, 41.

[108] Iduarte, *op. cit.*, pág. 83.

[109] Trópico, 41, pág. 114.

De lo que podemos deducir algunas observaciones, a mi parecer importantes:

1) Su sinceridad con la poesía. Según ella le pide, así él da. A un estado de ánimo corresponde una expresión poética determinada. Si la de Martí es una poesía «necesaria» como hay pocas —y damos al término el alcance con el que supo verlo Juan Ramón Jiménez— fácil es ver cómo esa necesariedad le pide vehículo diverso. Y el de ahora es el endecasílabo blanco, corcel en el que tan a gusto y tan libremente parece cabalgar nuestro poeta, a tal punto que mucha de su prosa está escrita así, en períodos endecasilábicos.

2) Su sinceridad consigo mismo. Estos versos son «tajos de mis propias entrañas». Y le han salido así como «las lágrimas salen de los ojos y la sangre sale a borbotones de la herida». Son los versos de su inquietud y su interior batalla. Los de sus años más atormentados. Y por ello van también escritos «no en tinta de academia», sino en su propia sangre.

3) Su don de vate, de veedor, de visionario de cosas extra y sobrenaturales que, si en toda su obra está presente, aquí lo está de un modo mucho más fuerte. «Lo que aquí doy a ver lo he visto antes (yo lo he visto, yo) —adviértase el énfasis de esta afirmación— y he visto mucho más, que huyó sin darme tiempo que copiara sus rasgos, etc.». También resulta interesante comparar y completar estas palabras con las que Martí escribió como prólogo a sus *Flores del destierro*, como veremos más adelante.

4) Su consciencia de escritor, que conoce su propia obra y sabe y se adelanta a las palabras de la crítica: «Todo lo que han de decir, ya lo sé, y me lo tengo contestado» —correspondiente, a su vez, a las frases de los prólogos a *Flores del destierro* y a los *Versos sencillos*.

En estos *Versos libres* veo yo la última gran lumbrarada del mejor romanticismo en la poesía de habla castellana.[110] Aquí están, todavía, la actitud arrogante, el yo dominador, la frase en primera persona, firme y entre signos de exclamación. La diferencia con los románticos anteriores está en el genio. Lo que en algunos poetas parecía sonoro, y era hueco; sonaba a recio y era a menudo flojo y como de papeles de colores, en Martí nos convence por el absoluto dominio del lenguaje y por la firme sinceridad —que ya he apuntado— con que traduce sus visiones. Nunca —y menos aquí— es nuestro poeta el artista artificioso, sino el verdadero vate. El sueño está ahí; primero, en la mente iluminada por el divino toque de gracia; después, en el poema que

---

[110] Cf. Florit, Eugenio, *op. cit.*

transcribe del modo más digno, por la maestría y la cultura. Sabe Martí ver su visión y sabe también escribirla para que la veamos nosotros. Sabe contar el viaje.

Al pensar ahora en estos «endecasílabos hirsutos», en esta salida de «bramidos» de que nos habla Sarmiento,[111] que son sus *Versos libres*, sorprende ver cuán pocas veces han sido colocados en el lugar altísimo que les corresponde.[112] La intención política, el mensaje que en muchos de ellos aparece les ha como oscurecido el valor. Y nos hemos fijado poco en la profundidad de estos versos escritos todos ellos en los años más atormentados de la vida de Martí —los años de su doble trabajar para ganarse el pan y los hombres que necesitaba para cumplir su destino. Es precisamente en estos años cuando, además de los «libres» escribe muchos de sus versos de amor y los conocidos por *Flores del destierro*, y sus *Versos cubanos* que se hallan perdidos y que el propio Martí dice que están «tan llenos de enojo».[113]

Tal vez convendría recordar ahora, como ejemplo, de los que han comprendido esta «poesía greñuda, desmelenada», a Unamuno[114] quien además de señalarla con tales calificativos y de notar la «recia sacudida de aquellos ritmos selváticos, de selva brava», nos da tal vez la clave para comprenderlos mejor al afirmar que Martí «no hacía él sus versos libres, sino que le hacían ellos y le llevaban de la mano sin ser por ella llevados», concepto que viene a subrayar lo que antes he dicho sobre la «necesariedad» de la poesía martiana. Precisamente por ello, porque le salen por incontrolable pasión, tienen eso que Unamuno llama «mucho de cartas íntimas» y si le salen convulsos y encendidos, al propio tiempo le salen «perfumados». Escribo de propósito *le salen* para usar la frase de Martí «ninguno me ha salido, etc». y para abundar en el concepto de que todo aquí es poesía de dentro afuera, con un hablar espontáneo muy suyo, muy propio y original. Son los de Martí libros que hablan como un hombre —dice Unamuno a este respecto— y no

---

[111] «En español nada hay que se parezca a esta salida de bramidos de Martí, y después de Víctor Hugo, nada presenta la Francia de esta resonancia de metal». Sarmiento, Domingo F. «Carta a Paul Groussac». *La Nación*. Buenos Aires, enero de 1887.

[112] Al escribir este trabajo en 1956 no había aparecido aún la edición de estos *Versos libres* hecha por Iván A. Schulman Barcelona: Textos Hispánicos Modernos/Editorial Labor, 1970.

[113] Cf. prólogo a *Versos libres*.

[114] Cf. *Archivo José Martí*, no. 11, 1947, pág. 7 y ss.

lo otro, el hombre que habla como un libro. De ese modo se ve que todo Martí, todo el enorme hombre que fue Martí —el *homagno* de uno de sus poemas— está vertido en cada uno de sus versos. Creo asimismo que la lectura de los *Versos libres* dejó alguna huella en Unamuno, en cuyo *Cristo de Velázquez* puede notarse a veces el tono del endecasílabo martiano.

No me parece oportuno —por falta de espacio— detenerme a examinar con el debido cuidado las grandes innovaciones de expresión, las imágenes y metáforas nuevas y ya muy modernas que a cada momento nos salen al paso si nos entramos por esta selva espesa de los *Versos libres*. Cierto es que hay ocasiones en que la falta de tiempo, la premura en escribir producen versos imperfectos; unos largos, otros cortos; algunos en que el ritmo o el acento se pierden, dándonos a la cara uno cojo, o manco tal vez.[115] Otros son casos de cierta errata importante que, o bien desfigura el verso, o bien lo cambia de sentido, como la muy evidente del primer verso de «Yugo y estrella», el «si sol» en lugar de «sin sol».[116] Sería de interés también estudiar los neologismos; por qué dice Martí «perfumoso» o «sensuoso»; o por qué trae a uso el verbo «juvenecer».

Goce fuera detenerse en los poemas o los versos en los que la novísima expresión o el pensamiento poético se producen completamente, dando esa calidad de total belleza tan a menudo hallada en las páginas martianas. Sabemos todos que el verso digno lleva una calidad ejemplar y un alto valor. Poemas hay que llegan a nosotros nítidos, casi perfectos, como una copa de oro de la que se vierte hacia afuera el vino más precioso. Y hay versos en esos poemas en los que está el sello del misterio. El algo inefable que es la Poesía. Por ese estigma con que el Espíritu denota su presencia se reconoce al verdadero poeta. La lengua de fuego no está siempre presente. Pero cuando ha bajado, entonces ya podemos olvidar, y disculpar, y perdonar los versos flojos. A veces, toda la obra de un poeta la daríamos por un sólo verso, que salta de ella como un torrente de deslumbradora luz. Pues bien: los *Versos libres* de nuestro Martí están sembrados de esos instantes de gracia poética, de esa presencia del espíritu—en «Hierro», y en «Canto de otoño», y en «Flores del cielo», y en «Homagno» y en «Media noche» y en «Yugo y estrella» y en tantos más, y en aquel «tremendo poema», como llama Unamuno a «Amor de ciudad grande», y en aquel otro maravilloso de la «Copa con alas» que nos leemos mil veces y las mil nos suena a nuevo —por

---

[115] Cf. las notas a la Antología en este volumen.

[116] Col., pág. 136.

lo original y lo exquisito y lo apasionado; en que el poeta ha logrado reducir el Universo a un beso, y valga la paráfrasis que hacemos del último verso del poema.

Podríamos establecer una como clasificación de los poemas que forman este libro, y los veríamos agruparse en diversas categorías. Así, hay aquéllos en los que el poeta se plantea una serie de problemas relacionados con la poesía. En ellos («Académica», «Hierro», «Sed de belleza», «Estrofa nueva», «Crin hirsuta», «Poeta», «Con letras de astros», «Mis versos van», «Poética», «La poesía es sagrada», «Cuentan que antaño», «Mi poesía»), va desarrollando Martí sus ideas en cuanto a la esencia, sentido y forma de la poesía de tal modo que —y además de estos hay muchos otros poemas y páginas de prosa en el resto de su obra— no son muchos los escritores que se hayan preocupado tanto como éste por desentrañar y tratar de explicar lo que sea el fenómeno poético. Luego vienen —en orden numérico de importancia— los once poemas que designaríamos como reflexiones generales —algunos de ellos *de ocasión*, advirtiendo que damos al término el sentido más amplio y goethiano posible. Son las exclamaciones o notas del poeta sobre una frase leída («El padre suizo»), o escuchada («Al buen Pedro»); o la observación de la vida en torno («Amor de ciudad grande»), o la de su propia desventura («Homagno»). Formaríamos después un tercer grupo de poemas en los que lo dominante es el amor. Amor específico a una mujer, sentimiento de aquel hombre de quien Rubén Darío dijo que si no fue un gran enamorado, fue un vibrante amoroso,[117] o bien amor al amor, por el amor mismo, una casi mística del amor, según podemos advertir en mil lugares de su obra anterior y posterior a estos *Versos libres* y que aquí, especialmente cobra forma en famosos poemas como «Flores del cielo», «Pomona», «Oh Margarita», «Mujeres», «Mantilla andaluza». Interesa reiterar en este respecto el valor absoluto, dentro de la lírica martiana, de su excelente «Copa con alas», uno de los poemas amatorios más perfectos con que cuenta la lengua castellana.[118] Viene, en cuarto lugar, un grupo de siete, en los que aparece otro de los temas esenciales de Martí: la muerte, y con ello, lo sobrenatural. Una muerte que el poeta se representa casi siempre clemente, amiga, plácida, pía:

> Redentora de tristes, que del cuerpo
> Como de huerto abandonado, toma

---

[117] Rubén Darío, *op. cit.*

[118] Trópico, 41, pág. 167.

El alma dolorida, y en más alto
Jardín la deja...[119]

y que sólo en ese mismo poema, titulado «Flor de hielo» —escrito al saber la muerte del pintor mexicano Manuel Ocaranza, que había sido el novio de su hermana, la que años antes había fallecido también en México— increpa de negra y torva y hambrienta y sorda y ciega. Este grupo comprendería, además del mencionado, «Canto de otoño», «Águila blanca», «He vivido, me he muerto», «Astro puro», «A los espacios» y «Con letras de astros». De ellos interesa observar que en «Canto de otoño» —otro de sus grandes poemas— cuando parece que el poeta va a entregarse ya desvalido en brazos de la madre muerte, a que lo lleve al juez, lo salva de su aniquilamiento la idea del hijo que, como en *Ismaelillo*, se aparece tímido, pero fuerte, a reclamar al padre hacia la vida. Y por último tenemos un grupo, el menor en número, que da los tonos de patria, dignidad política y libertad. Curioso resulta notar que esta gran pasión de la vida de Martí, el amor patrio, no se halla expresado concretamente en este libro más que por seis poemas; en verdadera minoría con relación a los otros temas. Claro está que aquí tenemos «Pollice verso», «Yugo y estrella» —otro de los indiscutibles momentos antológicos de su obra— «Isla famosa», «Odio al mar», «Banquete de tiranos» y «En torno al mármol rojo» que es una denuncia de la tiranía que representó en Europa Napoleón, y que con ellos afirmaba su actitud. Y más claro es aún que esa actitud suya hay que buscarla —y encontrarla— no en un poema determinado sino en el aire general de su obra. Nadie como Martí supo dar a sus escritos y a su vida un acento mayor de libertad anhelada; nadie logró hacer respirar a sus lectores aquel ambiente en el que se movió su espíritu. Y así, cada verso o cada línea de su prosa están teñidos por su mayor amor, al que supo sacrificar todo lo demás de su vida, hasta su vida propia.

Flores del destierro, Versos de amor, Cartas rimadas y Fragmentos, 1882-1891

En estos años en los que formó sus *Versos libres*, Martí organizó y preparó en forma de libro, con su correspondiente prólogo, uno que no llegó a publicar como pensaba y como del propio prólogo se deduce. *Flores del destierro*

---

[119] *Ibid.*, pág. 171.

pertenece, sin duda, a sus años de mayor agitación política en Nueva York, y su título lo hallamos anunciado en el verso veintiocho de su poema «Pollice verso», de los *Libres*.[120]

La colección fue publicada primero en 1933 por Quesada y Miranda, y reproducida después en el tomo 43 de las *Obras completas* de la Editorial Trópico. Es interesante referirse a este libro, porque, además de ser él un noble complemento del resto de su obra y de tener las excelencias y las prisas que por toda ella se observan (hijas de sus escasas horas de silencio consigo), tuvo a los ojos de Martí algo tan peculiar, que le atraía más que otras cosas suyas. Sin duda porque, gran vate como era, percibía en estos versos mucho de lo que corresponde a la categoría de lo maravilloso.

Escuchemos estas palabras del prólogo:

> Estas que ofrezco, no son composiciones acabadas; son ¡ay de mí! notas de imágenes tomadas al vuelo, y como para que no se escapasen entre la muchedumbre anti-ática de las calles, entre el rodar estruendoso y arrebatado de los ferrocarriles, o en los quehaceres apremiantes e inflexibles de un escritorio de comercio refugio cariñoso del proscripto.
>
> Por qué las publico, no sé: tengo un miedo pueril de no publicarlas ahora. Yo desdeño todo lo mío: y a estos versos atormentados y rebeldes, sombríos y querellosos, los mimo y los amo.[121]

El libro lleva al frente, como dedicatoria, los nombres de la patria, y la mujer que lo acompaña siempre. Añádase a estos dos el de la amistad y ya hemos completado los tres amores del hombre. Si la tierra es el primer motivo de su acción y la mujer el dulce de su vida, es en Martí la amistad —ese amor sin alas como alguien la llamó— el más sereno refugio de sus días. Quien supo decir en el poema XLIV de sus *Versos sencillos*:

> Tiene el leopardo un abrigo
> En su monte seco y pardo:
> Yo tengo más que el leopardo
> Porque tengo un buen amigo,

---

[120] *Ibid.*, pág. 114.

[121] *Ibid.*, 43, pág. 13.

mantuvo a lo largo de toda su vida una devoción absoluta hacia la amistad, afecto que él apreciaba sobre casi todo.

No puedo ahora, al entrar en el bosquecillo de estas *Flores*, revisar todos y cada uno de los poemas que lo forman. Lo que deseo es hacer resaltar algunos de sus versos mejores y aún algún poema completo para que, por ello, nos afirmemos juntos en la calidad misteriosa de la poesía de Martí. Esa presencia de lo misterioso, de lo poético puro es constante en toda su obra lírica. Alguna vez, si Dios lo quiere, compondré la antología de esos momentos. Por ahora permítaseme señalar algunos de los contenidos en estas *Flores del destierro*. En el primer poema de la colección, «Contra el verso retórico y ornado», va a insistir en el elogio del verso natural; lo hace con encendidas palabras ¿cómo no?, y entre otras extrañas cosas dice:

> Por sobre el árbol, más arriba, sola
> En el cielo de acero una segura
> Estrella...[122]

y en este fragmento no sabemos qué admirar más: si el acierto de la expresión, o las asonancias interiores —cielo, acero; una, segura— o lo justo de los adjetivos, que en tres momentos (sola, de acero, y segura) nos impresionan con la creación de un perfecto ambiente poético. Más adelante, en el verso diecinueve, va a pronunciar Martí uno de sus numerosos aciertos de palabra y pensamiento al dejar caer en medio de todo lo demás éste: «*Empieza el hombre en fuego y para en ala*», que podría sin duda adoptarse como un resumen o síntesis de la carrera del hombre sobre la tierra y hacia el cielo.

En otro poema[123] hace el elogio de la noche «amiga de los versos» y la contrasta con el día, porque en éste

> Crujen las alas rotas de los cisnes
> Que mueren del dolor de su blancura

y, de repente, nos abre la puerta al mundo aquel del modernismo, para el que Gutiérrez Nájera iba a escribir, en 1888, en «De blanco»

---

[122] *Ibid.*, pág. 15.

[123] En «La noche es la propicia», *ibid.*, pág. 20.

De cisnes intactos el lago se llena[124]

y Rubén Darío se pregunta:

¿Por qué tan silencioso de ser blanco y ser bello?[125]

Advirtamos aquí, tan sólo de pasada, cómo en Martí aparecen ya muchos de los temas y expresiones formales del Modernismo.

Hay en *Flores del destierro* poemas («Dos patrias», «Domingo triste») en los que su angustia de cubano se sublima, se purifica de cualquier lugar común para darnos dos hermosísimos poemas dolorosos.[126]

También encontramos aquí momentos casi plácidos. ¿Quién de nosotros, los habitantes de la ciudad grande, dejará de mirarse retratado en el apunte contenido en sólo dos cuartetos («Fuera del mundo»)[127] o en otro de tres estrofas curiosamente cercanas a la «Rima XVII» de Bécquer, la del «salón en el ángulo oscuro?»

Hay además en esta colección una gran variedad de formas estróficas y métricas, que dan al libro un carácter diferente al de los *Versos libres*. Hasta el soneto aparece aquí con dos hermosos ejemplos: «Tienes el don...», y «Quieren, oh mi dolor...»,[128] en los cuales sabe el libre ajustarse a la «cárcel sonante» y, sobre todo en los cuartetos del primero de ellos, darnos ejemplo de una actitud de forma bien cercana a la de Darío, por cierto.[129]

Conviene señalar cómo en otro de estos poemas, el titulado «A la palabra», vuelve Martí al ritmo de seguidilla en el que escribió casi todo su *Ismaelillo* —de cuya época de composición está muy cerca. En la página 3 del tomo 43 de las *Obras completas* (Trópico, 1942) en que se publican *Flores del*

---

[124] Gutiérrez Nájera, Manuel. *Poesías*. México, 1896.

[125] Rubén Darío, «Los cisnes», en *Cantos de vida y esperanza*. Madrid, 1905.

[126] Trópico, 43, págs. 26 y 27.

[127] *Ibid.*, pág. 30.

[128] *Ibid.*, págs. 68 y 70.

[129] Véase sobre este punto el estudio de Augier, ya citado.

destierro aparece en facsímil un curioso dibujo simbólico con el que Martí ilustró este poema.[130]

Todo ello para llegar a uno de los mejores poemas de Martí —que sería suficiente por sí sólo para dar lustre o importancia a este grupo. Se trata de un poemita de cuatro estrofas en el que lo idílico y real se une a lo misterioso en una forma que se me antoja parecida —a través de tantos siglos— a los del romance español del infante Arnaldos; romance que en la forma más divulgada es el ejemplo por excelencia de extrañeza poética. En él, el marinero contesta al infante aquello de

>   Yo no digo mi canción
>   sino a quien conmigo va.

Nada más. ¿Quién es el marinero? ¿Cuál es la canción? Poesía. Olvidemos las explicaciones lógicas. Esto es, pura y terminantemente, poesía. Y no preguntemos por otra. Ello basta para traer a la imaginación del lector todo lo que su fantasía quiera. Pues bien, José Martí, más de cuatro siglos después del anónimo juglar, va a coincidir con él en darnos otra muestra de lo misterioso inefable.

En un campo florido...

>   En un campo florido en que retoñan
>   Al sol de abril las campanillas blancas,
>   Un coro de hombres jóvenes espera
>   A sus novias gallardas.
>   Tiembla el ramaje, cantan y aletean
>   Los pájaros; las silvias de su nido
>   Salen, a ver pasar las lindas mozas
>   En sus blancos vestidos.
>   Ya se van en parejas por lo oscuro
>   Susurrando los novios venturosos:
>   Volverán, volverán dentro de un año
>   Más felices los novios.
>   Sólo uno, el más feliz, uno sombrío,
>   Con un traje más blanco que la nieve,

---

[130] Trópico, 43, pág. 50.

> Para nunca volver, llevaba al brazo
> La novia que no vuelve.[131]

> 12 mayo, 1887

No vaya a creerse que vea relación alguna de asunto, ni de forma, entre ambos poemas. Lo que los asemeja no es tampoco el ambiente, que en Martí es el campo y en el romance es el mar, sino un no sé qué —perdóneseme el caer en la tentación, pero en este momento viene como anillo al dedo citar a San Juan de la Cruz:

> Por toda la hermosura
> nunca yo me perderé
> sino por un no sé qué
> que se alcanza por ventura.

Ese no sé qué, que se alcanza por ventura, es en este caso, la poesía.

Podría señalarse cómo el poemita de Martí está construido en cuatro tiempos, con una entrada, en la primera estrofa, de los cuatro jóvenes; y en la segunda, precedidas por un temblor del ramaje y un cantar de pájaros, sus cuatro novias. En la tercera, la reunión de esas cuatro parejas, y su entrada en lo oscuro del bosque, con la afirmación del poeta: volverán, sí, volverán dentro de un año. Ah, pero en la estrofa final, la del misterio, el otro joven —más feliz y sombrío, por paradoja— se ha reunido con la amada ideal, toda ella vestida de blanco. Y esa novia no vuelve, porque es la poesía, o es la muerte. ¿Quién lo sabe? Martí sí lo sabía.

Además de las *Flores del destierro*, parecen corresponder a esta época de la vida de Martí —es decir, a los años que van entre 1882 y 1892— otros poemas. Algunos de ellos, como el grupo de *Versos de amor*, los había publicado ya Quesada en 1930. Todo ello, más las *Cartas rimadas*, los *Fragmentos* y *Miscelánea* del tomo 43 de las *Obras completas*, junto con los versos varios posteriores a 1881, los *Versos en álbumes* y algún otro, constituye el conjunto de las llamadas por Martí mismo «formas borrosas y menos características» en su carta a Quesada y Aróstegui,[132] a quien pedía no las mezclase con sus tres libros preferidos y que consideraba representativos.

---

[131] *Ibid.*, pág. 40.

[132] Lex, I, pág. 4.

Adviértase que *Flores del destierro*, que una vez había decidido publicar, no aparece en ese grupo de los libros escogidos por él. De todos modos, como tanto Augier como Iduarte señalan en sus ensayos respectivos,[133] aunque sea a veces difícil establecer una cronología de ellos —y más, sabiendo como se sabe que endecasílabos los escribió Martí a lo largo de muchos años de su obra— estos grupos «son obras filiales», sin duda alguna, y a veces la misma, o entrecruzadas. Su material está mezclado. El tono, la inspiración y aun la métrica son semejantes. El prólogo de los *Versos libres* es un producto mejorado del de *Flores del destierro*. De los *Fragmentos* que los siguen podría decirse lo mismo.[134] En toda esta parte de los versos de Martí, lo que ocurre de más evidente es la variedad de formas utilizadas por el poeta. Son no sólo los «endecasílabos hirsutos», que mantienen su galopar y su extrañeza, sino otras muchas. De los escritos en endecasílabos, advierte Augier lo que me parece acertadísimo: «Al igual que en los del primero de esos volúmenes («Versos de amor»), numerosos poemas del segundo (*Flores del destierro*) corresponden a la colección de *Versos libres*...; otros... también merecen aparecer entre los encrespados versos libres en la edición definitiva que se haga de la obra poética de Martí».[135] Es natural, ya que si son producto de una misma inspiración de momentos psicológicos parecidos y escritos en la misma forma, deberían juntarse en el libro, de igual modo que se juntan, necesariamente, en el gusto del lector.

En los *Versos de amor* hay cosas que merecen ser destacadas. En primer término, el bellísimo poema «Dormida», fechado en 1878, año del nacimiento de su hijo, y que pudo haber sido escrito, antes de ese suceso desde luego, en México, Guatemala o La Habana. Se trata de uno de los más delicados y, diríamos, madrigalescos momentos de Martí, digno de figurar entre sus mejores obras. Pero además, lo curioso es que en él nos anuncia el poeta la forma dominante en los *Versos sencillos*; comienza con una estrofa irregular, que le sirve de entrada, y sigue con redondillas claras, exactas, luminosas; las mismas de que va a hacer gala luego en los sencillos —y antes de éstos en «Los zapaticos de rosa», de *La edad de oro*. Hay también ecos de lo español (Campoamor, Echegaray) en «Noche de baile»— ya sabemos que ese tema

---

[133] *Op. cit.*, págs. 112 y 302, respectivamente.

[134] Iduarte, *op. cit.*, pág. 113.

[135] Augier, *op. cit.*, pág. 302.

se da varias veces en su obra. Aún aquí mismo hay dos poemas[136] «Baile» y «Baile agitado» que subrayan esa idea. Especialmente el segundo nos trae, como ya hemos visto, el recuerdo de la «Tórtola blanca» de *Ismaelillo*. Por desgracia el primer verso de la segunda estrofa aparece incompleto, dejándonos un consonante al aire, que debe ser en «ico» para rimar con abanico, y que no podría ser rico, ya que el poeta utiliza esta palabra consonante en el segundo grupo de su espinela.

> ¿Y esto? Labor...
> No era la dama sencilla:
> Es la olvidada varilla
> De un destrozado abanico.
> Aún estalla la crujiente
> Seda, por la mano ardiente
> De la celosa oprimida,
> Que la quebró, como a erguida
> Caña la airada rompiente.[137]

Hay aún otras cosas interesantes que anotar, como el soneto «En un dulce estupor...»;[138] pero son los cuatro últimos poemas del grupo los más importantes: «Allí despacio», «Cómo me has de querer», «Todo soy canas ya...» y «Yo ni de dioses», escritos en los famosos endecasílabos libres, y en los que hay —como siempre— momentos de belleza absoluta. Desde luego, el mejor para mi gusto, es el último,[139] otro de esos raros poemas que, como prueba de su genio, nos dejó Martí. Es el canto a la mujer ideal, a la que tiene entrañas, a la buena, a la amante:

> ¿De cien mujeres una con entrañas?
> ¡Abrázala, arrebátala! Con ella
> Vive, que serás rey, doquier que vivas...

y termina diciendo al jóven —hermoso neologismo—

---

[136] Trópico, 43, págs. 94-95.

[137] *Ibid.*, pág. 95.

[138] *Ibid.*, pág. 100.

[139] *Ibid.*, pág. 107.

> Ya no eres hombre, Jóveno, si hallaste
> Una mujer amante!: o no —ya lo eres!¹⁴⁰

De las *Cartas rimadas* —que constituyen el grupo III de los en que se divide el tomo 43 de las *Obras completas*, que sigo— habrá que destacar, especialmente por sus cuartetos, el soneto de ocasión «A Adelaida Baralt», escrito en 1884, a uno de cuyos versos me he referido ya en páginas anteriores, como ejemplo de antecedente de lo modernista. Las demás, correspondientes a los años 1885, 89, 90 y 95, están escritas todas en redondillas, es decir, muy cerca de los *Versos sencillos*. En todas hay mucho que ver y mucho en que meditar —la que escribe a su gran amigo Estrázulas, verdadero desahogo personal, a la que pertenece la tremenda estrofa:

> Viva yo en modestia oscura;
> Muera en silencio y pobreza;
> ¡Que ya verán mi cabeza
> Por sobre mi sepultura!,[141]

expresión hermana de aquella otra que me sirve de epígrafe en este estudio, tomada de «Antes de trabajar»:[142]

De tono político, también en versos buenos y sinceros, es la carta en verso dirigida a Néstor Ponce de León, en la que hallamos, a más de otras cosas, cuatro estrofas, las 7, 8, 9 y 10, en las que Martí hace alarde de una dialéctica maravillosa,[143] defendiéndose de la acusación que se le había hecho de pronunciar en un discurso la palabra «vil» aplicada a un cubano —aunque éste fuese anexionista. Hay además en ella todo un programa para la época de la libertad, para su Cuba:

> En la patria de mi amor
> Quisiera yo ver nacer
> El pueblo que puede ser
> Sin odios y sin color.

---

[140] *Ibid.*, pág. 110.

[141] *Ibid.*, pág. 118.

[142] *Flores del destierro*, Trópico, 43, pág. 25.

[143] Trópico, 43, pág. 121.

> Quisiera, en el juego franco
> Del pensamiento sin tasa
> Ver fabricando la casa
> Rico y pobre, negro y blanco,

y termina con el más famoso, acaso, de sus pensamientos:

> Si uno es el honor, los modos
> varios se habrán de juntar:
> ¡Con todos se ha de fundar
> Para el bienestar de todos!,

frase que ha dado lugar a la más conocida aun de «Con todos y para todos».

El grupo IV de este tomo lo forma un interesantísimo ramillete de *Fragmentos* de índole, inspiración y valor diversos. A algunos de ellos, los reproducidos en las páginas 169 a 176, les dio Martí el nombre de *Polvo de alas de una gran mariposa*, según frase de su letra, escrita al margen de una hoja-índice de los mismos.[144]

También hay aquí versos libres, proyectos de poemas, ramalazos de inspiración que no llegó a cuajar, o cuajó en forma defectuosa e incierta; el verso le llamaba, pero Martí sólo apuntaba a veces las ideas, como en espera de calma para organizarlas—y así quedaron. Sin embargo, conviene mencionar varios de estos poemas que destacan por sobre los demás. «Entre las flores del sueño», «Viejo de la barba blanca» y «Cuando en las limpias mañanas» son romances —forma de las menos frecuentes en Martí. El primero es un excelente y raro poema que podría figurar en *Flores del destierro*, puesto que está completo, ya que sólo el segundo y tercer verso del texto son variantes uno del otro y así debe escogerse entre ambos al hacerse la edición definitiva. Es otro de los versos de Martí en los que podría trazarse parentesco con Bécquer, y tiene, además, el interés de que es uno de los pocos poemas martianos en que la figura o el nombre de Jesús aparece:

> La delicia del olvido

---

[144] Cf. *ibid.*, Apéndice. Deseamos consignar aquí nuestra gratitud a Gonzalo de Quesada y Miranda por el heroico empeño con que ha venido descifrando y publicando los manuscritos de Martí. Mucho ha logrado él. Lo que falte en cuanto a aclarar algunos versos dudosos, o a establecer las variantes será tarea de quien se dedique a hacer la edición crítica definitiva de los versos del Maestro.

>Sobre la cabeza baja:
>Luego Jesús aparece
>Andando sobre las aguas.[145]

El segundo de estos romances, «Viejo de la barba blanca», escrito frente al retrato de su padre, es también hermoso poema, pero es dolor que nos haya llegado con seis palabras ininteligibles que hacen necesario dejarlo fuera de toda colección cuidadosa. Y el tercero, «Cuando en las limpias mañanas», adolece del mismo defecto que el anterior; lástima grande, pues también como en aquél se dicen muchas cosas buenas en estos octosílabos.

Más, muchos momentos hay aquí merecedores de atención y estudio, como los versos, muy en proyecto, de «Lluvia de junio», tremendos de angustia cubana; o el «Rey de mí mismo», que sería uno de los poemas de *Ismaelillo* y que Martí dejó sin terminar; o su preocupación por el verso nuevo americano de «Pandereta y zampoña»; o el pensamiento de la patria esclava en el gran comienzo de «Orilla de palmeras».

En los grupos de *Polvo de alas de mariposa* y *Otros fragmentos*,[146] vamos a darnos de manos a boca con otro aspecto muy notable de la poesía martiana. Un esquematismo, un verso pensativo y breve que se ha apartado de lo que en su comienzo pudo recibir de Campoamor, para anticipar cosas de los últimos años de Rubén Darío, el Rubén de los «Caminos», y de la poesía más madura de Antonio Machado. Hallamos aquí mucho tono madrigalesco:

>Aunque pases, pasa!
>Muerto, aún verán que de mi cuerpo surge
>El pálido reflejo de tu alma.[147]

o bien:

>Cuando viene el verso
>No se sabe bien.
>Pasas tú, —y el verso

---

[145] *Trópico*, 43, pág. 135.

[146] *Ibid.*, págs. 172 y ss.

[147] *Ibid.*, pág. 172.

Pasa también.[148]

o aun este otro, que nos vuelve a traer a la memoria al Bécquer de la «Rima XVII»:

>¡Oh! ya puedo morir: la he conocido!
>Brilla este amor, desnudo de recelos,
>Como un ramo de estrellas suspendido
>En la región serena de los cielos![149]

Más tarde será esta maravilla de síntesis:

>Cuanto pudo ser, ha sido.
>¿Qué me importa lo demás?
>Si el aroma es todo mío
>Del verso qué se me da?[150]

Y también, lejos de la palabra amorosa, el verso único y tremendo. Escuchemos éste:

>Triste, impaciente, volador, lloroso,
>En lágrimas la faz, la pluma inquieta:
>¡El demonio del verso
>Que está a la puerta![151]

¿Puede decirse más con menos palabras? ¿Cabe otra mejor explicación del momento crítico en que el poeta *necesita* escribir porque el verso se lo reclama?

En los *Otros fragmentos*[152] hay asimismo estrofas de maravilla, de entre las cuales, para no alargar demasiado este trabajo, escojo dos solamente. Una:

---

[148] *Ibid.*, pág. 175.

[149] *Ibid.*, pág. 175.

[150] *Ibid.*, pág. 176.

[151] *Ibid.*, pág. 160.

[152] *Ibid.*, pág. 177. Nota al pie.

> De levantarme acabo:
> Acostarme quisiera: Dadme pronto la cama
> Donde no se despierta![153]

y la otra, que nos da aquella segura posición en que Martí se sabía estar, y que logra expresar en rotundos y certeros versos:

> Mañana, como un monte que derrumba
> De noche y en sigilo su eminencia—,
> Como un vaso de aroma, hueco y roto
> Caeré sobre la tierra.[154]

En la V y última parte de este tomo 43 que venimos examinando se publican, bajo el rubro de *Miscelánea,* algunas cosas de menor importancia —un «Por Dios que cansa», en versos libres contra los *poetines*; un fragmento, curioso por el tema americano, que comienza: «Tamanaco, de plumas coronado...» y, además, las «Rimas» y el «Juguete» que Rubén Darío dio a conocer en su artículo de *Los raros,* graciosos poemitas de tono y metro menor, de sobra conocidos y admirados.

Como nota curiosa recordaré que en esta *Miscelánea* se publica el único poema en francés que sepamos haya escrito Martí. Madrigalesco, habla a la dama de su *beau parler cubain,* pero no se trata, claro está, sino de un ensayo, un juego —casi diríamos una broma poética.

Recordará el lector que comencé este trabajo analizando los versos de Martí anteriores a 1881, contenidos en la sección de *Versos varios* en el tomo 42 de las *Obras completas.* Dejé inacabado el estudio de los mismos para entrarme en el de los que, con *Ismaelillo,* forman lo más importante de su obra. Ahora, al punto en que nos hallamos —y antes de pasar a considerar los *Versos sencillos,* culminación de su obra poética— me interesa volver a revisar el referido tomo 42 para ver lo que en esos *Varios* haya de interés, entre los posteriores a 1881. Y se encuentra uno, como primer jalón, con un precioso poema en estrofas asonantadas —combinación de tres octosílabos y un pentasílabo adónico— fechado en 1884. «En estas pálidas tierras» comienza; y por su tono y contenido de trabajo y deber, bien podría incluirse entre las *Flores del destierro.* Véase, si no, cómo su última estrofa nos ofrece

---

[153] *Ibid.,* págs. 178-79.

[154] *Ibid.,* pág. 179.

el tono que leemos siempre con emoción en los versos más atristados de sus años neoyorquinos:

> Como una bestia encorvada,
> A un yugo vil, aro, y ruego,
> Y como un águila herida
> Muero en silencio.

Entre éstos hay otros que podrían ir en aquel grupo, como «Y a ti, ¿qué te traeré?», y el absolutamente extraordinario: «Con la primavera», escrito en 1887, que es otro de los poemas antológicos del Maestro.[155] Otro de ellos, «Mi tojosa adormecida» es raro poema que nos recuerda el tono, no la forma de los de *Ismaelillo*. Por lo menos, es todo él referencia a su esposa y al hijo amado. Consta de tres partes breves, en romance; y termina con unos versos en los que sintetiza la tragedia de su roto hogar. Y

> Desde entonces pasar miro
> Pueblos y hombres en la tierra
> Como estatua que sonríe
> Con sus dos labios de piedra.[156]

Los versos de *La edad de oro*, 1889

Bien es sabido que en el año de 1889 concibió Martí —en medio de sus constantes trabajos y preocupaciones mayores— buscarse el quehacer menor de publicar una revista para niños, totalmente escrita por él, y que tituló *La edad de oro*. De ella aparecieron sólo los números correspondientes a los meses de julio, agosto, septiembre y octubre de ese año, en Nueva York.[157]

El núcleo de la revista estaba formado por cuentos, ensayos, lecciones de cosas, etc.; pero, claro está, Martí repartió por sus páginas algunos poemas.

---

[155] *Ibid.*, 42, pág. 125.

[156] *Ibid.*, pág. 138.

[157] *La edad de oro*. Publicación mensual de recreo e instrucción dedicada a los niños de América. Redactor: José Martí. Editor: A. Dacosta Gómez. Administración: 77 William Street, New York.

Muchos de ellos anuncian formas y modos de los *Versos sencillos*, como el pequeño cuadro doble del niño y el árbol, titulado «Dos milagros»,[158] o «La perla de la mora»,[159] apólogo o ejemplo cuyo asunto repitió Martí en el número XLII de los *Versos sencillos*, aunque a nuestro parecer, con menos fortuna. Hay además dos traducciones o adaptaciones del inglés: una fábula de Emerson, «Cada uno a su oficio»[160] y la mucho mejor, la excelente adaptación de una idea de Helen Hunt Jackson, «Los dos príncipes»,[161] romance en versos agudos, una de las cosas más finas que han salido de la pluma de Martí. En este poema el autor va a buscar su forma y sus palabras a la vieja fuente de la poesía castellana y con tales elementos tradicionales en la mano, nos construye y entrega por fin un ejemplo encantador de contraste en las ideas y de perfección en la forma.

Pero claro está que la joya de este grupo la constituye «Los zapaticos de rosa»,[162] que es también antecedente directo de lo mejor de los *Versos sencillos*. Aquí está ya la redondilla neta, clara y honda; aquí el detalle de color, o de gesto, o de movimiento; aquí, en fin, dentro de un ambiente de juego, la expresión de la máxima bondad y humanidad del alma del Maestro. Fijémonos en que Martí en el primer octosílabo nos anuncia que:

> Hay sol bueno y mar de espuma,

en los que hará moverse y vivir a las figuras del poema, el padre que se queda en casa, la madre y Pilar, que

> Quiere salir a estrenar
> su sombrerito de pluma,

y luego, ya en la playa, aquellas otras del aya de la francesa Florinda, con sus espejuelos —que más tarde se quitará, en un tímido momento emocionado,

---

[158] Trópico, 42, pág. 145.

[159] *Ibid.*, pág. 149.

[160] *Ibid.*, pág. 146.

[161] *Ibid.*, pág. 147.

[162] *Ibid.*, pág. 150.

uno de los mejores ejemplos de pura alusión y pensamiento metafórico del poeta; y Alberto el militar, y Magdalena; y allí en esta estrofa perfecta:

> Conversan allá en las sillas,
> Sentadas con los señores,
> Las señoras, como flores,
> Debajo de las sombrillas,

y Pilar quiere irse lejos, a la arena «donde están las niñas solas». Y la madre la deja ir. Y el tiempo pasa. ¿Cómo va a darnos este artista del verso la impresión de la caída de la tarde? ¿Es que va a darnos una descripción detallada del agotarse la luz? Oh, no. Va a decirnos sencillamente, con la más difícil de las sencilleces:

> La espuma blanca bajó,
> Y pasó el tiempo, y pasó
> Un águila por el mar.

Y entonces, en ese momento melancólico, es cuando se ve que

> Un sombrerito callado
> Por las arenas venía.

Advirtamos la metáfora; no es una niña, no es Pilar, la que viene despacio y trabajando para andar; es eso sólo: un sombrerito callado; sustantivo y adjetivo en maravillosa consonancia de naturalidad, y con la que el poeta, en éste y mil casos como éste, da el tono preciso para el efecto que quiere pintar. Lo demás es anécdota; ejemplo para niños; es bondad de Pilar, agradecimiento de la mujer pobre y satisfacción de la mamá que, en premio a la generosidad de su hija, la sienta, de regreso,

> A la derecha del coche.

Creemos que un estudio detallado de este poema nos revelaría innumerables tesoros; y nos serviría para desentrañar mucho de lo tan y tan moderno que hay en la poesía de Martí.

Versos sencillos, 1891

Como ya hemos salvado todos estos mares, y descansado en todas estas islas, y admirado los torrentes y tocado con la punta del dedo el agua del remanso, ya parece que nos llega el momento de hallarnos frente a los *Versos sencillos*, en donde tenemos, como dice muy acertadamente Iduarte,[163] «a un Martí, no mejor, sino más total».

El libro que apareció tras *Ismaelillo*, pues los *Versos libres*, como ya se ha visto, no se publicaron sino años después de su muerte, fue el de estos versos sencillos, editado por el propio Martí en un pequeño volumen en 1891.[164] En estos versos, más recogidos y exactos, o como dice Augier «técnicamente civilizados, urbanos, domésticos»,[165] escritos en un momento de aparente calma en el campo; en los que la atroz corriente desbordada de aquéllos se ha como encauzado en los octosílabos y las pequeñas estrofas de cuartetas y redondillas; aquí es donde más se ha fijado la crítica contemporánea y en donde se ha señalado la relación de Martí con los primeros poetas del movimiento modernista. Y ello es, desde luego, exacto. No sólo por la calidad excepcional de estos versos le sirve a Martí la compañía de aquel grupo, sino que él mismo comprendió lo que estaba ocurriendo en la poesía de entonces. Parece oportuno, a este respecto, citar unas palabras suyas tomadas de su artículo de *Patria*, del 31 de octubre de 1893, sobre la muerte de Julián del Casal. Son éstas:

Y es que en América está ya en flor la gente nueva, que pide peso a la prosa y condición al verso y quiere trabajo y realidad en la política y en la literatura. Lo hinchado cansó, y la política hueca y rudimentaria, y aquella falsa lozanía de las letras que recuerda los perros aventados del loco de Cervantes. Es como una familia en América esta generación literaria que principió por el rebusco imitado, y está ya en la elegancia suelta y concisa, y en la expresión artística y sincera, breve y tallada, del sentimiento personal y del juicio criollo y directo. El verso, para estos trabajadores, ha de ir sonando y volando. El verso, hijo de la emoción, ha de ser fino y profundo, como una nota de arpa. No se ha

---

[163] *Op. cit.*, pág. 122.

[164] New York, Louis Weis & Co., 116 Fulton Street, 1891.

[165] *Op. cit.*, pág. 306.

de decir lo raro, sino el instante raro de la emoción noble y graciosa. Y este verso, con aplauso y cariño de los americanos, era el que trabajaba Julián del Casal.[166]

Por tales palabras puede verse de qué manera atinada y agudísima se daba cuenta Martí de la situación. En pocas de ellas nos presenta un juicio crítico del movimiento que se estaba formando y que iba, tres años más tarde, en 1896, a lanzar su clarinada más alta con la publicación de las *Prosas profanas* de Darío; de aquel Darío a quien Martí llamó hijo, consciente, como siempre, de lo que se decía.

Por ello es también necesario reproducir parte del prólogo a los *Versos sencillos* si queremos ver de primera mano algunos de sus rasgos esenciales.

... ¿Por qué se publica esta sencillez, escrita como jugando, y no mis encrespados *Versos libres*, mis endecasílabos hirsutos, nacidos de grandes miedos, o de grandes esperanzas, o de indómito amor de libertad, o de amor doloroso a la hermosura, como riachuelo de oro natural, que va entre arena y aguas turbias y raíces, o como hierro caldeado, que silva y chispea, o como surtidores candentes? ¿Y mis *Versos cubanos*, tan llenos de enojo, que están mejor donde no se les ve? Y tanto pecado mío escondido, y tanta prueba ingenua y rebelde de literatura? Ni a qué exhibir ahora, con ocasión de estas flores silvestres, un curso de mi poética, y decir por qué repito un consonante de propósito, o los gradúo y agrupo de modo que vayan por la vista y el oído al sentimiento, o salto por ellos, cuando no pide rimas ni soporta repujos la idea tumultuosa? Se imprimen estos versos porque el afecto con que los acogieron, en una noche de poesía y amistad, algunas buenas almas, los ha hecho ya públicos. Y porque amo la sencillez, y creo en la necesidad de poner el sentimiento en formas llanas y sinceras.[167]

En primer lugar, en el tiempo, se trata de la primavera de 1890. El invierno anterior se había reunido en Washington la Conferencia Internacional Americana, a la que tan dolidamente se refiere Martí en el primer párrafo de ese prólogo. Las angustias de aquella temporada le enferman más de lo

---

[166] Lex, I, pág. 823.

[167] Trópico, 41, pág. 49.

corriente, en los treinta y siete años de su vida; tanto, que ha podido escribir a su amigo Juan Bonilla, «Yo ya me voy muriendo»,[168] con expresión semejante a la de don Quijote: «Yo ya, señores, siento que me voy muriendo a toda prisa».[169] Sí, que en ambas el pronombre, el adverbio y el gerundio iguales las colocan es un igual escalón del sufrimiento humano y la humana resignación. Por esa enfermedad el médico «le echa al monte» y allí, en el pueblo de Haines Falls, al pie de las montañas Catskill, cerca de Nueva York, escribió versos. Los escribe, y los publica porque los ha leído a un grupo de amigos, y han gustado, y son ya conocidos. Y porque, además, al poeta le habrá complacido ver aquella «sencillez» que le ha ido saliendo de la pluma; versos brillantes, claros como gotas de rocío, infinitos en su brevedad, hondos en la apariencia cristalina. Ahora no es el mar bullente y trágico lo que le atrae, sino «el arroyo de la sierra»; «ahora es el bosque eterno cuando rompe en él el sol»: ahora prefiere «estar en la sierra cuando vuela una paloma». Ya su verso, que fue monte, se asemeja más al abanico de plumas. Le queda —siempre le quedará— «el vigor del acero con que se funde la espada», y con ese vigor apostrofa a la tiranía y nos cuenta el extraño suceso del hijo que pasó «de soldado del invasor» por «la tumba del cortijo donde está el padre enterrado», y nos señala en su recuerdo, como una pesadilla, la hilera de «los esclavos desnudos», cuando «una madre, con su cría, pasaba dando alaridos», y le dice al hijo que prefiere verlo muerto a verlo vil. Pero al lado de todo eso, que Martí tiene que decir constantemente, porque es su alma noble de hombre libre la que se lo impone, están esos exquisitos momentos de poesía nueva, de acento único, que hicieron adivinar en él a Rubén Darío «el espíritu de un alto y maravilloso poeta». Díganlo, si no, los versos del poema XVI:

    En el alféizar calado
    De la ventana moruna,
    Pálido como la luna,
    Medita un enamorado.

    Pálida, en su canapé
    De seda tórtola y roja
    Eva, callada, deshoja
    Una violeta en el té,

---

[168] José Martí, *Epistolario*, I. La Habana, 1930-31. pág. 246.

[169] Segunda parte, capítulo LXXIV.

que se me antojan hermanos de los que había escrito el propio Rubén: «En invernales horas, mirad a Carolina...»[170]

Y si queremos que en estos versos sencillos nos llegue el tono melancólico no tendremos más que ir al final del IV:

> Volveré, cual quien no existe,
> Al lago mudo y helado;
> Clavaré la quilla triste:
> Posaré el remo callado,

y, ¿cómo no?, a «La niña de Guatemala», con su ir y venir de estrofas que forman, a lo largo del poemita, como las líneas de un doble recuerdo doloroso.

A veces no sabremos, al leer estos versos, a qué momentos de la vida de Martí corresponden los recuerdos que nos salen al paso y que a veces son tan tímidos como cervatillos asustados, que huyen al sentir el ligero ruido que va levantando el pie paseador. Pero tenemos por muy cierto que todos ellos se escribieron a la pura luz del instante vivido por el poeta, ya que «de cuanto lo ha herido o ilusionado escribe síntesis sustanciosa»,[171] o como dice Gabriela Mistral en su admirable estudio sobre este libro, «el documento no es aquí ficha de datos, sino un material caliente de entrañas confiadas a nosotros».[172] Tal vez sería bueno, para ilustrar este punto, recordar que la escena de los esclavos desnudos (N.° XXX) corresponde a la época en que, a los nueve años de edad, fue Martí con su padre al Hanábana, en octubre de 1862; y la otra, de pura impresión goyesca, del N.° XXVII, al día de los sucesos de Villanueva que tan decididamente influyeron en su destino, y en fin, la justamente famosa «Niña de Guatemala», a un intermedio sentimental y triste de su vida ya hecha. No importa la fecha, sea ésta próxima o remota. Lo importante es acumular recuerdos y horas intensas. Que el poeta sabrá sacarlos a la luz del poema cuando sea preciso, cuando lo necesite. En Martí ese recuerdo es siempre de «ala y raíz»: lo que vivió enraizado en las tierras de su existencia nómada de desterrado y lo que vio con los ojos del espíritu. Que este hombre extraordinario—como hemos advertido—, «veía» cosas también extraordinarias lo tenemos sabido por sus versos:

---

[170] Rubén Darío, *Azul*, edic. de 1889, en *Poesía*. México: Biblioteca Americana, 1952.

[171] Méndez, *op. cit.*, pág. 261 y ss.

[172] Mistral, Gabriela, en *Archivo José Martí*, n.° 1.

> Yo he visto en la noche oscura
> Llover sobre mi cabeza
> Los rayos de lumbre pura
> De la divina belleza (N.° I)

Veía nacer alas en los hombros de las mujeres hermosas; al alma la vio dos veces: «cuando murió el pobre viejo / cuando ella me dijo adiós»; vio al amigo muerto, el que solía irlo a ver y a quien él le amansaba el cráneo y acostaba a dormir; vio a su paje, el esqueleto, que se acurrucaba a verlo trabajar y sollozar; y más que todo eso, vio en los claustros de mármol a los héroes, y habló con ellos y les besó la mano. Por cierto que son éstos (N.° XLV) los que tanto impresionaron a Juan Ramón Jiménez cuando los leyó por primera vez;[173] y que a Ángel Lázaro le recuerdan los versos de Rosalía de Castro ante el Pórtico de la Gloria en la Catedral de Santiago de Compostela.[174] Mucho, mucho más habría que decir de estos versos cuya sencillez «parece ser aquélla en la que se disuelve, por una exploración del alma que carece de receta, una experiencia grande del mundo, un buceo de la vida en cuatro dimensiones».[175]

Los cuarenta y seis poemas de esta colección, aunque escritos en la misma época —la temporada en las montañas, en 1890— y dentro de una forma armónica, según veremos más adelante, contienen motivos y temas de muy diversa índole, correspondientes, claro está, a muy diversos momentos de la vida del poeta, según he señalado antes. Por su tema podrían colocarse en cuatro distintos grupos:

Los que captan una «impresión», o plácida o tremenda. Son el momento fugitivo, el recuerdo inmovilizado un instante por el poeta, y nos representan como en brevísima instantánea aquel regreso a su memoria poética, de lo que le impresionó en el pasado remoto o próximo. (Los señalados con los números X, XII, XIII, XIV, XVIII, XXII, XXVII, XXXII, XXXVI, XXXIX, XL, XLI, XLII, XLIV).

---

[173] Jiménez, Juan Ramón, *Españoles de tres mundos*. Buenos Aires, 1942.

[174] *Archivo José Martí*, n.° 3, 1941, pág. 75.

[175] Mistral, Gabriela, *op. cit.* Se trata de la Conferencia que con el título de «Los *versos sencillos* de José Martí» leyó la autora el día 30 de octubre de 1938 en la Institución Hispanocubana de Cultura de La Habana, y publicada como prólogo a la edición de dichos *Versos sencillos*, n.° 1, de la 5ª Serie, de los *Cuadernos de Cultura*, La Habana, Ministerio de Educación.

En el segundo grupo quedarían los poemas de tipo sentimental o amoroso, verdaderos versos de amor escritos bajo todas las formas, en toda la obra poética de Martí. En los *Versos sencillos* corresponden a los números IV, VI, VII, IX, XV, XVI, XVII, XIX, XX, XXI, XXXIII, XXXV, XXXVIII y XLIII.

Luego vienen, según un orden numérico de mayor a menor, los más puramente poéticos, esos versos en los que aparece tan claramente, o más claramente que en los otros, el toque de lo sobrenatural y extraordinario, o en los que «el demonio del verso» o de la poesía es más evidente. (Poemas números I, II, III, V, VIII, XI, XIV, XLV y XLVI).

Y en cuarto lugar, los poemas en los que el pensamiento y el amor de la libertad y la patria son más fuertes y dominadores, con oscurecimiento temporal de los demás. (Números XXIII, XXV, XXVIII, XXIX, XXX, XXXI, y XXXVIII).

Claro es que en muchos casos —y el ejemplo de «Los héroes», N.° XLV, es evidente— resulta difícil deslindar los campos y adscribir un poema a determinada categoría, cuando de otra o de otras participa. Pero en general, teniendo en cuenta el carácter más señalado, podrá hacerse la labor de clasificación —naturalmente que sólo para poder estudiar los poemas de un modo más organizado y menos difícil. También en este punto remito al lector a los valiosos estudios de Gabriela Mistral, Andrés Iduarte y Ángel I. Augier, tantas veces citados en el curso de este trabajo.

Se habrá advertido que en lo que a los temas se refiere, los *Versos sencillos* no presentan novedad sustancial respecto al resto de la poesía martiana. Misterio, patria, amor; poesía y mujer; suceso ordinario que arranca un comentario ardiente; amor más alto a la humanidad y lo extraterreno. La diferencia esencial está en la forma. El verso de antes, amplio y rompiente, se ciñe a sus orillas, se recoge y encauza, más aún que el de *Ismaelillo* que hemos visto meciéndose ligero en el ritmo casi constante de la seguidilla. Porque aquí el octosílabo —tan español— es su vestido, y la redondilla o la cuarteta su coche. Se recordará que la redondilla la había escrito ya antes Martí: en septiembre de 1889 publica «Los zapaticos de rosa» y en octubre de ese año escribe su epístola a Néstor Ponce de León, entre otras cosas; y muchos años antes, en su México de 1875, la había utilizado en el proverbio dramático «Amor con amor se paga», aunque bien es verdad que mucho más al modo clásico y no con el sabor moderno y original de éstas de ahora. De todos modos, mucho es de notar esta insistencia de Martí en los metros o formas castizos de la poesía —punto éste de gran interés para el estudioso.

Aquí tendremos que volver a la última parte del prólogo a los *Versos sencillos* para considerar la maestría del poeta y su consciente trabajar el verso. Desde luego que éste, por su necesidad esencial, se le presentaba en una y no en otra forma; pero es que cuando Martí lo recibía sabía aderezarlo con el arte. Escuchémosle:

> ¿Ni a qué exhibir ahora, con ocasión de estas flores silvestres, un curso de mi poética, y decir por qué repito un consonante de propósito, o los gradúo y agrupo de modo que vayan por la vista y el oído al sentimiento, o salto por ellos, cuando no pide rimas ni soporta repujos la idea tumultuosa?

A este efecto parece oportuno recordar que Rubén Darío, gran admirador de la poesía del Maestro, dice:

> El capricho del gran cubano, en rima y ordenación, es de lo más ordenado y de base clásica.[176]

Véase: capricho, ordenado —vocablos que pueden muy bien darnos la clave de estos versos, en los que la variedad, la fantasía, el gusto del poeta van dentro de una compostura clásica de castiza estirpe.

También el uso del octosílabo está dando a este verso de Martí un sabor popular, como lo ha sabido ver Gabriela Mistral, que llama a Martí «conjuntamente gran señor y pueblo»,[177] y Lizaso, que en su admirable libro advierte el «penetrante sabor popular» de «La niña de Guatemala».[178] José Juan Arrom ha dedicado a este punto unas páginas importantes.[179] Lo que ocurre en Martí, como hemos visto antes, es que su vuelta a lo tradicional tiene un sentido moderno, nuevo, y no es mera copia de modelos antiguos. Y por ser así precisamente, es por lo que su verso está vigente hoy.

Para el estudio formal de los *Versos sencillos* debe leerse el ensayo de Augier ya citado, en el cual se hace un cuidadoso examen de la estrofa

---

[176] *Repertorio Americano*, 11. 18.

[177] Mistral, G., *op. cit.*, pág. 156.

[178] *Op. cit.*, pág. 132.

[179] Arrom, José Juan, «Raíz popular en los *Versos sencillos* de José Martí» en *Certidumbre de América*. La Habana, 1959. págs. 61 y ss.

—redondilla, cuarteta y combinaciones de ambas; o del remate de la cuarteta con un dístico (N.° XLIII) «que rubrica el efecto voluptuoso de la composición».

En veintiséis de los cuarenta y seis poemas (más de la mitad) usa Martí la redondilla de forma tradicional con rima consonante de primero con cuarto verso y segundo con tercero. Hay también varios en los que se combina la redondilla con la cuarteta (Números XX, XXVI y XXXI), con la particularidad de que los dos primeros constan de dos estrofas cada uno (cuarteta y redondilla) y el tercero de cuatro, de las cuales sólo la segunda es cuarteta. En el N.° XLIV la combinación es diferente, puesto que en él encontramos que la primera estrofa es redondilla, la tercera, cuarteta; y la segunda y cuarta están formadas por dos dísticos o pareados cada una.

Otras combinaciones forma Martí con el octosílabo, alguna tan interesante como la estrofa monorrima del N.° XLII, «resurrección en octosílabo de los versos de cuaderna vía», como dice Augier, y procedimiento que usarán otros poetas modernistas en versos endecasílabos (Darío y Casal), y aún, la ya mencionada del N.° XLIII. Lo que, sin embargo, es notorio en todas estas subformas de la estrofa es la fidelidad de Martí al octosílabo, la seguridad con que lo maneja. Ya no se encuentra aquí ninguno de los momentos indecisos que en cuanto a metro, sílabas y acentos, aparecen en los *Versos libres*, no. Aquí todo se ve claro, terso, fijo; como salido de aquel perfecto orden que en ellos supo ver Rubén Darío.

Es éste un verso en el que nada falta y nada sobra. Tiene hondura profunda, y clara superficie y hasta altura celestial. La expresión exacta y nueva la da Martí como sin querer, con la más difícil facilidad que imaginarse pueda. Este Martí del último libro es más artista, más consciente de su oficio, más cuidadoso de la palabra, que pule y gradúa según va necesitando para la expresión adecuada de su pensamiento. Y esta organizada variedad hace de los *Versos sencillos* uno de los libros más armónicos con que cuenta la poesía castellana.

Versos posteriores a 1891

De los *Versos en álbumes* que componen la parte III del tomo 42 de las *Obras completas* no es preciso decir mucho aunque, como en toda la obra de Martí, en estas estrofitas puede verse siempre la sinceridad, el fuego y el estilo personalísimo de su arte. Además, ya eso lo vimos en el momento oportuno.

Pero conviene ahora detenernos un instante en aquéllos que son contemporáneos o posteriores a los *Versos sencillos* para de este modo completar este estudio. Muchas de estas composiciones corresponden a la época de los *sencillos*, y así están escritas en redondillas exactas y claras; el hermoso poema «A Leonor García Vélez»[180] se destaca de los demás por su estatura y su tono, pariente del de los *Versos libres*; en otro será como de paso, una encantadora descripción en redondilla del amanecer en Cuba,[181] escrita en 1894, el año anterior a su muerte. De todos ellos, sin embargo, hay que separar el poema que durante su última visita a México en julio y agosto de 1894 escribió Martí para Cecilia Gutiérrez Nájera y Maillefert, la hija del poeta amigo que, como él, iba a morir poco después. Estamos ahora en México. Y ¿qué sucede? Lo que tenía que suceder: que el serventesio se le viene a la punta de la pluma y en serventesios, recordando los de hace diecinueve años, escribe estos versos. Aún más, y lo más notable, es el lujo modernista con que están escritos; el cariño, el como regodeo en la expresión bella y en la hermosa palabra; la música, la melodía de cada verso y la armonía general del poema que hacen de él, si no nos equivocamos, como una especie de fe de vida de su estética poética dentro ya de lo más fino y fijo del modernismo.

> En la cuna sin par nació la airosa
> Niña de honda mirada y paso leve,
> Que el padre le tejió de milagrosa
> Música azul y clavellín de nieve.[182]

Esa «música azul», ese «clavellín de nieve» los vimos anunciados hace muchos años en el poema que Martí dedicó a María García Granados, fechado en Guatemala en 1877, y así lo he dicho repetidas veces. Sólo que ahora, al final de su vida, el poeta va más seguro a lo que quiere decir y logra, con su sabio escoger de las palabras —esos adjetivos de Martí, exactos, raros, terminantes— producir la impresión que desea, y que al paso de los años aún nos parece vibrar en el

---

[180] Trópico, 42, pág. 171.

[181] *Ibid.*, pág. 190.

[182] *Ibid.*, pág. 195.

Verso de ópalo tenue y luz de luna.

Resumen

Quisiera resumir en pocas palabras lo que la lectura y consideración de los versos de Martí me ha traído a la mente.

En primer lugar, la posición de originador de ese estado de espíritu que conduce al modernismo; y de los procedimientos estilísticos por los que él mismo se señala, en la prosa especialmente. Enrique Anderson Imbert[183] califica a Martí como «el más deslumbrante de los prosistas españoles del siglo XIX» y agrega: «aunque en la historia de la prosa española José Martí vuela mucho más alto que Rubén Darío, sus invenciones estilísticas no tuvieron, inmediatamente, la trascendencia de las de Rubén Darío. Ahora ya se le está reconociendo como uno de los más asombrosos genios de la literatura española de todos los tiempos». Opinión a la que podría sumarse la de Guillermo Díaz Plaja[184] y de tantos más. Las crónicas que escribía Martí en Nueva York se leían en Buenos Aires y en el resto de América. «No había pluma que fuese más leída que la suya», dice Osvaldo Bazil.[185] Darío, a los diecinueve años, lo leía, en Chile, e iba absorbiendo aquel modo peculiarísimo de escribir. Y afirma el propio Bazil: «Sin Martí no hay Rubén».

En la poesía propiamente dicha, su prédica de renovación tuvo que influir en los otros iniciadores; en México, Gutiérrez Nájera y Díaz Mirón, aún románticos en aquella época: sabemos que Silva tenía en su escritorio «en estuche valioso» el *Ismaelillo*, según cuenta Max Grillo en carta a Rufino Blanco Fombona. La huella de Martí en Silva puede hallarse en algún poemita del poeta colombiano, según he señalado en alguna ocasión.[186]

---

[183] *Archivo José Martí*, Nº 5, 1943, pág. 80 y ss. Cf. también «La prosa poética de José Martí. A Propósito de 'Amistad funesta'». *Estudios sobre escritores de América*. Buenos Aires, 1954.

[184] Guillermo Díaz Plaja, *Modernismo frente a noventa y ocho* (Madrid, 1951), págs. 305-07.

[185] *Archivo José Martí*, Nº 14, 1950, pág. 48.

[186] *Ibid.*,

Nadie tanto como el propio Martí insistió en la necesidad de renovación[187] y en dejar declarado lo que él tenía por verdaderamente poético. Cito a este respecto, entre las muchas frases que pudieran ilustrar este punto, la de su artículo sobre José María Heredia, publicado en *El economista americano*, de Nueva York, en julio de 1888: «...porque la poesía que es arte, no vale disculparla con que es patriótica o filosófica, sino que ha de resistir como el bronce y vibrar como la porcelana...»,[188] en la que está, en resumen, el credo del modernismo y con él el de toda verdadera poesía.

Ese papel de iniciador del movimiento modernista no limita la poesía (o la prosa) de Martí a una época determinada, puesto que su personalidad no consiente el «archivo» en determinada escuela, sino que se sale de todas, para llegar hasta nosotros más viva y fresca que la de otros muchos poetas de su época. Su poesía, verdadera, original, lo sitúa en ventajosa posición dentro del cuadro de la lírica castellana. Esa poesía está ya presente en sus primeros ensayos —tono, originalidad de expresión y temas. Todo lo que va a ocurrir a medida que los años pasan por su vida, es un desarrollo, ampliación, confirmación y sublimación de los mismos. Es, pues, una poesía consecuente consigo misma, revelación del alma y genio martianos en su totalidad.

Además de los temas realistas, que hay en esta poesía: patria, mujer, honor, libertad, amistad —todos ellos, naturalmente, elevados casi siempre a categorías absolutas en su mente preocupada por las cosas esenciales —hay en los versos de Martí la presencia de lo sobrenatural— eso extraterreno, o extrahumano que es precisamente lo que le da tono de extrañeza y maravilla. Pocos son, muy pocos, los poetas en quienes el misterio se halle tan a lo vivo, diríamos. De haber vivido Martí en la España del siglo XVI, con otro místico más hubiéramos podido contar, que nos refiriera en los detalles más minuciosos las reacciones del alma al entrar en contacto con la Divinidad. Martí tenía una idea *visual* del alma, y tanto se la sabía y conocía que bien hubiese podido escribir un tratado de teología mística. Hombre de época muy diferente, sabe superar el positivismo del XIX, y mantener y afirmar en toda su obra una posición decididamente espiritualista.

Y para terminar este trabajo, básteme insistir en esto: Martí expresó en diversas ocasiones —mejor que nadie pudiera hacerlo— qué cosa es poesía y qué cosa verso sólo, aislando el uno de la otra, separando con claridad sus esencias. Varios textos suyos así lo expresan. «Se hacen versos de la

---

[187] Cf. su artículo sobre Casal, ya citado.

[188] Lex, I, pág. 762 y ss.

grandeza, pero sólo del sentimiento se hace poesía». «Sin emoción se puede ser escultor en verso o pintor en verso; pero no poeta», porque «el verso, por dondequiera que se quiebre, ha de dar luz y perfume». Ese es el verso, esa la poesía que escribió José Martí.

UNAS NOTAS SOBRE LA POESÍA CUBANA
(1954)[189]

Se me ocurre comenzar estas cuartillas escribiendo lo difícil que va a resultarme —como siempre, claro— ser juez y parte al mismo tiempo. Y recuerdo aquella escena de una comedia española de fines del siglo pasado, «El oso muerto», de Vital Aza y Ramos Carrión, si no recuerdo mal, en la que una señora que va a tomar una doncella le pregunta sobre sus antecedentes y referencias y termina por: «¿Es usted de buena familia?» Respuesta: «Ay, señora, yo creo que muy buena». Sí, señores lectores amigos míos. Soy de muy buena familia. Quiero decir que por ser poeta de Cuba pertenezco a una de las más distinguidas familias literarias de las que hablan español a lo largo del mundo, y a lo ancho también. Pero valga decir en este punto que a pesar del orgullo bien justificado —si quieren ustedes llamarle vanidad, adelante— me ha dado Dios bastante serenidad de juicio, la suficiente imparcialidad y la necesaria objetividad para poder darme cuenta de los favores y disfavores de mi gente. Y que por fortuna en esta poesía cubana sobre la que vamos a conversar un rato más, muchos más son los primeros que los segundos. Ya iremos viendo por qué. Ya iremos viendo en este correr de teclas y de ideas —ideas puestas en teclado sumiso— la curiosa desproporción que existe en mi país entre el territorio geográfico y el literario; entre los límites que un mar —un mar tan hermoso— pone a la hermosa tierra, y los ilimitados, o por lo menos amplísimos horizontes de su creación poética.

Téngase en cuenta que Cuba, como por ejemplo Chile, no nace a las letras propias sino hasta comienzos del siglo XIX. Que la poesía para ambas naciones —dejando a un lado el ilustre ejemplo de «La Araucana», o del poema de Pedro de Oña, o aún el de nuestro pequeño poema insular de los primeros años del XVII, el *Espejo de paciencia*— que su poesía, digo, es cosa de un anteayer muy cercano. Y que parece milagro que en siglo medio apenas hayan subido ambos países a la «cumbre de toda buena fortuna» donde se mantienen, muy bien puestos en el concierto de los que mejor lo están.

---

[189] Publicado en: Florit, E. *Poesía, casi siempre (ensayos literarios)*. Madrid: Ed. Mensaje, 1978. págs. 63-70.
Cuadernos del Congreso por la Libertad de la Cultura, París, mayo-junio de 1954, no. 6.

¿Y qué nos pasa a los cubanos en el XIX? Claro que nos pasan muchas cosas, precisamente porque no nos pasa lo que al resto de América. Y la pobre niña Cuba está mirando como sus hermanas mayores se van casando con los héroes que las desencantan. Y ella se queda con muchas ganas de salirse también, y mucho aire de angustia. Aire que se agita una vez, tan lleno de coraje, con tanta fuerza romántica, con la primera gran fuerza romántica del mundo hispanoamericano, en aquella melena alborotada frente al mar de su destierro de José María Heredia, fuerza de su patria por agitador y libertario, en 1823. (Tal vez no sea inoportuno recordar aquí al otro Heredia, el cubano-francés, nacido como su primo en Santiago de Cuba, regalo de la pequeña isla tropical al friso del parnasianismo francés). La poesía cubana del XIX, riquísima en número y calidad, se me aparece ahora escindida por la actitud de sus dos poetas mayores en dos direcciones contrarias: Heredia representa lo más ardiente del pensamiento criollo en función de amor a la libertad. El es el iniciador, el gran vocero, el que indica el camino, el que, por desgracia, se queda derrotado antes de todos aunque tras él lleguen los demás a escribir versos incendiarios, a padecer hambre y sed de justicia, a morir algunos por ella. La otra actitud, de mucho amor a la tierra, sí; de mucha emoción patria también, pero de una tierra y una patria coloniales en todo el sentido político de la palabra, la tenemos en Tula Avellaneda, la gran mujer del XIX, mujer tremenda de amor y poesía, de inteligencia y de pasión, de arrullos de torcaz y de grandes elocuencias teatrales. Cubana, también, como lo era Heredia. Pero trasplantada a un ambiente isabelino español de saraos y fiestas reales en el que tanto brilló la opulenta hermosa y en el que se desvaneció su estrella como una de aquellas arañas de luces que se apagan al terminar el baile. No se me entienda mal: la actitud general del poeta cubano de aquella época es la primera, desde luego. La otra, la de la Avellaneda, queda aquí por contraste establecida.

Ya teníamos contados dos grandes poetas en el pleno del XIX. Pero eso no era bastante para nuestra historia. Pasaba el romanticismo por el cielo y en él se incendiaron éstos, y muchos otros. Pero ya iba saliendo sol más tranquilo, con su matiz con su música. Zenea —pobre muerto de azares libertadores—, Luisa Pérez —aquellas manos casi niñas que coronaron a su mayor Avellaneda—, Mendive —maestro de quien iba a serlo de todo el mundo de habla castellana— se acercan con mayor o menor vacilación a las imprecisas luces simbolistas. Y de pronto, como síntesis de todo lo anterior, de todo lo de siempre, de lo que fue y de lo que vendrá, la otra gran pareja de nombres para ilustrar el fin del siglo. Gran pareja en contraste también; en gran distancia. Se les suele llamar precursores. Precursores ¿de qué? ¿Del Modernismo? Pero si Julián del Casal es tan modernista ya en espíritu, en sentimiento, en actitud, en acento y en forma como sus demás compañeros de época. ¿Que aún nos muestra un costado romántico? Recordemos el verso de Rubén:

Románticos somos...¿Quién que es no es romántico?

Pero dígaseme si el romanticismo de Casal, envuelto en sus sedas y sus kimonos japoneses, no pasa bien junto a algunos versos parnasianos de su admirable «Elena de Troya», o al simbolismo más exquisito que marca el ambiente de gran parte de sus poemas. Modernista Casal, amigo y compañero de Darío, enfermo de aquel indefinible mal del siglo, con el «impuro amor de las ciudades», vuelto de espaldas al campo que le agobia el espíritu ultrasensitivo. He hablado antes del contraste. Aquí lo tenemos, vivo, entero, verdadero, violento, en remolino. Nombro a José Martí al fin de este año de su centenario. Martí ¿precursor? ¿Del Modernismo también? Martí no es precursor sino de sí mismo. Hay en su poesía —y no hace mucho lo dije en palabras más lentas que éstas de ahora— indudables momentos, anticipaciones, previsiones del mundo modernista. Toda su prosa, en especial la de las admirables crónicas, es nada menos que la creadora del nuevo escribir. Eso está bien, y hay que decirlo siempre, y muchas veces, como lo están diciendo cada vez con mayor insistencia quienes se han puesto a reparar en la obra de este cubano universal. Pero que tales indicaciones, tan ciertas, no nos deslumbren. Es Martí precursor no sólo del Modernismo sino de todo nuestro crear literario contemporáneo. Su verso, además, álzase solo y señero de entre todo lo que se ha escrito en español. Señero como un águila, como el águila aquella de su poema; solo también como el ciervo herido. Solo como todo lo que se alza y vuela a lo más alto, como el avecica de san Juan de la Cruz. Y en contraste la obra y el hombre que lucha y se apasiona, que trabaja y liberta, con el otro aquél que sueña dentro de sí mismo, y que en su mismo soñar establece su mundo irrealizable: Casal.

La guerra de Cuba, la del 95, rompió con frase heroica las cadenas de la servidumbre colonial; pero el triunfo no fue suyo sólo. Alguien a su lado había intervenido, por cuenta y razón propias, naturalmente, y así la nueva República salió a la vida —y así la mantuvieron unos pocos años— sin vida propia. Aquel mirar la bandera de los Estados Unidos junto a la cubana produjo grandes desencantos y no pocos aprovechamientos de los realistas y adaptables a todas las situaciones. Los desencantados, y entre ellos el poeta Bonifacio

Byrne, asumieron una actitud de reserva y espera. Haciendo versos, desde luego. Pero en un ambiente enrarecido de ilusiones cortadas. Claro está que todo ello se supera. Y al aclararse los horizontes se van destacando ciertos nombres de gran importancia. El Modernismo, después de aquellos dos grandes poetas muertos tan jóvenes, en el 93 y el 95, se afloja y debilita entre nosotros, sin duda por las causas que acabo de anotar. La figura de Federico Uhrbach, por ejemplo, siendo como es de mucha importancia en nuestras letras, no basta a mantener el tono de excelencia de lo anterior. Se advierte por aquellos años que la poesía cubana se halla en un momento de transición, navegando en mares de diversos colores y tendencias, ninguna de ellas definida o satisfactoria. Han de pasar algunos años. Hasta 1913 precisamente, en que con la publicación del libro de Regino Boti, *Arabescos mentales*, se abre otra vez nuestro buen camino. Aquello es otra cosa —que es precisamente lo que se necesita en momentos de calma chicha. Otra cosa que mueva los vientos y los mares. Otra cosa que sirva de revulsivo en lo estancado. Y así, con Boti, y Acosta y Poveda nos vamos entrando en lo verdaderamente contemporáneo. Entre ellos además, se establece en cierto modo el contraste que vengo anotando. Mientras en Boti y Poveda hay más generalismo, diríamos, Acosta, después de sus primeros libros, se fue acercando a la tierra, a la realidad del campo. Hasta ha llegado a ciertas formas, innecesarias, de lo patriótico. Y no debemos olvidar tampoco para relacionar a estos poetas con su pasado inmediato, las raíces modernistas de que se nutren: en Acosta, acentos muy rubenianos de vez en cuando; en Poveda, ecos bien claros de Laforgue —aquel Laforgue lunático que tan del sur uruguayo había salido y que iba a regresar más tarde para aparecer en las lunas de Leopoldo Lugones.

Son los de 1913 a 1917 años de gran inquietud intelectual en Cuba, de fundación de revistas, de organización de grupos, de sociedades de conferencias. En todo, una vuelta al quehacer y al trabajar —que no sólo de pan vive el hombre. Y a aquellas inquietudes de entonces el fervor de un Max Henríquez Ureña, por ejemplo, animador de tantas cosas cubanas, casi cubano él mismo por el amor, presto entusiasmo y materia, las siempre presentes ala y raíz martianas.

Así las cosas, si llegamos a los primeros años de la primera postguerra —cuándo, Señor, podremos decir de la última, para siempre, guerra— veremos cómo todas las corrientes universales de la literatura de entonces van a reflejarse con mayor o menor oportunidad, en nuestra literatura. Concreción de muchas iniciativas, realización de muchas tentativas, resumen de muchos esfuerzos particulares, exposición de muchos atrevimientos, punto de partida de muchas nuevas direcciones, la *Revista de Avance* en sus tres años de vida, 1927-1930, llena otro momento decisivo en la historia de nuestra cultura literaria y, más en lo que por ahora nos interesa, de nuestra poesía. Fue un nuevo contacto con el mundo, un ponerse a tono con todo lo exterior. Eso no lo habíamos perdido nunca, entiéndase bien; pero ahora, con aquellas páginas, aparecía juvenil y vigorosa la inquietud del momento. El llamado vanguardismo, en fin, ya era un hecho aceptado. Nuestra batalla de un nuevo Hernani había sido ganada —con unos pocos años de retraso con respecto a Europa. En esa revista, además de los ensayistas y críticos de mayor responsabilidad, que fueron precisamente sus fundadores o continuadores, había dos poetas de gran importancia: José Z. Tallet, el máximo artista, entre nosotros, del prosaísmo sentimental, y Juan Marinello, entonces finísimo poeta lírico, aunque ya hace años ande perdido para la poesía. Y allí nos dimos a conocer los poetas algo más jóvenes también entonces, ay; los que andábamos en nuestros ay, veinticinco años. Me refiero en especial a Nicolás Guillén y a mí; porque Ballagas es algunos años más joven que nosotros y Mariano Brull algunos mayor. Brull, sin embargo, ha sabido mantenerse joven toda su vida, cerca de nosotros, amigo y compañero de generación, a pesar de la diferencia de edad. Ballagas, con muchos menos años de distancia, logró asimismo acercarse y ponerse a nuestro nivel. Y así andamos por esas antologías del mundo, muy contentos de estar juntos. Pero también ocurren en el grupo ciertas divergencias de caminos, no sólo entre unos y otros, sino aún dentro de uno mismo. En Ballagas, por ejemplo, hay el período negro, a lo Picasso; en mí hubo un momento «tropical»; en Guillén, más constante en las preocupaciones sociales que dan tono a la mayor parte de su obra, hay ciertos momentos, bellísimos, de universalidad. Brull vino evolucionando desde un claro postmodernismo hasta las posiciones más extremistas en forma y expresión, pero siempre fiel a su atemporalidad y a su ageografía. No quiero pedir perdón, con falsa modestia, por haberme nombrado. Como tengo la conciencia de haber contribuido con mi obra a la poesía cubana contemporánea, sería una falta de sinceridad el abstenerme de entrar en el panorama. Máxime, si las alusiones las hago con cierta objetividad y discreción, como creo. Pero si les parece a ustedes que debo pedirles perdón, lo pido humildemente, y adelante.

Y adelante, que gracias a Dios esto no se acaba. Es la frase maravillosa de Segismundo:

> Que fue verdad, creo yo,
> En que todo se acabó

Y esto sólo no se acaba.

El príncipe moscovita-español estaba pensando en el amor. Traslademos sus versos a la poesía. Tan verdad es siempre, que todo se acaba. Pasan reinos y dictaduras, desastres, guerras, devastaciones, asesinatos en masa. Pasan ciencias y descubrimientos, pasan las modas y las escuelas literarias. Pasamos los pobres hombres con nuestras angustias y nuestros pequeños problemas. Todo se acaba, sí. Y sólo no se acaba la poesía, eterna desde el nacer del mundo en las manos de Dios hasta que el mundo muera entre sus manos.

En Cuba, «la isla hermosa del ardiente sol», tampoco se acaba la poesía. Y cuidado que hemos tenido y tenemos épocas de climas agostadores. Tras varios años de incertidumbre política —¿y qué años nuestros no han sido así, no son, acaso no serán?— aparecen otros grupos y otras revistas más o menos efímeras que van a dar en una, más constante que las otras, pues viene publicándose desde 1944. Es *Orígenes*, cuadernos fundados y dirigidos por José Lezama Lima, el centro más visible de la poesía cubana de la actualidad. Además de ser el órgano que sirve para mantener a los poetas cubanos jóvenes en contacto con el mundo exterior, función primera y fundamental de toda revista de esa clase, ésta de que hablo reúne junto a sí a un numeroso grupo de poetas por los que la lírica de mi país continúa viviendo una vida activa y verdadera. El de *Orígenes* es el grupo más numeroso y organizado, por así decirlo, pero no el único, desde luego. Hay en la misma Habana y en otras partes de la isla, como en Cienfuegos, por ejemplo, notables islitas poéticas que saben salirse de su límite y llegar a muy apartados ambientes.

Viendo y mirando desde lejos este panorama actual de la poesía cubana podría yo decir, tal vez, que se halla, con acento propio, muy personal, muy isleño, inserto en las corrientes más universales de la lírica; experimentando con las más avanzadas técnicas, sin olvidar las nobles tradiciones españolas y extranjeras; que a lo que la distancia me permite apreciar, está nuestra cultura bien enraizada en lo fundamental y lo accesorio; en el modo y la moda, si se quiere; en lo que pasa y lo que permanece, en lo que da tono y acento a una época y lo que distingue desde siempre —lo que a nosotros los cubanos nos distingue desde el *Espejo de paciencia* inicial: un expresar lo nuestro con palabras de la más honda prosapia castellana; un decir lo cubano— que no es lo típico, no, por Dios— con acento universal, de acendrada cultura.

Aún ahora podríamos distinguir dos caminos diferentes. Es decir, que podemos continuar esa línea de separación entre dos actitudes que he venido trazando a lo largo de estas páginas. Porque, si nos fijamos un momento, advertiremos, por un lado, el poema menos temporal, más general, de Gaztelu, por ejemplo, y el más caliente de alusiones realistas por ejemplo, de Cintio Vitier —el gran crítico y antologista de su generación; y la entraña campesina y de tierra colorada en que se mueve Samuel Feijóo y la atmósfera de silencio y tono menor de Dulce María Loynaz, también por ejemplo.

En todo, todo, han pasado por nuestra poesía lírica vientos y tempestades; pero el aire queda. Nuestro aire ha sido siempre noble y personal, de isla con sol y mar, clara y discreta. Podrá olvidarse lo demás de nuestra literatura: el teatro, flojo; la novela, no tan brillante como en otras; aún el ensayo, aunque éste sea mucho mejor, desde luego. Pero hay una cosa que no nos podrán quitar aunque quieran: el «dolorido sentir» de nuestros poetas, tan grandes casi siempre como los mejores y muchas veces más que los mejores del mundo de habla castellana.

MARIANO BRULL
Y LA POESÍA CUBANA DE VANGUARDIA
(1963)[190]

Entrada

Parece ser ya cosa establecida —y desde luego conveniente— organizar nuestra poesía contemporánea en cuatro momentos, correspondientes a cuatro modos diversos de entender y expresar el fenómeno poético: modernismo, postmodernismo, vanguardismo y postvanguardismo, aunque ciertamente alguna de esas denominaciones no signifiquen, en ellas mismas, nada concreto, puesto que llevan simples connotaciones cronológicas. El «post» ya sabemos que no nos da otra cosa más que el «después». Y lo que conviene siempre es tratar de saber qué es ese «después», en relación con su «antes». Como en esta ponencia no me propongo hacer ni siquiera una relación de todo ello, me limitaré a decir que, según ocurre en la historia literaria del mundo, y en particular del mundo europeo, del que Hispanoamérica jamás se ha separado seriamente, nuestra poesía presenta ese interesante juego de acciones y reacciones, de avances y retrocesos de «antes» y «centros» y «después», gracias a los cuales podemos mirarla como un cuerpo vivo con sus estados de salud y de enfermedad, de convalecencia y de nuevo vigor. Y por eso también nosotros, los que nacimos dentro del modernismo, nos criamos en el postmodernismo, nos libertamos en, o con el vanguardismo y hemos madurado —y casi envejecido— en el postvanguardismo; nosotros, digo, podemos, en mayor o menor medida, comprender lo ocurrido a nuestra poesía en los últimos sesenta o setenta años. Para lo cual debemos tener en cuenta, en primer lugar, que muchas de las que un tiempo parecieron reacciones violentas no fueron sino cambios de actitud frente al fenómeno poético. Y que —como sucedió con el llamado postmodernismo— éste no reaccionó sino con ciertas actitudes extremas del modernismo. Y que, por otro lado, dentro de los

---

[190] Congreso Internacional de Literatura Iberoamericana (11th: 1963: Austin and San Antonio, Texas).
Movimientos literarios de vanguardia en Iberoamérica, Memoria del Undécimo Congreso celebrado en la Universidad de Texas, 29-31 de agosto de 1963. Publicado por la Universidad de Texas, México, 1965. pp. 55-63.

poetas más típicamente «modernistas» hubo ya, a veces latente, a veces claro, un tono avancista, de superación de su propio momento. Parece innecesario recordar el caso de Rubén Darío, el caso Leopoldo Lugones.

Vanguardismo

El poeta cubano Regino Boti escribió una vez que «bajo la denominación común de vanguardia entendemos varias escuelas conjuntas caracterizadas todas por el común denominador de la novedad». Y ello puede aplicarse, me parece, no sólo a una poesía particular sino a todo ese gran movimiento que en nuestro mundo occidental la rejuveneció. Ahora bien, dentro de ese movimiento generalmente conocido con el nombre de vanguardismo, que a falta de otro más apropiado podemos aceptar por útil, y que surgió casi simultáneamente en todas las literaturas nacionales a partir de la primera década de nuestro siglo, pueden advertirse, como lo nota César Fernández Moreno, el poeta argentino, dos vertientes: «una que se dirige hacia la vida y otra que se preocupa especialmente por el arte», no como cree nuestro amigo «de una manera excluyente y exagerada», sino, a mi parecer, con filtraciones y relaciones mutuas, toda vez que ambas actitudes son la mayor parte de las veces contemporáneas entre ellas, y funcionan de un modo muy a menudo paralelo. En definitiva, y según Fernández Moreno, una sería expresión de una actitud hipervital y, la otra, hiperartística. En otras palabras —y ya estamos acercándonos un poco más al centro de nuestro interés en este momento— se trata de los dos fenómenos paralelos e interferentes que podemos denominar poesía pura y poesía impura. Bien entendido siempre que la primera lo es «ma non troppo», como dijo una vez Jorge Guillén; y que la segunda, a pesar de sus «impurezas», contiene oro bastante para hacerla de valor permanente. Podríamos añadir a este respecto que la poesía llamada «pura» ha sido vista como un intento —y en eso muchas veces se quedó, en solo intento— de limitación, de cerrar los ojos a lo que Paul Valéry llamó «los accidentes del ser», para acercarse más a su sustancia; mientras que la otra, más romántica, más extravertida, se entregó al torbellino vital con todas sus complicaciones.

Reiteramos que, como ya ha sido visto, ambas actitudes no son excluyentes, por fortuna; y que, tanto en poesía, como en pintura, como en la prosa narrativa, se encuentran relaciones de unas con otras, aunque no podemos negar que en los últimos tiempos las «impurezas» parecen ser más evidentes en ciertos aspectos de la novela y el cuento, como también en las artes plásticas que, de un modo curiosamente retrógrado, están utilizando ahora los procedimientos «atrevidos» con que los dadaístas de 1919 asombraban a los pobrecitos burgueses de la primera postguerra.

También creo oportuno afirmar, desde un principio, que los poetas llamados «puros» no lo fueron sino hasta cierto punto, o hasta cierto momento de su vida; y que si las historias de la literatura y las antologías los colocan bajo ese rubro, en ellos la pureza consiste más bien en mantener ciertas normas de sencillez y claridad, tratando a la poesía de aquel modo cuidadoso que quería Cervantes, pero de ninguna manera cerrando los ojos, a lo Valéry, sino manteniéndolos bien abiertos para poder mirar a su circunstancia y traducirla del modo más «humano» posible —ya bien lejos, y en ello puede residir el meollo de lo que se entiende por postvanguardismo— de la famosa «deshumanización del arte» propuesta por Ortega.

En Cuba el vanguardismo hizo su aparición oficial hacia 1927 con la publicación de la *Revista de Avance*, que se llamó sucesivamente, en los escasos cuatro años de su vida, «1927", «1928", «1929" y «1930". La fundó un grupo de jóvenes entre los que predominaban los prosistas: Jorge Mañach, Juan Marinello, Francisco Ichaso, Alejo Carpentier y el catalán Martí Casanovas. Poco después los dos últimos se separaron, siendo sustituidos por Félix Lizaso y José Z. Tallet, el poeta, que también más tarde dejó de pertenecer al cuerpo de directores. Era esa revista más bien el órgano de una generación de ensayistas «formada en la lectura de Ortega y Unamuno» —como recuerda Cintio Vitier— y en la recién estrenada devoción crítica a la obra de Martí. A mí, por ejemplo, fue Lizaso quien me inició en las lecturas de Ortega. Pero, al mismo tiempo, los directores de la *Revista* estaban al tanto de los movimientos literarios europeos, y por ella se conoció el ultraísmo y el creacionismo hispánico, y se seguía el rumbo de las más avanzadas escuelas, cosa que, por su parte, divulgaba en el gran público el suplemento literario de un diario conservador y tradicionalista, el *Diario de la Marina*.

El grupo de la *Revista de Avance* propiciaba también y muchas veces organizó, exposiciones de pintura o dibujos: daba a conocer por medio de la crítica periodística las últimas manifestaciones del cinematógrafo, el teatro y la música contemporáneos; y fue con el *Lyceum* femenino fundado por entonces, ventana abierta a la gran cultura de la época. Y ahora que vemos ese fenómeno con la perspectiva de más de treinta años podemos aquilatar lo que tuvo de renovador, de importante en el desarrollo de la cultura cubana de aquellos y los posteriores años; una cultura artística y literaria de las más completas en nuestro continente.

La poesía de vanguardia fue, desde luego, para nosotros, como para nuestros contemporáneos, una manera de superar el sentimentalismo modernista —lo que Alfonso Reyes llama «desentimentización», correspondiente a la «deshumanización» de Ortega; aunque, si bien se mira, lo que los vanguardistas hicieron en 1927 fue sustituir el romanticismo del sentimiento por el de la velocidad, y con un cierto humor y un cierto clownismo que en el fondo no era sino de tono romántico. Aquel verso de «acrobacia y disparate, luminosidad y gracia que la primera postguerra había traído a Cuba» —la frase es de Salvador Bueno— estaba en lo íntimo teñido de una nostalgia de serenidad, que apenas llegó su momento, supo aprovechar y expresar. Pero entonces lo que preocupaba más era eso, evitar dar la impresión de serenidad incluso en la disposición de las palabras en el poema. Y, si como había anunciado Ortega, «la poesía es hoy el álgebra superior de la metáfora», había que metaforizar a más y mejor, y cuanto más mejor, para dar fe de vida de «nuevo».

La *Revista de Avance*, que en las letras cubanas hace un papel similar al de *Martín Fierro* en la Argentina y *Contemporáneos* en México, por distinguidos ejemplos, publicó en sus páginas, además de serios ensayos y crítica inteligente, poemas vanguardistas experimentales de algunos de los poetas anteriores, como Agustín Acosta, Pichardo Moya o Galiano Cancio, y sobre todo de Manuel Navarro Luna, cuyo libro *Surco*, de 1928, es el único que con tal carácter aparece en ese momento. Por entonces también publica Mariano Brull algunos de sus poemas «puros», al mismo tiempo que hace su aparición la llamada poesía negra o mulata, con el poema «La bailadora de rumba» de Ramón Guirao. Queda así señalado el doble camino que tomaría la poesía cubana al superar la inquietud vanguardista: la poesía pura y la de tema negro. A ello habrá que agregar la de tema social, que comienza a escribir Regino Pedroso por ejemplo, y va a constituir, a veces unida a la negra —en el caso de Nicolás Guillén— uno de los sucesos más notables de nuestra historia literaria.

Quedamos pues en que el «vanguardismo» de aquellos breves años, si no se concretó en obras definitivas —como tampoco ocurrió en la Argentina o en España— sí dejó sus huellas de libertad y de aire nuevo. Y de él nace, o mejor dicho, él se resuelve en esas dos tendencias principales ya mencionadas. Lo que ocurre es que se ha solido dar la calificación de «vanguardista» a toda la poesía nueva escrita después de la *Revista de Avance* y ello ha producido grandes confusiones y errores de apreciación. Hasta uno de sus mejores críticos y propulsores, Jorge Mañach, al hacer un recuento de aquellos años, dice:

Por arte o pensamiento puro entendimos nosotros hace años... ejercicios de belleza o de reflexión totalmente desligados de la inmediata realidad humana, social. Defendimos mucho aquella supuesta pureza. Eran los días del llamado «vanguardismo» que para el gran público se traducía en una serie de jerigonzas de minúsculas, de dibujos patológicos y de versos ininteligibles. No se permitía ninguna referencia directa a la comedia o a la tragedia humanas: eso era «anécdota» y nosotros postulábamos un arte y un pensamiento de categorías, de planos astrales...

Eso está bien, y mucho de ello es cierto. Pero no hemos de olvidar que dentro de aquel arte puro se iban advirtiendo ya las «impurezas de la realidad» —la frase es el título de una novela de José Antonio Ramos, nuestro amigo de entonces, y se elogiaban los cuentos realistas de Luis Felipe Rodríguez y los versos, también realistas y prosaicos, de Tallet o de María Villar Buceta. Y todo aquello vivía junto y unido en la amistad y la mutua estimación de los colegas de entonces, ahora, ¡ay! tan separados por el tiempo y la distancia y la eternidad.

Poesía pura

Tratemos ahora de destacar, dentro de ese panorama general, lo que se llamó «poesía pura», y dentro de ella, la figura de Mariano Brull, su primero y gran adalid en Cuba. Pero teniendo en cuenta, para aclarar bien la pintura, que tal poesía «pura» —relacionada primero con la así llamada en Europa y preconizada por Valéry— evoluciona bien pronto, y que los que la crítica posterior llama «poetas puros», no lo son sino en cuanto a su actitud frente al arte y se hacen notar por aquello que yo llamé una vez el «regreso a la serenidad», como lógica reacción frente a la inquietud juvenil de la vanguardia. Vejez, si se quiere, pero una vejez iluminada por la comprensión total de la existencia, de la vida y de la muerte, y que puede quedar ilustrada por la siguiente anécdota. Habían pasado ya los años de la famosa «asepsia» vanguardista, de aquel horror a lo sentimental que nos inhibía a todos, cuando una vez en una calle de La Habana Vieja, al encontrarme con el poeta mayor Agustín Acosta, le grité, con franco desahogo: Agustín, ya he escrito «corazón» en unos versos.

Vayamos ahora a la primera «poesía pura», que más «que un movimiento o una tendencia literaria» —ha escrito Angel del Río— como a veces se piensa, es una concepción de la poesía, representada por Paul Valéry y que dio lugar entre 1925 y 1926 a una importante polémica literaria entre el jesuita Henri Bremond, autor de *De la poésie pure* (1926) y el crítico de *Le Temps*, Paul Souday. Ya sabemos que para Valéry la poesía pura es la que resulta de la supresión progresiva de los elementos prosaicos que hay en un poema (tema, anécdota, moralidad, filosofía, etc.). O, como expresa Jorge Guillén, «todo lo que permanece en el poema después de haber eliminado todo lo que no es poesía», ya que para él, «cabe la fabricación, la creación de un poema compuesto únicamente de elementos poéticos en todo el rigor del análisis: poesía poética, poesía *pura*». Muy bien. Pero ¿es eso, fue eso poesía? Ese hermetismo, esa voluntad de decir lo extraño; esa necesidad, por parte del lector, de bucear, de adivinar; ese intelectualismo, ¿fue o es verdadera poesía? Regino Boti, ya citado, afirma que «el verso puro debe producir la sensación de belleza de un sillar»; y que «en él no debe faltar ni sobrar nada, ni tener suplementos ni chaflanes. Ausencia total de ripio ideológico o gramatical». Perfectamente, desde luego. Porque eso mismo va de la mano con aquello de Juan de Mairena, ¿recuerdan ustedes?, cuando el ente creado por don Antonio Machado dice —«'Señor Pérez, salga usted a la pizarra y escriba: Los eventos consuetudinarios que acontecen en la rúa'. Y el alumno lo escribe. Y el maestro: 'Vaya usted poniendo eso en lenguaje poético'. Y el alumno, después de meditar, escribe: 'Lo que pasa por la calle'. Y Mairena: No está mal». Claro que no está mal. Está muy requetebién. Porque además, el poeta, por muy puro que sea, no sólo ha de decir las cosas sencillamente, simplemente, sino que ha de fijarse en eso que pasa por la calle.

La «poesía pura» fue para nosotros, en Cuba, un regreso a la serenidad, como dije yo en 1931. Y así lo ha aceptado la crítica posterior de nuestra literatura.

Y aunque aquella «pureza», según hemos advertido, no pudo continuar así por mucho tiempo, ya que la vida misma se ha encargado de «impurificarnos» un poco, aunque tampoco demasiado, por fortuna, sí dio entre nosotros, en Cuba, un ejemplo de persistencia: el de Mariano Brull, a cuya memoria voy a consagrar los últimos párrafos de esta ponencia, toda vez que fue él —y lo digo con palabras ajenas— «quien trajo a nuestra poesía la conciencia del silencio, la música y la superrealidad que emanan del silencio, y fue él quien nos enseñó cómo el verso, a la manera de Mallarmé, es una rosa en el fondo del abismo» (Gastón Baquero).

Mariano Brull

La renovación poética, aún dentro del espíritu del postmodernismo, pero ya con claras indicaciones de «novedad», la inician en Cuba los *Arabescos mentales* de Regino Boti (1913) y los *Versos precursores* de José Manuel Poveda (1921), el primero con una nueva visión de las cosas, de la lírica, del fenómeno estético expresadas en temas de campo o de mar, y el segundo, Poveda, más inclinado hacia lo diferente, acercándose a los temas urbanos de Lugones o de Laforgue. Mariano Brull pertenece, cronológicamente, a una generación anterior a la de 1927, y su primer libro, *La casa del silencio*, de 1916, está aún dentro del tono postmodernista de González Martínez, por ejemplo, notándose en él, desde su título, el carácter intimista que va a ser siempre el de su poesía. Mariano fue diplomático toda su vida. Y en su estancia en Europa supo respirar y aprovechar bien las nuevas orientaciones de la poesía llamada ya, «pura». Y en 1928, de pronto, de un sólo golpe, se puso a la cabeza de la vanguardia con su libro *Poemas en menguante* en el que, a pesar de sus ocasionales contactos con aquélla, ya aparece esa aureola de serenidad que supo verle Fernández Retamar, dentro de una concepción intelectual de lo bello y «con una libertad verbal que, al abandonar el sentido lógico y el afectivo de las palabras, reduce éstas a su puro valor sonoro». Palabras, sí, pero no palabrería, pues la obra de Brull es siempre contenida y parca. Casi no sentimental, casi puramente intelectualizada. Y adviértase que insisto en el «casi», porque ya entonces, y más tarde en los libros y en los años, aunque se mantenga la economía y el tono intimista e infantil, se va notando en esa obra un ahondar del pensamiento filosófico y una mayor y más seria comprensión del mundo y de la armonía de las cosas en relación con la realidad en que vivimos.

Con los *Poemas en menguante*, pues, en ese año de 1928 podríamos decir que se inaugura la temporada de la poesía pura en Cuba. Y adviértase también que ese año es el de la celebración, en todo el mundo literario hispánico, del Centenario de Góngora, cuya poesía, por entonces estudiada y comprendida, nos aconsejaba normas de medida y de perfección. O de lo que por entonces entendíamos así. Con todo, no creamos que los versos de Brull son fríos o puramente conceptuales. Que en un juego entre el sí y el no, los ojos del poeta están

cerca ya del instante verdadero
en el desordenado silencio
partido en uno y cien —mirar y oír—;

        ¡mediodía en el medio del alma
        asomado a los ojos ahora!

y si

        en el aire están las flores
        —invisibles serafines suspensos—,

por otra parte

        El que espera la mañana
        mira, alto al cielo, y nada ve.
        Ella en tanto está cayendo
        y todas las flores lo saben,

como lo sabe el poeta, cuando traduce el saber de las flores.

    Ahí en ese libro están también los graciosos juegos de palabras, el conocido «Verdehalago» y su Rr con Rr, del que Alfonso Reyes dice: «ciertamente que este poema no se dirige a la razón (ni al sentimiento, podría haber añadido), sino más bien a la sensación y a la fantasía. Las palabras no buscan aquí un fin útil. Juegan solas, casi». Y a propósito de ese jugar de y con las palabras, el mismo don Alfonso ha recordado el origen de la «jitanjáfora», esa poesía deliberadamente infantil, cuando en el salón de su casa de París, las hijas de Mariano Brull solían recitar. Y un día, por broma, el padre le había enseñado a la mayor, y ésta aprendido, lo que recitó (este verdadero trino de ave, según comenta don Alfonso):

        Filiflama, alaba, cundre
        ala, alalúnea, alífera
        alveolea jitanjáfora
        liris salumba salífera.

        Olivia oleo olorife
        alalai cánfora sandra
        milingítara girófara
        zumbra ulalindre calandra.

(De la «calandra» o calandria, le llegaría a Reyes lo del trino de ave). Y por la palabra «jitanjáfora» llamaba él a las hijas de Brull, después, las niñas jitanjáforas —que a mí se me une en una gitana y una canéfora. Y así quedó en nuestros ejercicios palabreros ese nombre y este juego.

La obra posterior de Brull está contenida en tres libros más: *Canto redondo* (1934), *Solo de rosa* (1941) y *Tiempo en pena* (1950) separados como puede verse, por varios años de silencio, mejor dicho, de elaboración silenciosa. Obra toda ella de una notable unidad, dentro de cierta variedad temática. De esos temas, si posible fuese, habría que destacar dos sobre todos: el niño o lo infantil, de que es ejemplo excelente el poema «El niño y la luna», y la rosa, «ese perenne símbolo de la caducidad de la belleza» que ha dicho Cintio Vitier. A la rosa, al solo de rosa, ha dedicado Brull uno de sus libros más «pensativos», con aquel «Epitafio a la rosa» publicado ya en el *Canto redondo* de 1934. Y si el pensamiento de la huida de la belleza en el tiempo, expresado en ese magistral poemita, puede tener su contrapunto, acaso uno de los de su última época, publicado en 1950, el titulado «A toi-même», sea uno de «los textos absolutamente espirituales de nuestra poesía» según expresa Vitier, nuestro poeta y crítico mayor.

El poema lo escribió Brull en francés por no haber encontrado en el castellano la idea exacta que tradujese el «plonger» que había llegado al poeta como palabra clave de su obra, aún sin materializarse en el poema escrito. Pero aún en castellano conserva ese no sé qué de misterioso y con su lectura termino la mía. Escuchen, pues, en la traducción hecha por el propio Vitier:

> Tú, que buceas en lo eterno
> y vuelves con las manos vacías,
> lleno de un polvo que sólo pesa
> en las pestañas cargadas de sueño;
> tú que de nada colmas tu vida
> para serle más ligero al ángel
> que sigue tus pasos con los ojos cerrados
> y no ve sino por tus ojos;
> ¿has encontrado el cuerpo de Ícaro
> en la sombra de tus alas perdidas?
> ¿Qué es lo que te ha vuelto mudo
> entre las arenas de la nada,
> a ti que buceas en lo eterno
> y vuelves con las manos vacías?

Mariano Brull y Caballero nació en 1891 en la ciudad de Camagüey, en Cuba. De niño hizo un viaje a España. Regresó, adolescente, a su ciudad natal. Hizo allí los estudios de segunda enseñanza y publicó sus primeros versos. Luego en La Habana siguió la carrera de Leyes y entró en el Servicio Exterior de la República. Ocupó altos puestos diplomáticos en Washington, Lima, Ottawa, Bruselas y Montevideo.

Conocía seriamente las literaturas francesa e inglesa: Dante Gabriel Rosetti, Mallarmé, Valéry. Tradujo al castellano en forma impecable, «El cementerio marino» y «La joven Parca», del poeta francés. Trabajó cerca de la Unesco y de las oficinas de Cooperación Intelectual. Estuvo casado con Adelaida Baralt y con ella tuvo tres hijas. Fue un intelectual y un poeta. Y un caballero, como su segundo apellido, con aquellos ojitos de perdiz que le veía Gabriela Mistral, y aquella voz tranquila que le recuerdo yo. Vivió largos días. Murió en La Habana en 1956, a los 65 años, en plena juventud.

REGINO PEDROSO, POETA CUBANO[191]

A propósito de su último poema «Bolívar», publicado en La Habana el año pasado, y como homenaje largo tiempo debido a su obra, quiero escribir unas palabras en las que ojalá pueda expresar mi gran admiración y mi sincero cariño al poeta Regino Pedroso.

En la imprescindible antología *La poesía moderna en Cuba* (1882-1925), que publicaron hace veinte años Félix Lizaso y José Antonio Fernández de Castro, encontramos ya el nombre de Regino Pedroso. Califico de «imprescindible» a tal antología y pudiera agregar aquí una serie extensísima de adjetivos en su alabanza, porque no creo que se haya compuesto nada, dentro de su tipo y categoría, tan perfecto, tan completo, tan equilibrado y tan cuidadoso como ese libro a que acabo de referirme. La poesía de Cuba, y nosotros, los poetas de Cuba, somos deudores a Lizaso y a Fernández de Castro de una obra ejemplar. Conste que a todas éstas había yo salido al ambiente literario, y estaba sólo comenzando a orientarme en el amanecer de mis versos.

Pues en ese libro, digo, y hacia el final, por ser de los más jóvenes en aquel tiempo, apareció Regino Pedroso. Ya entonces, como dice Andrés Núñez Olano, en la nota al frente de sus poesías, Pedroso estaba un poco distante del tono y la manera de «La ruta de Bagdad». Nuestro poeta había vivido en un mundo fantástico, de las mil y una noches; lo que de oriental hay en él parecía salirle entonces a la pluma como en un derroche de colores, sedas fastuosas, mármoles y joyas; todo ello engarzado en la forma irreprochable del soneto endecasílabo o alejandrino; todo ello en un marco de palabras nobles y luminosas; todo ello, en fin, dentro del tono general del modernismo, que, como ya todos sabemos, se prolonga en nuestros países hasta muy avanzado el primer cuarto de siglo, y llega hasta enlazar con lo contemporáneo; de tal manera, que ahora lo vemos bien claro: nuestra poesía actual, después de aquel salto a los aires veloces de las modas de «vanguardismo», no es más que continuación, desarrollo, ampliación o diversificación del propio modernismo.

De aquel tono bellísimo puede ser muestra este soneto de la serie «La ruta de Bagdad»:

---

[191] *Revista Hispánica Moderna*, Año XI, julio-octubre 3 y 4 (1945): 237-239. *Revista Cubana*. La Habana, ene-dic. vol XXIII (1948): 311-313.

> Fue bajo el esplendor de una mañana
> de seda y de pálidos destellos:
> cruzaba bajo el sol la caravana
> al lento cabecear de los camellos.
>
> Una dulce pereza musulmana
> nos envolvía en su inquietud, y bellos
> los dedos de tu mano de sultana
> mesaban la pelambre de sus cuellos.
>
> Sobre la ruta de Bagdad fue un día...
> El amor en tus ojos florecía
> sus fiebres locas, y a tus pies vencido,
> esclavo en tus pupilas fascinantes,
> mis labios imploraron suplicantes
> un amor sin la muerte y el olvido.

donde el aire suntuoso, el ritmo grave, un erotismo imaginario y una forma cumplida se unen bajo el ala misteriosa de la poesía, que aquí pide ese «amor sin la muerte y el olvido».

Ya, sin embargo, entonces, andaba Regino Pedroso transitando otros caminos, menos elaborados, en los que la seda deja su lugar al hierro y el ritmo de los camellos exóticos al del taller. Porque el poeta es obrero. Trabaja en yunque y martillo. Y de ese trabajar duro le sale ahora el inconforme, un nuevo acento que lo coloca al frente de nuestros poetas llamados «proletarios». Y de ese acento le sale su nuevo libro *Nosotros*, publicado en 1933.

Aquí tenemos un verso libre de todo, menos de su natural ritmo y buen gusto. Los poemas «proletarios» de Pedroso marcan un momento, un capítulo en la historia de la poesía cubana, como lo hacen los poemas «mulatos» de ese otro grande nuestro que es Nicolás Guillén.

Quiero señalar la aparición, en 1939, de la *Antología poética*, de Regino Pedroso, en donde, además de lo que ya conocemos, se encuentran dos tonos nuevos, es decir, dos tonos a los que quiero referirme ahora aquí para noticia del lector. Uno de ellos, el más original de todos, contenido en sólo dos poemas —a lo que recuerdo: son traducciones imaginarias «de un poeta chino de hoy» en las que Pedroso de un modo habilísimo reúne sus dos preocupaciones mayores representadas por lo chino que tiene dentro de su sangre y por lo revolucionario obrero que le dictó hace algunos años sus apasionados cantos. Esa fusión de lo oriental —que había aparecido al principio en «La ruta de

Bagdad», y que ahora está en estas «traducciones»— con lo nuevo, lo palpitante del momento, queda perfectamente ilustrada en estos dos últimos versos de su poema:

>...porque aunque soy un hijo de la Revolución
>son mis antepasados ilustres.

Al lado de ese tono, va también uno de raíces sentimentales, expresado en versos amplios, rítmicos, blancos. Es un regreso a su más cara intimidad. Es cuando dice el poeta:

>¡Cómo he tenido miedo que alguien sepa que acaso
>no soy más que un sentimental!

o cuando vuelve la mirada a la mujer —que en las luchas de clase parecía haber quedado en olvido—, para decirle en «Una canción despedazada»:

>...De las calles, acaso te llegue una canción
>trunca, despedazada por los dientes del viento,
>como aquélla que en carne despedazaste en mí...
>Jirones de palabras te endulzarán las manos:
>Odio llovió en la tarde y anocheció la tierra,
>pero en los anchos cielos amanece el amor...
>Y en esa canción rota desgarrada en el aire,
>¡Me sentirás vivir!

Su libro *Más allá canta el mar* le valió al poeta el Premio Nacional de Poesía en 1939. Es un libro bellísimo, dentro de ese tono amplio, generoso en que están algunas de sus obras mejores, como los poemas «Canción de los barcos náufragos», «Canción del hilo de agua y la inmensidad» y muchos otros.

Parece que tal clima poético es en el que mejor y más a gusto está Pedroso, porque en su último poema «Bolívar» (La Habana, 1945), insiste en un tono profético, whitmaniano, lleno de signos de admiración, de apóstrofes, de voces altas, de palabras... No importa. Regino Pedroso, gran poeta, inconforme y vario, inquieto y rebelde, sentimental y externo, dice cosas siempre. Cosas que en «Bolívar» son dichas a gritos. Cosas que tal vez mañana nos dirá en el pequeño secreto de la poesía eterna.

PRESENCIA DE CUBA

NICOLÁS GUILLÉN, POETA ENTERO[192]

HAY A QUIEN conviene vivir algún tiempo fuera de la patria para comprenderla más y poder verla mejor. Hay, claro, quien sale de su suelo, y se entra en otro, y por el otro olvida el suyo. Y hay también, los que no salen del rincón de la tierra y, o no la entienden por cercana, o la entienden y aman por eso mismo, y por don de amor verdadero.

Yo quiero decir aquí, ahora cuando me pongo a escribir estas cuartillas, que nunca como donde estoy —lejos de Cuba, aunque no tanto que no pueda ir a verla de vez en vez— he sentido tanto su ausencia como lo que falta; y he comprendido tanto su amor como lo que llena, acaso en una fotografía, o en un cuadro, o en una música, o en una palabra «nuestra» oída en cualquier parte, aquí; lo que llena, digo, una esquina apasionada del espíritu. Cada día más cerca de lo lejano de allá abajo; más amoroso de sus cielos y sus colores; más firme en la creencia de su valor esencial, a pesar de los desvalores de un presente como perdido.

Porque Cuba tiene valores perennes. ¿Quién lo duda? Y no quiero nombrarlos. Uno sólo me ocupa este momento de entusiasmada escritura. Uno sólo que vale tanto como los que más. Un poeta entero y verdadero: hombre y poeta de una pieza, que quedará en nuestra historia de poesía (y *nuestra* aquí se sale de la isla para llenar el Continente todo) como quedan siempre los que son, los que permanecen, los que atraviesan épocas y modas, y con paso firme, lento y serio, se instalan en la gran altura a que llegan los pocos.

Nicolás Guillén, poeta cubano, es de esos. A él me refiero. Acaba de publicar su obra poética, junta en un libro, al que llama *El son entero* que es como decir y dar, todo lo suyo, lo de antes y lo de ahora, para que así, entero, lo encontremos a él en su poesía.

Hay mucho que decir, claro, y estoy seguro de no poder decirlo todo. Pero digo, por lo pronto, que Nicolás Guillén comenzó a darse a conocer en Cuba con sus *Motivos de son*, 1930 —el mismo año en que publiqué yo mis décimas

---

[192] Escrito en Nueva York, enero de 1948. Publicado en *Revista de América*; *El Tiempo*, Bogotá, Colombia, febrero, 1948. pp. 243-248. También publicado en: Florit, E. *Poesía, casi siempre (ensayos literarios)*. Madrid: Ed. Mensaje, 1978. págs. 19-28.

de *Trópico*—. Fue esa una gran temporada para las jóvenes letras de mi país. La literatura llamada «de vanguardia» había llegado tres o cuatro años antes a escandalizar a los académicos. Diarios ultraconservadores publicaban páginas ultravanguardistas; en 1927 apareció la *Revista de Avance* a la que estaban ligados los escritores más finos y más inteligentes de la hora; también por entonces había sido organizada la *Institución Hispanocubana de Cultura*, sociedad de conferencias que durante algunos años gozó de un prestigio enorme; fue, en fin, una época de inquietud intelectual, a la que contribuyeron también nuestras mujeres con la fundación de su *Lyceum*, oasis para los espíritus ya atormentados por las inquietudes y las luchas a que iba a dar lugar, poco tiempo después, la tiranía de Machado.

En ese momento de efervescencia política; de letras; de prosa y poesía; de exposiciones y conferencias; de teatro experimental y de audacias en música sinfónica y de cámara, aparece Nicolás Guillén, con sus *Motivos de son*, un librito pequeño, pequeño, que de pronto se hizo grande, grande, y se convirtió en el «tema de aquel tiempo». ¿Qué eran esos *Motivos de son*? (Recordemos en este punto que también por entonces lo *negro* estaba de moda en el mundo civilizado. Los estudios de Frobenius, el interés de París en el África, interés pasajero que ahora se ve superficial, movieron la atmósfera, agitaron el aire un poco a favor de eso exótico *negro*, como años antes había ocurrido con lo exótico oriental de algunas expresiones modernistas. En las Antillas de América respondieron fáciles los poetas. Poetas blancos que se disfrazaron de negros para hacer resaltar lo típico. Poetas negros que se unieron a la comparsa para lucir —mejor, claro está, que algunos blancos— sus farolas de colores. Pero eso no bastaba. Hacía falta algo más. Al principio también un poco *típico*, llegó Nicolás Guillén con ese librito suyo de *Motivos de son*. Véase que fueron motivos: bocetos, pinceladas, esquemas. Porque se vio, desde entonces, que su gran obra vendría después, fatalmente. Que aquellos versos eran cosas para más adelante.

Digo que eran *típicos* porque en ellos el poeta se limitaba a lo consabido, a lo superficial de la vida del negro ciudadano, mezcla de lo sensual y lo picaresco. Cierto que estaban tocados de una gracia tan auténtica, de un ritmo tan dominador, que poco después pasaron a la música y al canto —y esas figuras del negro bembón, y Caridá, y Vito Manuel se entraron o salieron de él, quién lo sabe— en el folklore de la ciudad.

Pero sabíamos que vendría más. Y al año siguiente, en 1931, apareció *Sóngoro cosongo* (título por cierto de uno de los *Motivos de son*, de aquel que dice, y canta:

¡Ay negra,
si tú supiera!
Anoche te vi pasar
y no quise que me viera.
A él tú le hará como a mí,
que cuando no tuve plata
te corrite de bachata,
sin acordarte de mí...)

Y *Sóngoro cosongo* comienza con un poema, negro naturalmente, pero negro de verdad, sin tipicismo —negro característico— para decirlo con palabras de Juan Marinello, que lo comentó en un ensayo ejemplar. Porque ese poema inicial del libro, que se titula simbólicamente «Llegada», nos está diciendo cosas mucho más hondas que las anteriores; nos está hablando con una seriedad a la que el «aficionado» a lo negro no estaba acostumbrado. La «Llegada», de Nicolás Guillén, del esencial, del verdadero, es ésa. Porque cuando deja la bachata y la rumba (con sus consonantes naturales mulata y zumba) para decirnos algo, lo dice seriamente, fundamentalmente, como no puede decirlo nadie que no sea negro —o mulato como él—. El verso serio de Guillén es sobrecogedor, porque es auténtico.

También en *Sóngoro cosongo* se repiten, ampliados, como variaciones de un tema, los *Motivos de son*. Pero ya apenas hay color local o pintoresquismo, porque estamos asistiendo ahora al nacer del pensamiento esencial del poeta: el mulatismo de Cuba, esa tierra compuesta «de africano y español». Podremos estar o no de acuerdo con él; podemos —y debemos— estudiar todo ese apasionante proceso económico y social que es la evolución de Cuba y, dentro de ella, de sus negros —menos *negros*, digo yo, que los de otros países que conozco, porque están más cerca de lo humano universal—. No es ocasión para entrar en un tema que requeriría para sí todo el tiempo de que hoy dispongo. En todo caso, en *Sóngoro cosongo* vemos la actitud cierta de quien va adelante en su camino. Claro que aquí nos encontramos con otras figuras: Papá Montero y Gabriela, la mujer de Antonio, y ese maravilloso Quirino con su *tres*[193], que en el son de Nicolás Guillén primero, y luego en la música de Eliseo Grenet, y tantas veces en labios de la incomparable Rita Montaner, se ha convertido en el ejemplo más alto de lo popular «típico» de Cuba. Desde luego que en este libro se está en rumbas y pregones, porque el mulato Nicolás

---

[193] El «tres» es un instrumento musical. (Nota de los Editores).

Guillén tiene que salirse de vez en cuando por su esguince y «echar» un pie con su pareja. Pero eso no importa. Eso es la anécdota. Tratemos de superarla, de convertirla en lo esencial, que es, precisamente, lo que nuestro poeta viene haciendo.

¿Y cómo lo hace? En 1934 aparece su *West Indies, Ltd.* ¡Cuánto bueno hay aquí! ¡Qué flor de excelencias poéticas en este libro, y cómo en él se está viendo claro, sin los gestos risueños de las obras anteriores, que el poeta que escribe tales versos es cubano, mulato, sí; pero, más que eso, es hombre, y triste! Porque sólo cuando nos damos cuenta de nuestro papel de hombres en un mundo despreciable, y egoista, y malo, es cuando podemos reír, y bailar nuestro baile, blanco o negro, ¡qué más da!

La seriedad del verso de *West Indies, Ltd.* nos impresiona desde su primer poema. «Palabras en el trópico», calientes palabras bajo un sol de fuego, nos hace pensar hondamente en la «Balada de los dos abuelos» (canto a su sangre compuesta: Don Federico y Taita Facundo); nos domina con la absoluta maestría de su «Sabas» o de su «Simón Caraballo» que —insisto—, no son personajes *típicos*, sino símbolos bramáticos de una capa social preterida y maltratada: o nos hiela la sangre en las venas con su «Balada del güije», o con su «Sensemayá», canto para matar una culebra. (Aquí no puedo callar, que se me viene a la mano, el nombre de Eusebia Cosme, que ha dicho estos y otros poemas de Nicolás Guillén por nuestra América).

El poema que da título al libro es una larga queja, mejor: una denuncia de lo que pasa en las Antillas, interrumpido a ratos por la charanga de Juan el Barbero, que toca un son, que dice las verdades, como después en el siguiente libro las va a decir y cantar José Ramón Cantaliso.

(Juan el Barbero:

> Coroneles de terracota,
> políticos de quita y pon;
> café con pan y mantequilla...
> ¡Que siga el son!

José Ramón Cantaliso:

> No me paguen porque cante
> lo que no les cantaré;
> ahora tendrán que escucharme
> todo lo que antes callé).

En *Cantos para soldados y sones para turistas* y en *España*, poema en cuatro angustias y una esperanza (ambos de 1937) Nicolás Guillén se vuelve cada vez más hacia lo universal, olvidando su color y situándose como hombre en su patria y en el mundo. El primero de estos libros contiene algunos de los poemas que mayor fama han dado a su autor: «No sé por qué piensas tú...», «Fusilamiento», «Elegía a un soldado vivo». Poemas de grande, de honda significación social, que indudablemente fueron escritos durante los años que siguieron a la caída de Machado, con toda su consecuencia de movimientos revolucionarios, cuartelazos y situaciones políticas anómalas.

En «Fusilamiento», dice:

> Van a fusilar
> a un hombre que tiene los brazos atados.
> Hay cuatro soldados
> para disparar.
> Son cuatro soldados
> callados,
> que están amarrados
> lo mismo que el hombre amarrado que van a matar.

No creo que nadie, nunca, haya logrado presentar con mayor sencillez de elementos, con mayor dramatismo esquemático, una escena así. En pintura, habrá que recordar a Goya. En poesía habrá siempre que recordar a Nicolás Guillén.

Toda esa inconformidad con las condiciones sociales vigentes está clara también, cerca de lo pobre, lo miserable o lo vergonzante, en sus *Sones para turistas* que forman la segunda mitad de este libro. Aquí es José Ramón Cantaliso, el que «canta liso» para que lo entiendan bien. Sigue el son, motivo central de toda la obra poética de Guillén; pero aquí —ya lo dije antes— se habla claro; se dice en alta voz la pobreza del solar; se le dice al turista que con lo que él gasta en una botella cualquiera de esos infelices se podría pagar una habitación. Se dice alto la injusticia social. Se pide, alto también, la justicia.

Ese sentido de la justicia humana —ya sin color— hace que nuestro *poeta*, que vive unos meses en España durante la guerra civil, escriba un hermoso poema «en cuatro angustias y una esperanza». Las angustias todos las pasaron, las padecieron, las murieron. De aquella esperanza que todos tuvimos, muchos han muerto; los demás, negros y blancos, mulatos y mestizos de América y de España, estamos aún viviendo.

De España vuélvese Nicolás Guillén al otro lado del Atlántico. Está en su Cuba y viaja por nuestra América. Más hondura, más horizonte, más temas para su poesía. Regresa al son, pero con una voz distinta:

>Mi patria es dulce por fuera
>y muy amarga por dentro;
>mi patria es dulce por fuera
>con su verde primavera,
>con su verde primavera,
>y un sol de hiel en el centro.
>
>¡Qué cielo de azul callado
>mira impasible tu duelo!
>¡Qué cielo de azul callado
>ay, Cuba, el que Dios te ha dado,
>ay, Cuba, el que Dios te ha dado,
>con ser tan azul tu cielo!

El son ahora es triste. El poeta ha crecido. El hombre ha visto más el dolor de los otros hombres. Le duele el azúcar de Cuba, y el petróleo venezolano, como le dice a Juan Bimba; le habla serio a la guitarra y al *tres*; y a la madera de ácana y de ébano real —«duro entre todos los troncos»—; y a la isla de Turiguanó; y canta sobre el duro Magdalena, en Colombia, y mirando a la gorda luna de Barlovento, en Venezuela.

Nicolás Guillén empieza en *Motivos de son*. Ese motivo se desliza a través de toda su obra. Pero del motivo superficial, gracioso, *típico*, se nos ha ido alzando, alzando, hasta este son entero de 1947. No olvida lo suyo de antes, no; aquí mismo, casi al terminar el libro, después del maravilloso poema «Iba yo por un camino...», hermano de los más grandes poemas maravillosos, nos sorprende con una nota graciosísima de la mujer que llora la muerte de su gallina:

>¡Ay señora, mi vecina,
>cómo no voy a llorar,
>si se murió mi gallina!

que nos trae a la memoria alguna página de aquel arcipreste de Talavera que tan bien conocía los llantos y quejas de las mujeres. Y hay una canción a Stalin, para que sepamos cómo piensa en lo político (eso a mí, *como poesía* me interesa menos; lo anoto porque estamos dando fin al libro y hay que ver sus temas esenciales).

    Y todos sus temas esenciales están en este *Son entero* que, para dejarnos con un regalo de la más pura poesía, termina con el poema «Rosa tú, melancólica...» que quiero dar completo aquí porque soy poeta y soy cubano, y, por serlo, estoy orgulloso de mi hermano Nicolás Guillén:

El alma vuela y vuela
buscándote a lo lejos.
Rosa tú, melancólica,
Rosa de mi recuerdo.
Cuando la madrugada
va el campo humedeciendo,
y el día es como un niño
que despierta en el cielo,
Rosa tú, melancólica,
ojos de sombra llenos,
desde mi estrecha sábana
toco tu firme cuerpo.
Cuando ya el alto sol
ardió con su alto fuego,
cuando la tarde cae
del ocaso deshecho,

yo en mi lejana mesa
tu oscuro pan contemplo.
Y en la noche cargada
de ardoroso silencio,
Rosa tú, melancólica,
Rosa de mi recuerdo,
dorada, viva y húmeda,
   bajando vas del techo,
tomas mi mano fría
y te me quedas viendo.
   Cierro entonces los ojos,
pero siempre te veo,
clavada allí, clavando
tu mirada en mi pecho,
larga mirada fija,
como un puñal de sueño.

PALABRAS SOBRE LYDIA CABRERA Y SU OBRA [194]

Deseo, ante todo, dar las más sinceras gracias a los profesores Reinaldo Sánchez y José A. Madrigal por haberme invitado a tomar parte en este Congreso, dándome ocasión, con ello, de volver a ver, después de muchos años, a mi querida y admirada Lydia Cabrera. Y gracias, también, al Decano Arias, por su amable presentación.

Cuando llegué a La Habana, ¡válgame Dios! en 1918, entré, como era natural, a formar parte de la familia de mi madre, uno de cuyos hermanos estaba casado con la hija de la gran mujer puertorriqueña y antillana, Lola Tió. Tía Lola, como la llamábamos, me tomó gran cariño, y en su salita-despacho de la calle de Aguiar, pasé largos ratos escuchándola contarme sus destierros y viajes y sus actividades independentistas. Allí conocí, por lo menos en libros y retratos, a los más destacados hombres de letras de Puerto Rico y de Cuba. Y allí, sobre su mesa de trabajo, vi por primera vez tres libros que me llamaron la atención: *Cuba y sus jueces, Mis buenos tiempos y Mis malos tiempos*, de aquel notable escritor y gran caballero que se llamó Raimundo Cabrera. La familia Cabrera fue muy amiga de mis tíos, y en su casa conocí a las hermanas de Lydia, sobre todo a Graciela, casada con el doctor Ortiz Cano. También traté a los hijos de este matrimonio, Elisita y Carlos, que más tarde fue compañero mío en la Secretaría de Estado, y luego en el Consulado General de Cuba en Nueva York.

¿Y Lydia? ¿Dónde estaba Lydia? Pues en París, desde 1922 a 1939, pasando sólo breves temporadas en La Habana, que le sirvieron para redondear sus recuerdos de la infancia, cuando escuchaba con la boca abierta los relatos y leyendas que le contaban sus tatas y la negra costurera Adela. Lydia, en París, tenía puesta su atención en el Oriente; pero yo imagino que un buen día se dijo que hay en estos tiempos un gran interés en las culturas negras. En las Antillas, Puerto Rico y Cuba, se escribían hermosos poemas sobre temas negros— la «Danza negra» de Palés Matos; los cubanos Tallet, Guirao, Ballagas y otros más, que aunque por fuera, como blancos que eran, dejaron perdurables

---

[194] Pronunciadas en el Congreso de Literatura Afro-Americana. Homenaje a Lydia Cabrera. Florida International University. Miami, Florida, 1977.

ejemplos de lo que podía hacerse con temas y personajes negros o mulatos. Y, desde luego, Nicolás Guillén, que por negro sacó de su dentro toda el alma de su raza. Yo siempre recordaré su «Sensemayá», su «Balada del güije» dichos con la voz y el gesto de la inimitable Eusebia Cosme, fallecida hace pocos meses en la ciudad de Miami.

Pues bien, repito que yo imagino que Lydia Cabrera se dijo: ¿Por qué yo, que tanto sé de estas cosas, y además por ser cuñada de Fernando Ortiz, no he de poder escribir esos recuerdos y enseñanzas? Y manos a la obra. Así salieron sus primeros *Cuentos negros de Cuba*, publicados en 1936 en francés, en la traducción de Francis de Miomandre, y luego en 1940, en castellano con un prólogo de don Fernando Ortiz. Pienso también que la ausencia de Cuba durante esos años le sirvió de tamiz para recibir la onda de aquellos recuerdos, que escribió juntando la buena literatura con la esencia más alquitarada de lo negro.

Ya, pues, estaba Lydia en su seguro camino, animada, además, por el éxito de su primer libro. Lo demás tenía que llegar, y fue llegando en obras como *¿Por qué?*, de 1948; *El monte* (Igbo finda) de 1954, maravillosa colección de relatos y anécdotas en los que se reúnen naturaleza, religión, fetichismo, plantas y animales, que los negros consideran como su biblia, así como hace siglos se formó el *Popol-Vuh*, la biblia del pueblo maya-quiché. Libro éste de varios cientos de páginas, que él sólo serviría para dar gloria a su autora. Desde la cumbre de este monte, al que hay que entrar apartando lianas y bejucos que nos cierran el misterio que hay en él, va ofreciéndonos Lydia sus *Refranes de negros viejos* (1955), *Anagó, vocabulario lucumí* (1957), *La sociedad secreta abakuá* (1959), el extraordinario libro sobre las piedras preciosas y sus poderes mágicos (*Otán Iyebiyé*), de 1970; y al año siguiente *Ayapá* (Cuentos de Jicotea), recientemente traducido al sueco.

Hay otros libros más en este tono serio de investigación enamorada. Pero a mí se me ocurre pensar, como pensé al comienzo de la carrera, mejor dicho, el camino sin prisa pero sin tregua de nuestra homenajeada, que otro día se dijo esta extraordinaria mujer que sí, que todo estaba bien; que ya tenía en su haber una larga lista de libros serios, pero que si en ellos había sonrisa, faltaba acaso la risa, y para que el lector supiera que Lydia Cabrera sabía reír, y hacer reír, nos entregó este mismo año, su *Francisco y Francisca* en donde está la gracia, muchas veces con sirvergüenzura, con picante y desplante de solar. Y aquí también está el estilo, la persona, la gran escritora que es Lydia Cabrera a quien ofrecemos ahora este tan merecido homenaje.

Yo no he sido nada más que el portero. Y está abierta la puerta. Ahora, pasen ustedes, señoras y señores, que la fiesta va a comenzar. Muchas gracias.

EL LYCEUM Y LA CULTURA CUBANA[195]

Amigos:

Nada más grato para mí que concurrir a este homenaje que el Círculo de Bellas Artes ofrece hoy al LYCEUM y a Renée Potts. No he de afirmar, por tanto —al comienzo de estas cuartillas—, que al invitarme a ello puse reparos, y me resistí, y dudé de mi capacidad para escribirlas. No. Con verdadero entusiasmo prometíme un turno en el programa de fiesta tan afín a mi gusto.

Cumplía de ese modo una doble deuda de gratitud y de amistad: gratitud al LYCEUM; amistad a Renée Potts.

Toda la *inteligencia* cubana de estos últimos años —angustiosos años de lucha por salvarse de la tragedia circundante— debe al LYCEUM buena parte de sus éxitos —si los tuvo— y, por lo menos, de su supervivencia. Porque a la represión brutal que hallábamos en la calle, en el pobre caminar desorientado de todos los días, con el espíritu huérfano de resonancias amigas; a ese doloroso estado de querer decir algo, sin periódico en que escribir ni tribuna en donde alzar la voz —el LYCEUM respondió siempre con un amplio gesto de bienvenida; y aquella casa de las mujeres— fue areópago de ideas y amable hogar para los hombres que nos dejábamos la carne en la lucha tenaz o en el desaliento doloroso. Más de una vez pudimos ver allí a amigos que el destino separaba por camino distinto y las luchas políticas por rencores de partido, conversando sobre un tema cualquiera con la sonrisa cordial en el rostro, abandonado en el umbral el fuego de la lucha: las mujeres guardaban en su casa lámpara de más duradero aceite. Y manos femeninas acercaban amigos, al reclamo de un verso, o al eco de una palabra alentadora. Porque es muy de señalarse la total ausencia de prejuicios que valoriza esta obra.

Intelectuales del más opuesto credo, desde el apasionado marxista al católico acérrimo; todo el que en los últimos siete años ha tenido algo que decir lo ha podido decir desde la tribuna del LYCEUM.

---

[195] Leído en el *Círculo de Bellas Artes* el día del Homenaje al LYCEUM y a Renée Potts, junio 18, 1936. *Lyceum*. sept. 1. 3 (1936): 156-160.

Prodigiosa labor la de estos centros de Cultura que saben mantener en lo alto la luz viva del espíritu a través de las más adversas circunstancias. Porque el LYCEUM, al aspirar a la Cultura —en lo que Max Scheler entiende por tal— «buscar con clamoroso fervor una efectiva intervención y participación en todo cuanto en la naturaleza y en la historia es esencial mundo, y no mera existencia y modalidad contingentes», ha sabido cumplir con un deber social de raíz genuinamente civilizadora.

La Cultura cubana, que no debe encerrarse en voluminosas antologías, porque no gravita sobre letras de molde; que, como parte de la universal, está formada por el sedimento de los años y el pozo condensado de los conocimientos ya en olvido; que es un perenne acumular de experiencias vitales y un intuir de esencias en constante devenir; esa cultura, digo, debe al LYCEUM su fruto más aromoso. Porque el LYCEUM, más que abrir sus salones al conferenciante, o al expositor, ha abierto los oídos de nuestras compañeras, y les ha gritado con ese «clamoroso fervor» de que nos habla Scheler, y les ha dicho dónde están la poesía y la crítica, y la filosofía, y la plástica, y la política para que la mujer sepa buscarlas cuando las necesite. Que si la *cultura*, como valor espiritual en sí, tiene una existencia que pudiéramos llamar autónoma —en cuanto es ella la resultante de los empeños, y pensamientos, y realizaciones de una época o de un pueblo— y así decimos: cultura griega, o china o cultura medioeval, como acontecer *relativo* de sucesos, es decir, reducida al plano de los productos intelectuales de un individuo que por su capacidad destaca entre el medio, no viene a ser otra cosa, para nuestra vida cotidiana, que ese grado del conocimiento en que un trato asiduo de nombres y teorías da al individuo la capacidad de situarse cómodamente entre los valores que «el espíritu» ha producido y que han llegado a serle familiares por aquel trato cotidiano. No lo que pueda recordar el auditorio de la palabra dicha ante él, sino la huella, imperceptible a veces, que va hiriendo el espíritu curioso. No la presencia verbal, sino la alusión o el recuerdo que esa palabra encarna o suscita. No, en fin, la ciencia en sí, en tantas ocasiones ingrata, sino la orientación iluminadora.

Hay, además, en estas mujeres del LYCEUM, otra virtud —pareja a la que adorna a las de otra institución habanera: Pro-Arte Musical—: la santa continuación. Cuenta Eugenio D'Ors el ejemplo de aquel Bernardo Palissy, que «buscó por años y por lustros el secreto de las antiguas porcelanas de China». En esa tarea consumió su hacienda y, un día, al hacer la prueba definitiva, vínose abajo el horno construido con mil esfuerzos, ardiendo la humilde casa, teatro de sus experimentos. Y a la mañana siguiente, acercáronse los vecinos a Bernardo Palissy, curiosos de conocer sus planes. Y la respuesta fue: «Pienso seguir buscando el secreto de la porcelana de China». Santa continuación.

Saber continuar. Y adornar un fracaso con la esperanza del futuro éxito; y ya en éste, alimentar la hoguera para que el fuego no se extinga. Rara virtud en los trópicos «bullangueros» y en la patria del «embullo».

Porque —y los ejemplos nos salen al paso como hormigas— sabe el criollo hacer cuanto es preciso —y bien, y dándose maña en la tarea. Pero una vez concluida ésta —labor de una hora, de un día, de una semana tal vez— pesa sobre él el narcisismo de contemplar su esfuerzo, o más a menudo, la indiferencia, o la nueva ocasión que le brinda prometedores horizontes de éxito y abandona el poema comenzado, si era poeta, o el programa a seguir, prometido entre juramentos de honor, si era político, o la obra con la que podía colocar un ladrillo en la casa de todos.

Pero esa «santa continuación», ese aplicarse un día y otro a la misma tarea, y siempre con la misma fruición, con ese amor intelectual al destino de la obra, es cosa de hombres y mujeres en su plenitud. Los dioses sí podían descansar y hacer el milagro con «embullo». Jehová mismo, al terminar su obra, vio —con cierta miopía— que era buena, y descansó. Ya sabemos todos, por otra parte, las consecuencias del descanso divino. Pero no es dado al hombre ese reposo final. En la medida en que es más perfecto —más humano— mayor dedicación ha menester a los negocios que justifican su presencia en el planeta.

Que sólo así, por la *humanización* de sus fuerzas habrá el hombre cumplido su destino.

Pero acerquémonos —tratemos de acercarnos— al tema de esta breve lectura. Obvio resulta ya, por conocido —lo que tal cultura puede influir sobre una civilización determinada. Grecia, sometida al genio militar de Roma, la domina con el definitivo poder de su mente. El alma griega, más fuerte, más densa, más acendrada en suma que la del pueblo conquistador, gravita sobre él de tal suerte que logra imponerle, por una labor sutil de penetración, la tónica dominante de su cultura, destilada a través de los siglos. Y así, más persistente, más efectivo que el éxito material de la conquista, todo el acervo cultural helénico se impone a ella para propiciar el nacimiento de un tipo humano en el que ambas fuerzas, civilización y cultura, se dan la mano por sobre un rastro de vidas paralelas. Plutarco llega a tener —en tal sentido— un rol de más determinante significación que todos los guerreros y héroes de la Roma imperial.

Más cercano a nosotros se alza el ejemplo de México en América. Valga él como paréntesis último en estas deshilvanadas notas. Pueblo de un nivel cultural bien definido —con leyenda, mitología e historia propias— el que halló Hernán Cortés a su paso, al dejarse vencer por el aparato guerrero de los conquistadores perdió sí, su vivir independiente y, aún su vida física.

Naturaleza *natural*, aplastada bajo el casco de los caballos españoles, extinguida simbólicamente en la hoguera que atormentó las carnes de Guatimocín. Pero quedaba la otra, la naturaleza *espiritual*, transfundida al hombre europeo en el beso con que Marina se entregó a Hernán Cortés. Por él, la cultura Azteca sobrevivió al último de sus emperadores. Y en continuada obra, se manifiesta hoy en cenefas y frisos, en pinturas y en monumentos, en las artes manuales y decorativas, en todo lo que, en definitiva, constituye el haber cultural de un pueblo.

Grave responsabilidad, pues, la del animador de cultura. Tarea ésta que no debe ni puede realizarse sino en función del porvenir. A los pueblos jóvenes de América, que como el nuestro, no guardan en el arca de los recuerdos viejos sino unos tristes ídolos de tosca piedra; que al mirar hacia atrás en el tiempo no hallan el rastro de una cultura propia; que han vivido en perpetua servidumbre —en cuerpo y alma— bajo el imperativo colonial, primero y, después, en una posición de inferioridad respecto de otros; a esos pueblos, digo, es necesario irles haciendo una cultura que, aprovechando lo servible de otras anteriores, pueda marcarlos con un tono peculiar y distinto. A esa labor de lenta preparación para el futuro —para un futuro nuestro de más sólido contenido espiritual— contribuyen de modo señaladísimo las instituciones que, como este LYCEUM de La Habana, se han empeñado desde su fundación en hablar seriamente. Palabra y obra gratas. Verbo y acción, «verbo», que es el comienzo de todo lo creado, y aquella «acción» que pone Goethe en las primeras páginas del *Fausto*.

Por esa capacidad de *actuar* voluntariamente, con la acción dirigida a un fin, álzase el hombre sobre el resto de los animales; voluntad que hizo exclamar a Nietzche: «Oh voluntad de mi alma, a la que llamo destino, tú que estás en mí, tú que estás sobre mí, consérvame y presérvame para un destino grande». Unida a la acción, la palabra inteligente ha producido ese aflorar del espíritu que llamamos cultura. Ya habíamos apuntado antes lo que, para nosotros era ella, en primer instancia: una orientación iluminadora. Orientación en los caminos del humano saber —entre los hitos que a ambos de sus lados han erigido los hombres más representativos de su época. Ser culto no es otra cosa, pues, que estar situado en plano tal, que desde él sepamos distinguir— con sus contornos precisos —o con un mínimo de deformación— las calidades que, a través de la historia, ha adquirido el espíritu en su evolución sobre el mundo. De nuevo el signo de Max Scheler, imposible de ignorar en estos empeños de apreciación —de aprehensión— de cuanto al tópico de la cultura atañe, nos acompaña para guiarnos.

Porque no han de confundirse esas elevaciones en el gráfico que del «espíritu» pudiéramos trazar idealmente, con los casos llamados «grandes hombres de la historia» en los cuales, con harta frecuencia, el nivel de cultura no corresponde al rol que, por su dependencia con el medio, con su circunstancia, han adquirido. Además, «Cada hombre, y también cada grupo, cada época representa por sus conductores —advierte el filósofo de *De lo eterno en el hombre*— tiene sus afanes organizados en una estructura típica, es decir, en un orden determinado de preferencias». Y sólo así, por esa capacidad de traslación de la conciencia admirativa de la humanidad, detenida, sucesivamente, en los diversos hitos del camino, ha podido evolucionar, rehacerse cuando parecía sin sentido, y formar —a través del tiempo— un bagaje de admiraciones —Platón, Dante, Goethe— que dan el tono y la calidad a una cultura. Tócame ahora, por final de estas palabras, referirme al suceso que nos ha reunido hoy: el certamen literario convocado por el LYCEUM y del que resultó triunfadora nuestra querida Renée Potts.

Concursos de tal índole —para quienes tenemos el alma un tanto escéptica en lo que a su eficacia se refiere— no significan, no habían significado hasta ahora entre nosotros, con raras y muy dignas excepciones —y valga entre ellas la que premió la obra de Luis Baralt, Silverio Díaz de la Rionda y Rafael García Bárcena, entre otros— sino apenas un subrayado tenue en el desorganizado trabajar de nuestra «inteligencia».

Por ello, el caso del LYCEUM, confiando a un jurado competentísimo —basta con citar los nombres de Camila Henríquez Ureña, Juan Marinello, Francisco Ichaso, Manuel Bisbé y Aurelio Boza— el laudo de su certamen, es digno de los mayores elogios. Y a los poetas de Cuba nos ha permitido, con ello, saludar oficialmente como compañeros a la *maestrilla* Renée Potts, ejemplo de bondad y de vocación literaria.

EUGENIO FLORIT, EN SUS PROPIAS PALABRAS

EUGENIO FLORIT
EN SUS PROPIAS PALABRAS[196]

Vi desde un pico de sierra
—con mi soledad estaba—
cómo el cielo se aprestaba
a caer sobre la tierra.

Flecha en un éxtasis verde,
ilusionada en su altura,
contempla la tierra dura
y en un suspiro se pierde.
Se empina a la luna y muerde
nácar azul de verano;
lo derrama sobre el llano
con pinceles de destreza
y se tiñe la cabeza
con seda de luna en guano.

Puse la mirada tensa
más que sobre ti, tan honda
—desprecio para la honda
y atención para la intensa
vida que en tu seno piensa

---

[196] Ana Rosa Núñez ha concertado varios de los poemas de Eugenio para que sean leídos como un sólo texto. El texto único —bíblicamente hablando— que escribió durante toda su vida el poeta y en él, la evidencia de su poética. Los poemas que se reúnen en esta reconstrucción de los textos del poeta son: De «Campo», números 7 y 12; de «Mar», 2, 7 y 12; «A Juan Florit, poeta en Chile», «Última canción de hoy», de «Canción de seis pétalos», número 2; «Canción del nocturno», «Canción para leer», «Canción de la Sombra», «Otra canción para leer», «Canción del silencio», «Canción de agua y viento», «Para mañana», «De la luz», «Ya silencio», de «Sonetos», número 6; «Variación de un soneto», «Martirio de San Sebastián», «Distante», «Del dolor», «Viejos versos de hoy», «Soledad», «Para tu ausencia», «Homenaje a Goethe», «Nocturno I», de «Nocturno III», 2, 3, 4, 5, 7, 8, 9, 14 y 15; de «Cuatro canciones», número 4; «Casi soneto», «El cisne herido», «Palabra poética», «Asonante final», «Recuerdos», «Versos al poeta» y «El eterno».

mundos de niñez tranquila—,
tan honda, que ya no oscila
fija como está y ausente
para la vida tangente
a la encantada pupila.

Hoy, en voces de la ausencia,
lejos de ti, por mirarte
cerca llega de tu parte
milagro fiel de tu esencia.
Mar para mí de presencia
grata en crepúsculo incierto,
lleva ingravidez de muerto
fantasma de ecos perdidos
entre los vagos sonidos
errantes de su desierto.

Náufrago suspiro tanto
íbase en ondas ya lejos:
múltiples tenues espejos
para mi total quebranto.
Llanto risueño, y el llanto
medroso de lejanías,
navegaban en las frías
rutas, a quedar ausentes

Aquí, desde este punto de la tierra
tan distante del tuyo, aunque las dos sean América.
Aquí, digo, país de rumba y leche de cocoteros,
en el umbral del horno donde se tuesta el mundo.
Aquí, donde el mar es claro como mica encendida
y la noche tiene una voz más luminosa que el día.

Aquí estoy yo con mi nombre sonoro en punta,
sobre la línea clásica de los versos podridos.

... va esta voz mía, hecha a los vientos y a la marea,
desprendida de carne tropical...

Claro que hay un momento único en que nos vamos...

Se desvanecen las miradas
en voz de claro sentimiento...

(Saber que voy desnudo
bajo miles de estrellas
y sentir como tiembla
el dolor en el mundo).

Qué ríos me atraviesan
de frías aguas tímidas,
y cómo va la risa
cayéndose en estrellas.

...que se bebe la noche en el ardiente resonar de la penumbra.

Sombra de ayer. Cuántos grises
partidos entre la tarde.

Cuando despertó la brisa
todo el silencio era opaco.

Para contener la vida,
el silencio de unos astros
multiplicaba mis pies.

No quisiera tener más espacio para cantar y para ahogarme
que el que abren para dormir los sueños desvanecidos.

Después, con todo el despertar tranquilo, ya volverían las palomas

... abriendo una luz sin ecos, ni cantos, ni nada.

El silencio perfecto de lo que va a surgir y aún se detiene.

Ancha campana de cristal para la luz del mediodía...

Así hay que mirarla:

con el pecho cubierto de horizontes
—uno de ellos será tal vez el mío,
uno de ellos, vibrante,
más hecho a la saeta que al puñal.

Será mejor que el viento corra
después de verse en un espejo de agua
donde hay un fondo espeso de pétalos podridos.
Siempre será mejor irse en el viaje de un minuto
para olvidar que el veneno es azul.

Y además, que ayer mismo venía
todo el eco del mundo en el ruido del mar,
y es un dolor que punza fiero
saberse libre y estar mirando, como alfileres,
las gotas de cada ensueño sobre la mano.

Como esta paz la tengo tan sabida
—son muchos años de mirarme el alma—,
no habrán de preguntarme, cuando llegue,
en qué luces prendía la mirada.

Amor, ya sin acento,
donde navegan, frías, las palabras.
Rosa de los veranos
en íntimo capullo transformada.
Adonde iré no irán conmigo
ni rosa, ni dolor, ni amor, ni nada.

Luz. Pero sin olvidar que ayer nada más era Dios un
        íntimo deseo
que se iba metiendo entre las manos, y subía, subía hasta
        morder el corazón,
y más arriba, para prender su garra en los anillos de las
        órbitas altas.

Luz, sí. Luz, hasta quebrarnos el alma al viento en mil
        gusanos de colores,

pero con ese fijo pensamiento de que mañana estará la luz
sobre nosotros y ya no la veremos.

Ahora, encerrado en un minuto de silencio
—mejor aún: al regresar de este minuto de silencio—,
puede contarse cómo corren los vientos sobre todos los mares
y cómo suena la voz ya desnuda, y el aliento que vuela sin rumbo.
Se sabe que el ayer está vivo junto al hoy y al mañana
—tres hojitas de trébol en la mano dormida de Dios—.

Todo esto, aprendido en el minuto ausente, con el asombro
          entre los labios.
... y hay que haber ido a cazar sueños con el espíritu en el hilo
          de alguna estrella
para saber estarse inmóvil, oyendo el son de tanta palabra sin sentido.

Habréis de conocer que estuve vivo
por una sombra que tendrá mi frente.

Para agitar cada una de las espadas de los árboles
borraré el grito sin palabras que me iba naciendo.

Voy de nuevo a respirar con el aliento sin fronteras.

Sí, venid a mis brazos, palomitas de hierro,
palomitas de hierro, a mi vientre desnudo.

Venid, sí, duros ángeles de fuego,
pequeños querubines de alas tensas.

Venid, que está mi frente
ya limpia de metal para vuestra caricia.

Venid. Una tan sólo de vosotras, palomas,
para que anide dentro de mi pecho
y me atraviese el alma con sus alas...
Señor, ya voy, por cauce de saetas.
Sólo una vez más, y quedaré dormido.

Ya sé que llega mi última paloma...
¡Ay! Ya está bien, Señor, que te la llevo
hundida en un rincón de las entrañas!

Luego es el gris de las alondras de mañana
con el agudo vuelo impar de golondrinas,
toda la noche cerca de una cruz sin historia,
con un nombre sencillo reflejado en el mar.

Dolor, dolor, dolor. Más que el dolor de la vida
para esta ráfaga de humo tendida en los vientos.

De todo, tan sólo por siempre la queja
sin rumbo, desgarrada con uñas de viento;
hecha dolor, soberano dolor que se deja
prendido en la ráfaga de mi pensamiento.

Este sentir que la vida se acaba
y ya no ver más que niebla en redor.
Gozo de estar paladeando la muerte
para beber una gota de Dios.

Y estoy de nuevo solo frente a la luz del alba,
frente a las horas tibias y al crepúsculo grana.
En el cielo impasible miro pasar, extraña
a la tierra, una nube con el color del alma.

Para sentirme vivo echo al viento mi nombre
a volar con las flechas de todas las canciones.

Gozo de estar ya vivo para el eterno día;
de saberte en el agua, y en el sol, y en la yerba.
Harás entre las nubes Nacimientos de plata
y encontrarás tu nido en un árbol de estrellas.

... con el rumor de las arenas en espera de márgenes;
bajo el hondo silencio puesto a rodar a la deriva:
todo esto diré, antes del vuelo y la palabra.

Todo esto que dije, antes del vuelo y la palabra.

Para guardar un poco de esencia de misterio
vine desde muy lejos con mensajes de luz y mariposas de colores.

..y qué dolor de noches apagadas
éste de sentir que las cosas van hundiéndose con el ocaso de los días.

Por todo mi caudal llevo en las manos un puñado de sueños
que me duelen, me punzan, me atormentan y se me entran
por el río caliente de las venas.

Aquí me tienes fijo,
cruce de extrañas horas.

..horas de extraño cruce.
... aquí, fijo, me tienes.

Extraño cruce de horas:
aquí me fijo.

Mi corazón para tu noche, noche;
que lo dejaron solo, sordo, ciego,
fantasma ya de antiguos corazones,
niebla de flor en tu callado centro.

Toda la muerte caminando
para volver a comenzar.

Dime, tú que estás ahí serena y múltiple:
¿Sabes a cuántos millones de sueños se enciende una luz?
¿Sabes, oh noche mía, cuánto falta, cuánto me falta para dormir?

No dejes que se me vaya a volar este deseo
de besarte las manos, noche, en el punto cierto
donde mi ayer hundió su fuerza de garras en acecho.

y en donde estoy ahora desvalido,
partida el alma, con los brazos fríos,
entre un dolor de pétalos y gritos.

Tengo para llorar todo un futuro de sueños soñados
en donde clavaré mis ojos y hundiré la señal de mi garganta;
y en donde más certero que todo el ritmo de las flechas
iré a punzar tu silencio, oh noche mía ya, con este ardor
        de mis presentes horas.

      Dime qué palpitar me falta
para ser como el canto de tus noches.

Me dirás tu color —ciego de mí, que no lo veo—,
... cuando caen al mar los fríos ataúdes de tus muertos.

Porque tú eres más firme, oh mi noche de amaneceres
        olvidados

Y aquí donde me tienes noche, sin movimiento,
mirándome las manos que olvidaron el color de su boca,
aquí puedo sellarme la canción,
ya mudo, solo y uno, en isla exacta,
para fijar estrellas a mi caudal de sangre
detenido a la sombra de tu música.

Qué anhelo de volar sobre la espuma
de un libre mar, con horas libres.

      Cuando sea la tierra mi pan y mi vino
habré encontrado el sueño para siempre.
Todo un sueño de siglos, de primaveras y de inviernos
que pasarán sobre mis huesos fríos.

      Y así estará mi jugo de poeta
vertiéndose en regatos interios
para salir al sol en aguas cristalinas.

          Ay, qué poco me falta para verte,
hora de paz, silencio verdadero,
generosa caricia de la muerte.

... Vuela hasta la luz dorada...
Entra en el corazón del sol, y enséñale
al dios cómo se ama aquí, en la tierra.

Pueden en mi silencio retratarse
nubes de ayer, arenas de mañana
y una canción al viento.

... como un tenue suspiro de paloma.

... Hasta que la muerte me dé el beso
definitivo, no sé dónde, continuaré
soñando sobre mi camino, frente al mar,
bajo el cielo.

          Entre el ocaso y yo, toda la vida.
Como si Dios en su alto pensamiento
secara el llanto de sus hijos
y Ella, la sin color, durmiera al borde florecido
de sus innumerables tumbas.

Como si todo junto de repente
se pusiera entre el hombre y su destino.

... frente al ocaso, desde tierra al mar,
con la ternura junto a mí.
          Se alegra
el corazón de manso gris vestido.

... me llorarás a mí, que vivo
este sueño de ausencia atormentada
para volver a mi nube,
a mi átomo de tierra:
a mi definitiva presencia entre la nada.

        Y desde allí miró.

... los deseos allí, con su pequeño
círculo de palabras y suspiros.

Ahora cerca del sol eterno,
cerca de Dios, cerca de nieves puras,
en la deslumbradora Presencia transformado.

      Estar así, donde se juntan
los días y las noches.
Donde al pensar se encienden más estrellas.
Donde Dios ha nacido en nuestro sueño.
      ¡Que nadie se entere!
Pero tú conmigo siempre
hasta que venga la muerte.

      Y después, sobre la muerte,
¡que nadie se entere!
Tú conmigo siempre, siempre.
      Pero si de esta gloria
no tengo nada mío...

Sólo me queda el alma,
la soledad, y mi destino.

      Soñador de sueños: abre
al nuevo amor los balcones.
Dile al pájaro que calle
para escuchar tus canciones.

Y que Dios, allá en su cielo,
te lo perdone.

      Tú no sabrás por qué camino
ha de llegar cuando la llames.
Sólo sabrás que por el cielo
ya estará de marcha la tarde.

Y sentirás, más que todo, un perfume
a silencio y a eternidades.

 —Cuando sea el momento quiero verla—
para darle, despierto, el alma.

 No tenía ni luz para verla
¡tan ciego!

 ¡No sabía que desde su estrella
la llevaba dentro!

...como tú, soledad, mi angustia eterna.

 Hecha la muerte de silencio,
nadie sabe lo que se calla.
Cuando todo muere en el viento
sólo Dios habla.

 —Voy a estar con mi sueño solo.

...más que una mancha inerte de dolor en la tarde.

 Caminé, caminé. Me sentí solo
bajo la tarde, frente al mar.

 Porque el destino tuyo, mar, de muerte y de vida;
de cantar y gritar, de estar azul y gris y verde y blanco;
ese único destino que va rodando sobre todas las playas del mundo.

... hay que aprenderlo aquí, frente al ocaso,
cerca de aquella nube que se baña a los pies
en el término ansiado de tu rojo horizonte,

 cuando tienes la noche para callar el vuelo
y toda la mañana tienes para cantarlo,
en esa sorda angustia de mirarte la sombra
que se va por las tardes con el sol a la muerte.

   Que está más alto Dios lo sabes
tú por el fervoroso pensamiento,
aquí, vacío de palabras
y casi ya vacío de recuerdos.

   Más alto Dios en ti. Más firme,
más verdadero
que tú mismo, hilo de humo
con el amor dormido dentro.

   Todo el silencio es tuyo.
 La soledad, que envuelve tu silencio
con su noche de manto tembloroso.
   Nada más que el silencio
que se acuesta a tus pies
y te lame las manos, como un perro.

... un hombre sin destino, hoja en el viento.

... aquí, Señor, te mira estremecido.

Ese terror de recibir la muerte
en un día de sol
como este sol de aquí,
—con la luz silenciosa de este otoño.

Cuántos versos inútiles antes de llegar a la Poesía.

Verdad y belleza: qué difíciles y qué necesarias.

Estando la Poesía ya está todo.

Qué poco sabe el ruiseñor de la raíz hundida en su tierra.

Qué tormenta cruel la que está tras la risa.

Si hay que crear algo, creemos aunque sean sueños.

Universo mío, vasto y humilde como el grano de arena.

Dame tu soledad: te daré mi poema.

Aprendes a callar para la última palabra.

Este solo epitafio: «Está mejor así».

Lo uno con lo otro tan cerrado
que se completa la mitad que falta.

Y tú, por fin, para decirlo pronto,
mi soledad, en Dios transfigurada.

... y se empieza a morir y no se siente;
como, en fin, ahora estoy escribiendo
estas palabras sin saber adónde
se han de clavar si se las lleva el viento.

Tantas cosas se dicen sin por qué decirlas,
porque a veces es la palabra como un aliento sobrehumano
que nos sube a la garganta —¿de dónde, Señor?— y si no hablamos
nos quedaríamos ahogados.

¿De dónde, Señor? ¿De qué rincón de la sangre, de qué pliegue
    del alma,
de qué esquina del cerebro me ha salido este deseo
de decir que estoy contento,
porque el cielo es azul
y alguien me ha dicho que soy bueno?

¿O por qué, sencillamente, sin razón,
si no tengo a nadie con quien hablar, escribo versos?

Todo en la blanca ausencia.
Menos tú, soledad enardecida,
que me acompañas, fiel sobre la tierra.

... pasa el Almendares dándose a las olas
entre un trajín de puentes y de hierros
y dejándonos atrás, para recuerdo

la solitaria palma en sus orillas;
pasa el Hanabanilla
que salta entre sus rocas;
y aún antes, el San Juan y el Yumurí
—nombres los dos para tejer leyenda—;
y pasa el Tuinicú con sonido de pájaro,
y llega al fin el Cauto espléndido
que en la Sierra Maestra nace y crece,
y va a morir en donde el mar Caribe
con sus olas de luces lo recibe.

    Señor, dame saber todos mis ríos,
los que conozco ya, los que me faltan;
porque saber los ríos
es saberse la tierra por que pasan;
porque saber los ríos
es conocer el árbol que retratan,
es conocer las piedras que los besan,
los pájaros que anidan en su orilla
y los peces que juegan en sus aguas.
Que saberse los ríos
es conocer la sangre de la patria.

    Yo me traje tu libro
a que se esté conmigo en la belleza;
a ver si con leerte y con pensarte
tú, Juan Ramón Jiménez, me recuerdas.

Fue llegando después el mar de las arenas
bajo la luz terrible del Trópico. Terrible
luz, y tan suave por las tardes. Medrosa por las noches
cuando a lo negro se lo mira fantasmal.
Para siempre. Hasta hora que en su ausencia...

...ser, sí, ser sobre todo como la luz que se desliza...

Eugenio Florit con José Olivio Jiménez

SOBRE EUGENIO FLORIT

TRÓPICO POR EUGENIO FLORIT[197]

Manuel Navarro Luna[198]

Sabido es que la décima, o espinela —como querráis— nos vino de importación. Como, desgraciadamente, en materia literaria y artística, nos viene todo. Algunos afirman que el primero en cultivarla fue Vicente Espinel, en España. Allá por el año de 1618. Otros —y aquí las razones en contra del maestro de Lope de Vega (que fue Espinel) registran los tonos más desabridos— dicen que fue Juan Ángel, el autor del *Trágico triunfo de Don Rodrigo de Mendoza, Marqués de Cenete*, quien, primero que nadie, usó ese género poético en dicho libro. (Año de 1523). Las causas en virtud de las cuales este módulo poético pasó a ser, en los poetas cubanos anteriores a la instauración de nuestra República, el vehículo de expresión, por excelencia, podríamos apuntarlas y analizarlas detenidamente, si el tiempo de que disponemos ahora nos lo permitiera. Ya que no, limitémonos a decir, tan sólo, que merced al uso, frecuente en demasía, que de tal unidad poética se hizo en aquellos momentos, la décima se convirtió —sobraban fundamentos de sonoridad y de facilidad rítmicas para ello— en una especie de *cante jondo* de nuestros campesinos. Que sigue siéndolo, todavía, aunque un poco desganado y desamorado, a todo el largor de nuestra campiña vernácula. Porque lo cierto es que el tiple y el güiro andan, desde hace algún rato, cubiertos de polvo y de telarañas por los rincones de nuestros bohíos. La gustación de tipo romántico ha cedido su puesto en la simpatía criolla a otra más cálida, más instintiva, más de acuerdo con las temperamentales apetencias del guajiro cubano; para quien un tres, unas maracas, un bongó y unas claves, hoy son los mejores sillares de la alegría. Diríase que el soñar y el anhelar campesinos —si es que existen— tienen bastante, para la plena satisfacción, con el guateque. He aquí una alambrada propicia, para tender al aire, ya lavada con la lejía de un comentario crudo, una buena parte de la ropa sucia que tenemos en casa. Y a ese trajinar nos incita —pero lo dejaremos para otra oportunidad— este bello libro de Eugenio Florit que nos ocupa. Al que no podrá negársele —con derecho de primogenitura en el sector poético— una preocupación nativa, honda y fuerte, de noble

---

[197] *Revista de La Habana*. nov. 4. 2 (1930): 178-179.

[198] Ediciones de «1930», *Revista de Avance*, Habana.

prestancia. Lástima que el poeta, anheloso, sin duda, de una realidad civil más risueña, no haya advertido, cabalmente, para darnos su libro *Trópico*, que lo tradicional, en la décima, tanto en la que cultivó Espinel como en la que hizo, a cántaros, nuestro Fornaris —no está en la forma, solamente, sí que, también, en la substancia; también en el acento. No es que le pidamos a *Trópico* —claro que no— décimas al estilo del *Cucalambé*. Nuestro deseo es otro. El mismo, exactamente, que, en lo central, anima a Florit en este libro. El mismo que, en el *Romancero gitano*, anima a García Lorca. Pero el poeta de Granada no llevó, para rescatar el romance, sino las armas que eran, para tal aventura, necesarias. Del creacionismo de Reverdy —sobre cuyos huesos Vicente Huidobro levantó en España el Ultraísmo—, García Lorca tomó, solamente, la imagen. Lo demás estaba en su temperamento, en su raza, y en el romance mismo. De ahí esa nota personal, de tan alto relieve, que transita por todo el *Romancero gitano*. En ningún otro libro de García Lorca la encontraremos tan viva y tan robusta. Y es que la tradición, en estos romances, apenas discurre por lo que es epidérmico para fluir por lo que es arterial. Es decir: por el acento de la raza. Florit, que pudo haber imitado —y se lo propuso— de un modo brillante el paradigma, llevó a su decimario las influencias menos hospitalarias al bizarro propósito. Cazador de matices en las penumbras de la subconciencia; enamorado de los giros gongorinos y catador de las sugestiones del verso indirecto, desenraizado, puro, se le nubla el espíritu para el apresamiento del mensaje cabal (logrado, también, en su significación externa) que ha de ofrecernos en su libro. Así vemos que en *Trópico*, la imagen carece de aquel brillo plástico de que no puede prescindirse a no ser en la poesía pura, de cuyos paisajes interiores el poeta logra, muy pocas veces, apartar los ojos. Enrolado a las tendencias del nuevo cuño —ayer a las de fórmula objetiva, donde aun rebasa lo «desmesurado visual», que dice Luis Alberto Sánchez; hoy a las de fórmula indirecta, donde rebasa lo desmesurado interior— este poeta no sabe, todavía, dónde se levanta el porvenir. De ahí esa indecisión, esa inseguridad, ese tanteo frecuente que observamos en la obra de Eugenio Florit. No, desde luego, balbuceo ni vacilación de principiante. No hablamos de eso; sino de aquella falta de seguridad, de control, de firmeza, con la que nos hacen tropezar los que no han encontrado —y en ello se esfuerzan— su camino. Para dar con el cual no bastará afiliarse a tal o cual escuela, ni escribir versos en tal o cual forma, si la nota personal no aparece por ninguna parte. Pueden, deben tomarse los elementos que brinden, en lo formal, todas las escuelas; pero no para hacer obra al modo de Fulano y de Mengano, sino obra con un estilo propio. Sabemos que esto es lo difícil. Mas no, por eso, debe echársele a un lado. Porque únicamente así podrá aspirarse a una reputación definitiva. Comentando el movimiento literario de estos últimos tiempos en España, Cansinos Assens, no hace mucho, exclamó en *La Gaceta Literaria*: «Prefiero, a todo, —se refería al libro *Sobre los ángeles*—, la poesía hermética de Alberti. Claro. Como que, en ese libro, está, como en ningún otro de Alberti, su propia esencia personal. Pasada por los filtros de las novísimas formas literarias. Pero Alberti —por eso es un gran poeta— renuncia a ellas, enseguida, para darnos otra nota más personal aun en sus últimos poemas *Yo era un tonto y lo que he visto me ha hecho dos tontos*. A los cuales imprime un sello inconfundiblemente tradicional el sustentáculo de la gracia humorística. No obstante lo apuntado, hemos de reconocer que en el libro de Eugenio Florit, tan anheloso de limpidez formal, hay hallazgos que son admirables; aciertos que son definitivos. Y que todo el libro, como pronunciamiento literario de esta hora turbia, afila un sentido recóndito digno de toda ponderación.

TRÓPICO, POR EUGENIO FLORIT[199]

Félix Lizaso

Dos caminos —luz, agua— se entrecruzan en la entraña del trópico, produciendo esa alucinación de los ojos y de los sentidos, que paraliza muchas veces la penetración. Se gira alrededor del trópico, como alrededor de un vórtice de desenfrenos, de centelleos dionisíacos. Se huye del trópico, o se le gusta sólo en superficies, dominados por la creencia de que en el fondo, sol y agua, de acuerdo, procrean faunas fantásticas. Del tropicalismo se habló como de modalidad feble, quejumbrosa y endémica en literatura. Lo raquítico de todos lados, si era del trópico, se bautizó por tropicalismo. Queremos desmentir la especie: el trópico es fuerza, aunque pueda aparecer adormecida: el trópico es claridad, que puede ser también penetración. El trópico dijo su palabra una vez, por boca inmortal, y en América ninguna palabra ha sido más pura, más incisiva, más alta. Si tenemos ese ejemplo, y estamos proponiéndonos seguirlo, podemos alcanzar muchas cosas. Por eso esta hora nuestra tiene algo de ejemplar, en el empeño con que quiere sobrepasar el dictado de tropicalismo, para ser una clara realidad.

¿Pero debemos desdeñar el trópico, o penetrar en su esencia y apoderarnos de sus fuerzas inéditas? El trópico de lejos se ve como un gran páramo de luz de donde no sale nada vital, o acaso una pululación de gérmenes raquíticos. Nosotros no podemos contentarnos con ese espejismo: nosotros tenemos el deber de buscar el ritmo oculto de nuestro trópico, sus reservas, su carga auténtica, y ponerla en circulación.

Eso hace este pequeño libro de Eugenio Florit, y por eso mismo, ya merece el primer aplauso.

Dos mitades se reparten el libro: campo, mar. Y se lo reparten del modo más llano en nuestro trópico,— con la décima que ha sido como la espontánea floración del estro popular.

En *Campo* los elementos más típicos se aprestan a dar su mejor sabor, aunque estilizado. Estas son nuestras décimas, sólo que no como las improvisaría el guajiro con su clásico tiple; está el sinsonte, la sabana, el potrero, el monte, el camino carretero. No se puede negar todo el sabor criollo que tienen

---

[199] *Revista de Avance*. La Habana, septiembre. Año IV. 5. 50 (1930): 283.

estas décimas de Florit, que apuntan sin embargo a una realidad más alta que la misma descripción.

En «Mar», ya es distinto. No fue nunca al mar la inspiración de nuestros poetas. El campesino pocas veces ha podido ver el mar; el mar está fuera de sus ideas, no entra en sus cuentas, ni en sus cantos. Y sin embargo, estas son las mejores décimas de Florit, las más logradas en sí mismas. A las otras les prestan su tono los elementos consabidos, y cualquiera puede sentirse adormecido por esa música ancestral. Aquí en estas décimas del mar, es distinto: hay que reconcentrar la atención, hay que adivinar, hay que sorprender. Es otra clase de empeño. El primero es el empeño a flor de piel, para todos los gustos; éste ya obliga, ya exige. Busca sus elementos en profundidad. Y esto es lo que hay que hacer. Cuando se logra con gran sentido poético, como le sucede a Florit, ya estamos superando al trópico, —el falso concepto del trópico. Hasta el título de este pequeño libro es punto de partida.

APRECIACIONES[200]

Río, 15 nov. 1930,

Sr. Don Eugenio Florit,

Gracias por su *Trópico*. Admirable y encantador poema en décimas. Estoy entusiasmado con esta música en que al fin! se funden tan bien los elementos clásicos y tradicionales con el tono más popular de nuestras tonadas nativas. Lo felicito cordialísimamente, poeta Florit.

Alfonso Reyes

Madrid, oct. 15-1930.

Querido Eugenio Florit:

Al llegar del campo y del mar, encuentro su finísimo libro sobre nuestro campo y nuestro mar. *Trópico* es una hora feliz de la lírica cubana. Yo no he podido leerlo sin una emoción ahogada. Alguien dirá —como se ha dicho por no sé quien— de las de Guillén —que sus décimas son intelectualistas. Yo he sentido en ellas vibrar cosas muy hondas y sutiles. Me he acercado de nuevo a mi campo—. Y he llegado otra vez al mar. Y los he sentido, en sus versos, con un amor pleno y sosegado.

Trópico no es un libro tropicalista. Una gran suerte. Es un libro de hoy, y muy cubano. Y es sobre todo un libro bello, lleno de ponderación y equilibrio. También de insinuaciones.

Le felicito muy cordialmente. Le recuerdo siempre. Le abraza su devotísimo.

José Ma. Chacón y Calvo

---

[200] *Repertorio Americano*. San José, Costa Rica, 21 de marzo. T. XXII, No. 11. 12. 531 (1931): 173.

TRÓPICO, DE FLORIT[201]

Jorge Mañach

1.- *Trópico* de Florit

Hace ya dos meses que 1930, hoy órgano único de las izquierdas cubanas, así en lo ideológico como en lo literario, editó uno de sus más preciados libros: *Trópico*, el decimario de tierra y mar criollos de Eugenio Florit.

Esa aparición ha pasado poco menos que inadvertida. Los ruidos políticos ahogaron también la voz del poeta: pareció demasiado inocente su décima para el ánimo iluso, que andaba entonces codiciando el epinicio. Pero ya perdió mucha de su tensión esa cuerda, y el blando rumor del desencanto permite ahora dejar oír aquellos versos recién nacidos, hechos para sobrevivir a todas las circunstancias.

Dos méritos de prioridad hay que reconocerle sin vacilación a este lindo decimario de Florit: uno, que es el primer libro cubano de versos concebido y realizado dentro de los nuevos módulos líricos, sin arrastres o contagios de las escuelas inmediatamente anteriores; y el otro, que es también, en volumen, el primer intento de estilización poética noble de nuestro paisaje. Acaso estas dos prioridades sean en realidad aspecto esencial y secundario, de una sola verdadera primacía en el tiempo. Florit nos ha dado nuestro primer libro auténtico y maduro de poética nueva.

Claro que esto de «nueva» ha de tomarse con todas las modificaciones del caso. La filiación de Florit al neogongorismo que hoy domina buena parte de la lírica joven de España, es algo notorio entre los que han venido siguiendo la delicada y parsimoniosa decantación de su obra. Pero Góngora no fue más que el antecedente necesario. Su resurrección en España, a manos de los nuevos poetas, me ha parecido responder a eso que el español, hasta cuando más osado y radical en su espíritu innovador, tiene siempre de tradicional. Hay algo en la atmósfera espiritual de España que desgana de todos los sesgos abruptos. Picasso tuvo que irse a París para hacer su gran «fechoría». El *homo ibericus* es, eminentemente, hombre de raíces, incapaz por sí solo —es decir, sin la

---

[201] *Repertorio Americano*. San José, Costa Rica, 21 de marzo. T. XXII, No. 11. 12. 531 (1931): 173.

inducción de un clima soliviantador—para dispararse hacia la pura invención. La nueva poesía española; necesitada de renovar su lenguaje y de asegurarle a la visión y a la expresión poéticas una licencia total (Rubén Darío no había hecho más que importar las libertades francesas), prefirió escoger el intacto legado de insurgencia que le había dejado el poeta de las *Soledades*.

Cierta natural circunspección y parsimonia que hay en el temperamento de nuestro Florit le invitaron, a su vez, a adoptar el modo neogongorino como vía de tránsito entre su balbuceo romántico inicial y una independencia y eclecticismo eventuales, que ya van apuntando robustamente en sus últimos poemas. Es él demasiado poeta auténtico para aventurarse en esos virajes violentos con que otros tratan de darnos el timo «vanguardista», sin recelar que ya la brusquedad del cambio nos lo hace sospechoso.

Pero si Florit se aprovecha de las resucitadas licencias del abuelo cordobés, no es para abandonarse por sus viejos cauces, ni para obsequiarnos con rancios «pastiches» criollos del *Polifemo* o de las *Soledades*. Algo de esto ha pasado en Madrid y Andalucía. Florit exhibe dentro de la tradición adoptada, una altiva independencia americana. Atiende a los motivos poéticos de su tierra y encierra su canción en la a un tiempo breve y demorada rotundidad —¿rectangularidad? —de la décima criolla.

Pudo Góngora decir de sus *Soledades* que era en ellas «extraño todo —el designio, la fábrica y el modo». En el librito de Florit, todo, por el contrario nos parece natural (signo de su autenticidad. El «vanguardismo» no llegará a ser expresión válida y genuina mientras resulte chocante). Su «designio» es el elogio de nuestro campo y de nuestro mar. Su «fábrica» no es sino un sencillo panorama. El «modo» es la décima estilizada.

En próximo artículo veremos cómo con estos elementos, Florit ha compuesto una versión intelectual delicadísima de la tierra nuestra: vale decir de aquellos aspectos y momentos suyos en que lo fugaz se asocia a lo perenne.

2.— Palabras e imágenes. —Hablamos del libro de versos de Eugenio Florit —*Trópico*— y decíamos, que utilizando, como medio expresivo la décima tan cara a nuestra tradición guajira había compuesto una versión sumamente delicada de nuestro paisaje y de nuestro mar.

Si fuéramos a creer en la palabra del poeta —cosa siempre un poco arriesgada cuando el poeta se refiere a su propia obra— tendríamos que inferir que de los dos propósitos de este libro, el de ennoblecer la décima y el de estilizar la versión del paisaje, el primero —a pesar de ser el de mera técnica— fue el que presidió el ánimo del poeta.

Él mismo, en efecto, nos lo advierte en su «Inicial». Copiemos su cuarteta, para dar así, de paso, al lector *in absentia*, una idea del tono aristocrático, elaborado y algo absconso de estos versos:

> Pues de la tierra, canto, agradecido
> te revelas en clásica envoltura,
> detén el ala por mirar el nido
> y luego bebe un manantial de altura.

Como hago periodismo, y no crítica rigurosa, se me perdonará la precaución de «traducir» esos versos a villana prosa. El poeta invoca su propio canto; le reconoce personalidad, derecho propio; se siente obligado a él. Puesto que tú, canto mío, por agradecimiento que no tengo que explicar, te sientes clásico, debo exhortarte a que te pongas freno, ya que todo clasicismo es una limitación. Te invito, pues, a que sofrenes el ímpetu que naturalmente te lleva a más osadas y riesgosas empresas, fijándote ahora en la tierra nuestra, en el ámbito rural donde tu forma impera. Luego podrás evadirte otra vez, como quería Federico. Beber «un manantial de altura» adonde ya la gente decididamente no podrá seguirte.

¿No es éste todo un explícito programa? Clasicismo. Regionalismo. Naturalismo. De antemano, el poeta nos da las notas de su clave. Y ya lo único que nos queda por decir a los comentaristas del tipo periodístico es que este clasicismo, este naturalismo, este regionalismo no son cualidades simples, simplemente entendidas, pues de serlo estaríamos aún en la zona del Cucalambé; sino que son decantaciones muy finas, y en eso está la gracia. La gracia nueva de Florit.

El elemento clásico reside, como ya vimos, en lo formal gongórico. Florit toma la décima —tan cubaneada, tan arrusticada, tan cargada de anécdota— y le devuelve su prestigio antiguo, nutriéndola de sutiles contenidos emotivos y visuales, quitándole toda la tierra adherida, poniéndola a quebrarse en luces al sol, como un cristal de cuarzo. El sonsonete «rectangular» parece que cobra juegos rítmicos interiores, inusitados, merced a los disloques de fraseo —ese famoso uso y abuso gongorino que las preceptivas llaman «metátesis». Y el lenguaje ya no es el «pan, pan; vino, vino» de la décima natural del país, sino habla difícil, de «fuero poético», como quería Góngora, en que más que las palabras (como en el modernismo barroco de ayer) lo arduo es el sentido de su relación en la frase. La décima, espina o dardo directo en boca del guajiro, ahora se ha trocado en «espiral saeta».

> Voz de pueblo cantor, por claros mares
> giros emprende su espiral saeta.

La trasmutación no es sólo, sin embargo, cuestión de palabras, sino de ideas. Esta es poesía intelectual porque lo es de imágenes. De imágenes que no han sido sacadas de ninguna gaveta, sino expresamente pensada cada una, gracias a que la sensibilidad intelectual del poeta ha sabido encontrar la recóndita identidad de sentido entre hechos aparentemente negados a toda posible relación.

Ya ese lenguaje alquitarado, ya esa virginidad de imagen, dan testimonio suficiente de la calidad poética del libro. Se engañaría quien lo reputase «mera técnica» o cosa de fácil ingenio, al alcance de cualquier versificador avispado. El sentido poético de la palabra, el dón de la imagen, «son ya el poeta», sin necesidad de eso que llamamos «voz interior», «mensaje», etc. A mí no me extrañaría, pues, que, en efecto, el propósito capital de Florit al hacer este libro no fuese realmente dar su versión de la tierra, sino mostrar su aptitud para estilizar esa versión en formas nobles y complejas, inusitadas entre nosotros. No es mero ingenio literario, ni simple virtuosismo, poder aludir, por ejemplo, al fondo del mar pidiendo

> desprecio para la onda
> y atención para la intensa
> vida que en tu seno piensa
> mundos de niñez tranquila.—

Además de un lenguaje egregio, de una imagen bella y nueva (o, por lo menos, no valetudinaria), hay en esos versos un sentido de noble valoración en el que no es difícil percibir la nota trascendental, el acento de eternidad que es la marca genuina del poeta.

Pero ya veremos con más tiempo la estilización de cosas, amén de palabras y de imágenes, que añade a la delicadeza inusitada de este decimario de Florit.

3.— Trópico y fuga. —Los que censuran a la poesía moderna su «dificultad», suelen ser gente instalada en una tradición de lectura perezosa. En rigor, no acontece tanto que esa poesía sea inaccesible, como que tales censores se resisten al esfuerzo necesario para alcanzar su sentido. No leen con la suficiente parsimonia y codicia mental, ni, por lo común, con el ánimo generoso, sino erizado de intenciones polémicas, ante las cuales, se fugan y ocultan las purezas inocentes del verso nuevo.

Del nuevo y del viejo. Esa gente perezosa es del linaje de aquel que dijo en su lecho de muerte que el Dante le reventaba. Es la misma gente que enterró al Góngora magnífico de las *Soledades* y le concedió el beneplácito a las letrillas. Es, en español, la gente que en inglés nunca hubiera entendido a Keats, ni a Shelley, ni a Blake —poetas genuinos, poetas difíciles.

Porque todo esto no niega que la poesía nueva sea en verdad ardua. Ciertamente que lo es, como que en ella se ultima, o por lo menos se adelanta mucho, el proceso mediante el cual la poesía ha ido poco a poco realizando su específica incumbencia, que es la de decir las cosas que no se pueden decir en prosa. Esto parece que, con haber sido ya muy dicho, aún no se ha repetido lo bastante. Para expresar todo lo lógico y factual, es decir, lo que está en el primer plano de la conciencia, se ha hecho la prosa. Para expresar lo demás, lo alógico, lo semiconsciente, lo subconsciente, lo recóndito, en una palabra, lo «inefable», para eso está la poesía. La poesía es un intento de «efabilización» de lo inefable.

Florit —por ejemplo presente— se sitúa ante nuestro paisaje. De él le llegan al ánimo revelaciones sutiles de color, de olor, de sonido, de forma, que no son privilegiada experiencia suya, sino que entran, frente al paisaje, en la experiencia de todo hombre sensible. Un cazador impenitente me explicaba una vez que el mayor aliciente de la caza no era tanto la cinegesia en sí como los encantos de la salida al campo. Lo decía torpemente, en prosa de cazador. El poeta dice lo mismo delicadamente, en verso apto para traducir esa delicada fruición de lo bucólico.

> Voz de escondido sinsonte
> y de caudales presuntos
> aprisionan en dos puntos
> un silencio de mañana.

Quien no haya «sentido» alguna vez este episodio del silencio aprisionado, sencillamente es que no tiene la sensibilidad organizada para tales percepciones. Pero es un hecho —un hecho poético que sólo puede expresar, si se puede, en versos como esos de Florit.

Percibidas estas cosas «inefables», el problema del poeta es transmitir la experiencia de ellas. No me avengo a creer en la posibilidad de una poesía puramente expresiva, esto es, desentendida del lector o del oyente. Arte es experiencia comunicada. Para poder comunicar la suya, la más delicada y fugaz, el poeta tiene que condensar su tenuidad, agregarles cuerpo y volumen. O bien tiene que proceder por comparación, dando a entender lo impalpable por medio de lo concreto. De ahí la exageración, el animismo, la imagen, recursos expresivos en que Florit acusa un señorío sorprendente.

Poniéndolos en juego, ha logrado darnos esa versión hialina, depurada, etérea casi de nuestro paisaje, sin enajenarle su peculiaridad. Las alusiones a lo criollo específico están tan bien administradas, que impiden qué el sabor de la tierra se volatilice en el proceso de depuración expresiva.

> Multiplícase el desvío
> del fuego solar y baña
> verdes los campos de caña
> y telas de cafetal.
> Luego vuelve a su cristal
> y en los güines se enmaraña.

¿Quién no siente la cubanidad esencial de este paisaje de palabras? Históricamente, el mérito capital del decimario de Florit me parece que reside en esa feliz captación de esencias cubanas. Es la primera reducción del trópico nuestro al límite de la «inefabilidad».

En las décimas de «Mar», que componen la segunda parte del libro, Florit se ve menos constreñido por la necesidad de conservar el carácter, la fisonomía, y por consiguiente su abstracción es todavía más enérgica. Pero esta misma universalidad reduce el mérito del empeño. Aquí la tarea del poeta se queda reducida a expresar en imágenes de suma gracia la experiencia del mar.

> la vida tangente —a la encantadora pupila,

y la mágica repercusión de esa vida en el espíritu. Sin raíces ya que le tasen el vuelo, la décima se va remontando a su «manantial de altura», evadiéndose hasta alcanzar la zona misma de lo inefable puro. El sentido, de tan delgado, se pierde ya. Pero aún entonces queda el cauce estremecido de su fuga —una vibración misteriosa en la inteligencia y un dulce rumor de palabras bellas sin albedrío.

EUGENIO FLORIT[202]

Lino Novás Calvo

De los noveles que girábamos en derredor de ellos, los dos que mejor conocí son Ballagas y Florit. Florit tiene un libro de décimas remozadas, *Trópico*, que le valió discusión y admiración. Es funcionario público y abogado. Es un niño pequeño que quiere encerrar las cosas de los grandes en imágenes de juguete. Debido a esto complica las cosas y las hace difíciles. A veces quiere hacer teatro y cuento y ensayo, pero luego se encuentra con que el verso es su mujer celosa y no lo deja salir de él. Hace que se le va, y entonces Florit vuelve a él y lo acaricia mejor y lo trabaja como una joya. Lee y traduce a los franceses. Por las noches nos reuníamos a veces en los cafés y hacíamos planes que ya sabíamos que no se realizarían. Eso no importa. Nuestro objeto era hacer planes. En temperamento éramos dos polos, pero a la hora de los planes, que no podrían ser, y sabíamos que no podrían ser, estábamos de acuerdo. El es un hombre musical y con una metafísica de niño. Entre sus estudios estuvo el de piano. Una noche lo llevé a casa de una pianista, hermana del comunista Barceló, y al sentarse ante el piano se le olvidó todo lo que sabía y no pudo tocar. Había por allí gente mirando y escuchando y Florit se puso nervioso y renunció.

---

[202] *Cuba literaria.* 15 de nov. 5. 118 (1931): 2.

SOBERBIO JUEGO[203]

Alfonso Reyes

¿No nos encontramos una vez a Don Segundo de la Mancha conversando con Don Quijote Sombra? (Dicho sea con toda proporción, y exagerando símbolos). Tampoco tiene miedo a España Eugenio Florit, porque ya es suya — porque ya es nuestra, americanos. Tampoco tiene miedo al Rengifo, a la Preceptiva, porque ya somos tan libres que es lícito, si nos da la gana, componer todo un *Trópico* en rigurosas y bien contadas décimas. Triunfo de la voluntad, voluntariamente ceñirse a todo. Y más cuando el poeta cubano siente, en el tonillo de la décima, el compás de esas canciones nativas, tan de su pueblo, tan de América, que por toda ella andan vestidas con diferentes nombres y, siendo «llaneras» en Veracruz, son «estilos» en las tierras del Plata. Y otra vez, entre las ocho y las ocho sílabas — quién sabe si a través de los españoles de treinta años — la insinuación de don Luis de Góngora, «como entre flor y flor sierpe escondida». Si «al mar le salen brisas», Florit, a esas décimas les nace solo, a pesar de tanto cultismo congénito, un punteo de guitarra, vibrado a la espina de la espinela: un son de ingenio, de rancho, de estancia, de quinta o como se diga en nuestras veinte repúblicas (Porque ya hay que hablar para todas ellas y, aunque con instantes grotescos, *Tirano Banderas* es la obra de un precursor). Y yo no estoy cierto de que el campo americano haya dejado jamás de ser cultista. Caña, banana, piña y mango, tabaco, cacao y café son ya palabras aromáticas, como para edificar sobre ellas otro confitado *Polifemo*. Le faltó el ímpetu, pero no la jugosa materia prima, a la *Agricultura de la zona tórrida*. Luis Alberto Sánchez me lo explique: el peruano de certera mirada que encontró a Góngora haciendo de las suyas hasta en nuestros hábitos políticos. Tanto peor para los que nacieron sin raza y les da vergüenza que haga calor. Y salimos, Florit, de las doce más doce décimas, por ese procedimiento mágico que está en reducir la flor y el pájaro a un esquema de geometría, como se sale de un ejercicio austero, de un ejercicio militar: quién sabe qué fiesta de espadas, qué esgrima de florete — parada y respuesta al tac-au-tac — donde cada palabra se encuentra, exactamente a los tantos versos, con la horma de su zapato; cada imagen choca a tiempo con su hermana enemiga y se gana su

---

[203] Artículo de Alfonso Reyes en la revista *Sur*, Buenos Aires, Verano (1931): 68-70.

merecido; cada oveja va con su pareja, y los ecos juegan por todo el libro al toma y daca. Divina juglaría de cuchillos, soberbio juego la poesía.

VERBO Y ALUSIÓN[204]

Juan Marinello

Pues de la tierra, canto, agradecido
te revelas en clásica envoltura,
detén el ala por mirar el nido
y luego bebe un manantial de altura.

Metro menor, cinco más cinco versos
será grácil vestido. Mar y campo,
verde en azul tendrán ecos diversos
décima, los jinetes que en ti acampo.

En tiempos de metal sabe cantares
de campo juvenil y mar inquieta.
Voz de pueblo cantor, por claros mares
giros emprende su espiral saeta.

Eugenio Florit
(En *Trópico*)

    Este libro, *Trópico*, de Eugenio Florit, que ha resignado su rumor marino y su brisa guajira a los estruendos civiles de la hora, viene a revivir, en la soledad impaciente, la vieja cuestión —vieja en nosotros— de la esencia de lo lírico. Sigamos, sobre estas décimas bruñidas con sol y agua, el largo monólogo del preso a quien la forzada quietud agrava la otra prisión. Diálogo, mejor que monólogo, porque entre las puntas verdes —ola y hierba bruja— de estos versos nuevos está padeciendo, y gritando su padecer gozoso, lo mejor de Eugenio Florit. Dialoguemos a mañana traviesa.
    El maestro en chabacanerías que quiso enseñarme preceptiva literaria repetía con escolástico deleite a cada paso, a cada mal paso, que «esencia es lo

---

[204] Marinello, Juan. *Poética, ensayos en entusiasmo*. Madrid: Espasa Calpe, 1933. págs. 17-48.

que cambia las cosas». Toda definición es, como se sabe, un guante henchido de viento de vigilias que nos regala la cómoda ilusión de que la mano está adentro. Y la mano —los pintores no me dejarán mentir— es cosa captable cuando estamos provistos de atención ahincada, larga y amorosa. Pero un guante puede entregarnos el contorno infiel de lo real. En advertir la deslealtad, en aislar el reflejo mendaz, está el camino hacia la realidad.

Hay en todas las cosas, innegablemente, como quería el dómine villareño, algo que permanece —que vive— y algo que acompaña a bien vivir. En todas las cosas, pero no en la lírica. El inmensurable error en la explicación de lo poético ha residido en no haberse identificado a tiempo la esencia con la existencia. En la crítica puede distinguirse entre el andamiaje animador y las volutas adyacentes. Será todo crítica. En la lírica, no. Lo que no sea esencia —existencia— será vehículo, nunca complemento. Lloremos a caño abierto el tiempo malgastado en tomar medidas a los poemas. Lamentemos la energía derrochada por la estimativa que aplicó su ministerio a precisar la calentura de los ropajes impermeables.

Eugenio Florit, con quien hablo, sabe que nos morimos sin vaciar nuestra entraña lírica y que nunca tocamos en su intimidad la de los otros. Sabe el poeta de *Trópico* que la palabra es una moneda falsa con la que hay que comprar —engañando con astucia israelita— la comunicación con los hombres. No ignora Florit que la pureza lírica absoluta sólo puede darse en un gran poeta a quien, en castigo de su grandeza, hubieran de niño cortado las manos y cegado la voz. Ese cantor trágico vengaría en su pureza desesperada a todos los «forzados del consonante» y daría a los que tuviesen oídos para oírlo esa plenitud que corre delante de la pluma y queda junto a la pluma, inseparable como la sombra y, como la sombra, sin libre existencia.

Como se dieran la voz y las manos al gran poeta mudo le nacerían vías de derramamiento por donde vería correr aguas hasta entonces desconocidas de él. Las aguas se contaminarían del cauce y llegaría al poeta la conciencia de su don al verlo manchado. Entonces, el dilema: o disolver el cauce en la corriente, para que todos vean el don a distancia, o debatirse en busca de la pureza perdida caminando hacia el manantial, hacia la mudez.

Racionalidad. Inefabilidad. He ahí los dos cables que tiran en opuesto sentido del hecho lírico. Es la voz, la palabra lo que da racionalidad —dice Miguel de Unamuno—. Lo poético ha de ser visto por el ojo de la palabra, por la hendedura de la voz. Y como lo poético es inefable —en el sentido raigal del vocablo—, el accidente de traducirlo comporta traición. A diario se repite que toda traducción lo es. Toda versión supone, en efecto, una pugna callada por la lealtad que no puede lograrse. Todo acto de amor lírico es una aventura por mentir lo menos posible.

Advertido lo poético como campo abatido por frenéticos vientos encontrados, como cuerpo alanceado por saetas bífidas, en continuo riesgo de desmembrarse, se entenderá el viejo deseo de hacer callar la dolorida antítesis. Por este deseo se cortaron los garfios de más agudas, revesadas y penetrantes puntas. Se fortalecieron con la amputación los del opuesto costado. La palabra engordó a sus anchas y vino sobre ella la bendición. La palabra quiso hijos. Y vino la lógica, casamentera de las palabras. La prole fue larga y espesa. La sangre sin voz quedó gesticulando en los garfios que bailaban en el vacío. Se comenzó a vivir de sangre democrática: teatro, querellas de alfarero, no querellas de vidriero, matachinerías, gazmoñerías, garanoñerías. Como nada quedaba detrás, como no había ya qué traducir, se vino al adecentamiento de lo que se tenía por propiedad inalienable. Los brazos se entraron gozosamente por el barro sin temblores con la alegría burguesa —romana— de quien posee sin miedo a evicciones. Y se lograron —¿quién puede dudarlo?— perfectas reproducciones en barro. La conciencia conquistó la calma. Ya no había traición, porque no había a quien traicionar. La sangre sin voz quiso alguna vez asomar a la cara de las estatuas correctas. Manchaba el barro pulquérrimo y fue borrada con hábiles toques. Y, con todo, alguna ocasión se filtró sigilosa y el grito incontenible del escultor quebró las medidas acordadas. Vivían, volvían, los grandes traidores.

Pero, he aquí Eugenio Florit, que en esta mañana nos nace en el encierro una gran duda obstinada que quiere subir a remordimiento. Hagamos por absolverla en el diálogo. ¿Es la palabra —el garfio sin complicidades, sin resonancias— cosa redimible? Más claro, es decir, más obscuro, ¿no puede la palabra llegar a Verbo? Si pudiera, con gritar en ella a pecho hinchado y meter sangre inefable en venas lógicas, llegaría el reino lírico en que todos seríamos trágicamente venturosos. Y le daríamos el cetro, si usted no se opone, a don Miguel de Unamuno, que tiene las barbas aborrascadas como un basileo desposeído.

¿Puede ser la palabra valor poético? ¿Puede cristalizar, por su virtud de equivalencia —toda equivalencia es traducción—, el momento inefable? La duda —debe decirse sin esperar a más— no nos la ha sembrado ese incremento puramente externo, aunque considerable, que ganan los vocablos emplazados en el verso con artificiosa sabiduría, ni menos esa redondez elocuente y españolísima que, en décimas descriptivas y epístolas morales, cobran a ocasiones las palabras, con tan excesiva conciencia de su peso, que quedan obliteradas a la mordida del viento de infinitud. Rubén Darío, gran poeta, aunque no por este virtuosismo de buena ley, es ejemplo de lo primero; los versos de Quevedo, en sus mejores momentos, de lo segundo.

La duda nos vino de tocar en ciertas palabras —en palabras usadas por poetas verdaderos— un relieve sin consistencia razonable, lingüística. Palabras como las otras, pero distintas de las otras. Palabras usadas a cada paso, pero de tal modo dichas ahora, que calentaban hasta quemarlo el papel en que quedaban palpitando. Grave cuestión: ¿vive en la palabra que existía antes, y que ahora reproducirá interminablemente el linotipo, algo del mundo intraductible de quien la dijo? ¿Tendremos el Verbo, la corporeización del aliento que está sobre el hombre? Porque el calor desprendido de ciertas palabras nos ha parecido de tan lejano origen, que nos ha hecho sospechar si la palabra no será la realidad lírica, la existencia poética *manifestada*. ¿Estaremos viviendo un nominalismo lírico, un *flatus vocis*, en que el modo expresivo sea toda la poesía?

Si la palabra es poesía, el camino de perfección está en perfeccionar la palabra, e hicieron acertadamente los que le amputaron los garfios angustiosos. Si no hay sino vocablos de tensión poética, todo estará en buscar la adecuación entre el momento lírico y la palabra en que se realiza. Más aún: en cazar el término realizador. ¿Todo quedará reducido a un «primor de la escriptura», que decía sor Juana?

Meditando sobre la esencialidad de los vocablos y en punto que se adelgazaba la amarra inefable, me ha parecido entrever atajos que nos vuelven al camino real. ¿No ha descubierto usted, Florit, que las palabras de elevada temperatura tienden entre sí a integrar una atmósfera que refluye sobre cada una de las vecinas tiñéndolas de sentido milagroso? Es como si lo que está en el poeta se reintegrase fuera de él en virtud del oportuno emplazamiento de voces térmicas. Advierta que persiste la antítesis trágica que creímos liquidada, pero que se ha dado con un modo hábil de amortiguar su violencia. Nuestro amigo Oliver-Belmás ha afirmado que ser gran poeta es ser gran embustero. Y aquí la necesidad de entrar por la vía lógica disponiendo los vocablos de acuerdo con leyes vigentes— aunque utilizando esas leyes con especial sentido— aminoran la mentira lírica. ¿Estará diciéndonos esto que existen vías más desembarazadas nacidas para el gran embustero, para el gran poeta?

Usted y yo hemos oído a Ezra Pound aquello, tan sibilino al primer encontronazo, de la carga de las palabras, que es toda una teoría animista del lenguaje literario. (Releyéndolo hoy me he preguntado si los chinos, que tienen en sus gramáticas, como usted sabe, palabras vacías y palabras a medio cargar, no están elegidos para grandes poetas del siglo XXI). Para el pertrechadísimo ensayista yanqui hay tres clases de poesía: la *melopeya*, la *fanopeya* y la *logopeya.* En la melopeya las palabras sobrepasan, por vía musical, su significado llano; en la fanopeya hay «una proyección de imágenes sobre la imaginación visual» y en la logopeya —transcribimos las frases que se estorban de gravidez— se emplean las palabras «no sólo por su significado directo, sino teniendo en cuenta de un modo especial sus hábitos de uso, el contexto en que esperamos encontrarlas, sus concomitancias usuales, sus acepciones conocidas y el juego irónico».

El poeta de Nueva York anota en estas últimas frases un modo de poesía en que ya se desconfía sin rebozo del valor intrínseco de las palabras y se las quiere usar como elementos adjetivos, teniendo en mucho más su reflejo que su luz. La palabra, degradada, capitideminuída, va a cobrar en los dedos del poeta esa vida conjugada, subalterna, de las bambalinas en manos del escenógrafo, fijadas sobre el tablado con la mirada atenta a las que han de quedar enfrente, acomodadas a la malicia óptica del espectador y a la estatura de las vicetiples del coro.

En la logopeya la colocación de los vocablos —su uso como elementos de equivalencia conceptual— se altera para obtener, por contraste, por negación del valor convenido, el efecto lírico. La sorpresa del encuentro con lo arbitrario determina una revulsión en el ánimo lector que hace nacer lo esencialmente poético. Se marcha por esta vía hacia la desvalorización lingüística, hacia el usufructo de los valores de asociación y disociación. Se comienza a ver en la palabra, antes que otra cosa, un instrumento de poder alusivo.

La logopeya es la etapa de transición que marca el comienzo de la gran revolución lírica. Es el descubrimiento de la ruta hacia los nuevos mundos, hacia los mundos tiránicamente señoreados por los poetas. Aquel gran cantor mudo vislumbra ahora la manera de conservar su pureza entregándola por resquicios difíciles a los hombres. Ya no será forzado a moldear en términos precisos y ponderados un orbe que posee su riqueza en su profunda vaguedad. Pero Ezra Pound no quiso aventurarse por la incierta ruta oceánica. Sus expediciones no pierden de vista el punto de partida. En la logopeya está vivo el choque con lo lógico: de ahí que se noten —y se aprovechen— los efectos de las relaciones inusitadas. La logopeya es «la danza del intelecto entre las palabras», es decir, el juego irreverente con las normas venerandas, la ironía docta del desdibujo, el juego con ventaja de quien conoce la trampa porque aprendió antes la ley.

Pero si la logopeya no es la libertad, es su anuncio. Lleva de la mano a una etapa última, de la que no se han sospechado los alcances y a la que por su apartamiento radical de las anteriores bien pudiéramos, sin flagrante pedantería, llamar la *heteropeya*. En esta etapa puede tener la palabra todos los oficios que en las anteriores, pero siempre en función de un estado lírico. Lo central en el nuevo estadio reside en hacer de los vocablos reflejos leales del *elán* poético sin preocupación de su significado usual, ni de su acoplamiento sorprendente, ni de su música externa. La palabra como valor subalterno, pero genuino. La esencia, la existencia lírica, tomando su vehículo con señorío cabal. La cárcel vino del acomodamiento de la esencia a su modo expresivo, de poner lo poético en la palabra, la palabra en el verso, el verso en la estrofa y la estrofa en el soneto. La libertad ha de llegar de poner la palabra en lo lírico.

¿Por qué no hacer de los vocablos notas de la poesía? No es el mensaje del poeta ni más concreto ni más racional que el del músico. En la música flotamos en una atmósfera que permite llegar con planta propia muy cerca de las honduras que sufrió y salvó el compositor. Cuajemos en el verso una realidad similar a la mélica. Nada de «la danza del intelecto entre las palabras». Danzar inteligentemente entre palabras es soslayar sus resistencias y lo urgente es aprovecharlas. Importa el paso del aliento inefable resonando entre las palabras encontradas en su carrera. La palabra síntoma. La palabra testigo. En esta casa cercada de pinos y frente al mar, es por los pinos desmelenados y las aguas rabiosas por lo que sé cómo grita el viento en la madrugada.

Hasta hoy se ha entrevisto lo lírico por rendijas indiscretas. Desde ahora debe lo lírico darse desnudo o no darse. Si no se logra la nudificación a costa de las palabras, será que no existen más que palabras. Y el modo realizador debe caer, como rama privada de savia, cuando debe de alimentarlo «el don que permite entrar en lo desconocido de antes y en lo ignorado de después».

Pero me dirá usted que este mundo es el más riesgoso y aristocrático que darse pueda; que estoy poniendo en peligro, con mi credo literario, mi credo político. A poco que medite estará a mi lado. Conoce usted a cuánto ha llegado el error tradicional de creer a la poesía genuina cuando nos ha penetrado por el valor elemental de sus vocablos. (Tiene una explicación meridiana que el mundo gongorino esté a medio descubrir). Si conseguimos darle a la palabra puesto modestísimo, no será mayor el número de los rencorosos. Los que se dan de cabeza contra la letra seguirán en la hostilidad, porque no pueden traspasarla. La verdad lírica les es, *a nativitate*, cosa extranjera. Y el que por especial virtud razonadora esté armado para entrar debajo de lo verbal, se encontrará a sí mismo en una poesía que halaga y cumple sus capacidades de sintonización. ¿Dónde se han reclutado los gozadores de la música última? ¿Entre los conocedores de los secretos técnicos, o entre los provistos de una sensibilidad tan fina que se escurre por entre los recuerdos obstaculizadores? El número de los impenetrables quedará el mismo. Y no desaparecerán —porque no hay razón para ello— las arengas y las narraciones en verso, y hasta se repetirán las de muy alto valor. Porque la palabra tendrá siempre sus primates. ¿Podemos discutirle entre ellos un puesto eminente a Leopoldo Lugones? Sólo que va siendo tiempo de que inventemos una denominación para esa familia de obras en que la palabra se nutre de sus propios jugos y alcanza raras perfecciones regnícolas.

Todo esto quiere decir, Eugenio Florit, que buena parte de los poetas de hoy quieren entrar por puertas falsas en la nueva edad. Se quiere hacer poesía de nuevas palabras, no de nuevas esencias que tiñan reciamente a la palabra sometida. La causa es tan evidente, que apenas hay que aludirla. Muchos años de melopeya han acostumbrado a los mejores oídos a lo externo de los versos. Andamos ya en una melopeya de nuevo cuño en que Góngora da el aire. ¿Retroceso? ¿Definitivo estancamiento? La resurrección radial del racionero de Córdoba explica, como ningún fenómeno, la llegada del nuevo modo. Góngora metió en ademán violentísimo su mundo poético en un mundo de palabras. Su vida fue un duelo a muerte entre estos dos mundos. El segundo limitó al primero, desdichadamente. (Desdichadamente para quien no prefiera el artificio verbal, que es maravilla en don Luis). Su orbe interior fue prodigioso, más que por lo que mostró, por lo que calló. Carrillo Sotomayor, su maestro en mucho más que en preciosismos refulgentes, quería, con una adivinación que asombra para su momento, que el poema fuese «cosa íntima y escondida», no de externidades seductoras. Don Luis aprendió totalmente la lección del viejo mílite. Pero se creó también un lenguaje. (El lenguaje finísimamente analizado por Dámaso Alonso). Y un lenguaje es una suma de equivalencias permanentes. Dentro de su lenguaje —era en definitiva su obra— halló ocasión de insuflar porciones de un universo no visto después. Pero en demasiados instantes la voz magna se moldeaba en materiales consabidos y lo interno cuajaba en manoseadas mitologías. La lengua se rompe con frecuencia: surge el poeta impar. A veces sólo hay lenguaje. Cuando desampara al gran precursor el ojo pineal que le engastó en la frente José Ortega y Gasset.

La poesía española de ahora, y parte muy larga de la hispanoamericana, es gongorista. Sabedora de que la palabra en su valor normal no traduce válidamente el mensaje, han ido a una valorización específica de la palabra. Se ha acudido al Diccionario lírico del autor de las *Soledades*. Cualquiera que sea el usufructuario de la *tabla de voces* gongorina, tiene en su mano un cauce construido con delgadísimas resonancias, un puente de ojos relucientes. No poseerá la lengua de su genuina intimidad, pero tendrá una defensa contra el *sumo vulgaris*. Pero, con todo, el neogongorismo está herido en el corazón. Las tiranías, aun las que tienen mucho oro, no tienen otro sino que fabricarse su caída. Góngora será el momento último de la poesía razonable. Un momento largo todavía, porque, voz de sabias perfidias, enguanta el aliento realengo en una música que suena lejana y que parece nuestra. Es voz amarrada a un recuerdo, de las que andan trecho marcado. Los que como usted corren el riesgo de que la parla bellísima le petrifique en barrocos caracoleos el aliento insondable, deben arrancarse el recuerdo:

>«El alma tuya —tan fría—
>no más por el beso muerta.
>Alegre, al fin, a la cierta
>siembra de luces del día.
>. . . . .
>Roto en espinas al peso
>cielo, de urgente llamada
>por anhelo de ser nada
>en marina cárcel preso,
>ábrese suicida beso...»

Góngora es una despedida, Florit. Con su bendición deben los nuevos poetas labrar las columnas de Hércules de sus mundos. Las cárceles —aun las amables, entre pinos y olas— regalan el impulso acerado de las pugnas desembarazadas. De Góngora se debe salir como de un cautiverio: con el juramento de vivir en libertad. No hay otro modo de realizarse plenamente que robusteciendo lo que nos duele por dentro para que salga con el vigor de los grandes saltos. Mejor, si del choque, las palabras se atontan y dicen, como los tontos, cosas divinamente disparatadas.

No vuelva usted al cautiverio. Ya ha vivido —¿y cuántos lo han hecho en esta isla de hombres y poetas en prisión?— la dura y grande libertad nueva:

>Mar, con el oro metido
>por decorar tus arenas.
>Ilusión de ser, apenas
>por dardos estremecido.
>Viven el cálido nido
>aves de tu luz, inquietas
>para un juego de saetas
>ilusionadas de cielo,
>profundas en el desvelo
>de llevar muertas secretas.

EL ÚNICO ESTILO DE EUGENIO FLORIT[205]

Juan Ramón Jiménez

Antes de nuestro triste 1936 español, conocía yo algunos poemas breves de Eugenio Florit, décimas, entre otros, primorosas y lucientes, esbeltas como palmeras en joya; algo distintas de la amanerada décima española francesa actual. Décima, palmera, guajira, un fino lado natural y peligroso en su lójica, del trópico; este trópico cubano azul, gris y verde que sorprendí, horizonte de palmeras en fila sobre poniente aguoso amarillo, la tarde de mi viaje de Santiago a La Habana.

Días después de llegar oí en un acto público el «Martirio de San Sebastián». Al empezarlo el declamador sobrepuesto ya en imagen recordada, le dije a Camila Henríquez Ureña, que estaba a mi lado: «¿D'Annunzio, García Lorca?» Empezó el poema; y no, ni García Lorca ni d'Annunzio... ni Alejandro Sakarof por fortuna para Florit (para ellos tres) y especialmente para todos los demás. Nada parecido a «otra cosa», apesar del posador que figuraba, a lo Lorca, la alusión al bailarín ambiguo que vio a Ida Rubinstein, vanidosa bailarina internacional, en lo de d'Annunzio. Un noble poema aislado, como un místico islote de hermosura sola al redondo sol cenital de la primavera poética, hermano nuevo, abajo y arriba, en fervor y apretura, de ciertos islotes del gran CRISTO de Unamuno; esto más maduro, más conceptuoso y más recio y lo de Florit más tiernamente plástico, más sensualmente movido, más familiarmente divino.

Desde aquel instante, Eugenio Florit era para mí un verdadero; poeta de verdad, poeta que estaba en la verdad, en posesión de su verdad. Y su verdad poética había entrado en mí, poniéndome serio, con la honrada sorpresa con que entran las verdades mejores, las de más prestigio. Leí luego el poema con los ojos inquisidores de la segunda conciencia, y el poema me mantuvo su jerarquía, separado, uno, bello; ser poético acariciado en hondo cuerpo y levantada alma, brazo por verso, herida por mirada, ay por sonrisa, punzada por efluvio, como corresponde a un martirio. Un ente de fuego concebido en contemplación desde el poeta mártir. Un poema, en fin, de gracia y gloria.

---

[205] Jiménez, Juan Ramón. «El único estilo de Eugenio Florit». *Doble acento, poemas.* (1930-36) de E. F. La Habana: Imprenta de Úcar, García y Cía., 1937. págs. 13-19.

¡Ay, punta de coral, águila, lirio
de estremecidos pétalos! Sí. Tengo
para vosotras, flechas, el corazón ardiente,
pulso de anhelo, sienes indefensas.
Venid, que está mi frente
ya limpia de metal para vuestra caricia.
Ya, ¡qué río de tibias agujas celestiales!
¡Qué nieves me deslumbran el espíritu!
¡Venid! ¡Una tan sólo de vosotras, palomas,
para que anide dentro de mi pecho
y me atraviese el alma con sus alas!
Señor, ya voy por cauce de saetas.
Sólo una más y quedaré dormido.
Este largo morir despedazado,
cómo me ausenta del dolor.

Me quedé contento. Hablé con Florit de su «San Sebastián» y pronto conocí otros nuevos poemas suyos de diferente sentido y otra perfección, poemas justos y poemas arbitrarios, en el centro de los cuales se me quedaba inalterable, con su claro movimiento natural resuelto en fe de estatua de la plaza de la belleza, con su afirmación sin réplica, aquél centro de una poesía juvenil. Y cuando repasé todo el libro *Doble acento*, le rogué a Florit que dejara enmedio de las partes (dos caminos, uno al presente y otro al futuro), como centro, como alzado acento central, el «Martirio».

La mirada en el libro, caía fija mi atención sobre los poemas que se levantaban, señal inequívoca de calidad, de su hoja. Pronto se levantó frente al «San Sebastián» una «Estatua», y me erguía su esbeltez en la tarde cubana de domingo tranquilo, desde una planta universal. La ideal pureza de la figura de piedra correspondía, como en Venus de santo, a la talla de carne. El mártir humano se paralizaba divinamente, en su rico sufrimiento, hacia el alto paraíso donde habría de estar, sin duda para él, aquella tarde, y la mujer de piedra conseguida se movía humanamente en su jardín terreno y descendía a la paz suficiente de la arena, a la bastante eternidad. Eran amigos en hermosura interior y exterior estos dos poemas, y cada uno en su lugar, daban el ejemplo, sin pensarlo. Los dos poemas, las dos figuras, Adán y Eva finales, el mártir de sangre, que se convierte en feliz símbolo plástico y el símbolo plástico que se hace corriente sonrisa feliz, expresaron bien, a mi juicio, desde el primer día, los mejores misterios, los que yo querría ver seguidos, del arte poético de Eugenio Florit.

Tú, estatua blanca, rosa de alabastro,
naciste para estar pura en la tierra,
con un dosel de ramas olorosas
y la pupila ciega bajo el cielo.

No has de sentir cómo la luz se muere
sino por el color que en ti resbala
y el frío que se prende a tus rodillas
húmedas del silencio de la tarde.

Por la rama caída hasta tus hombros
bajó el canto de un pájaro a besarte.
¡Qué serena ilusión tienes, estatua,
de eternidad bajo la clara noche!

 Esta poesía que busca su digna figura, su imagen excelsa, es decir, la poesía, no puede ser rápida; y sólo el verso rápido, el verso que no se junta puede ser leído con rapidez. Leíamos despacio Eugenio Florit y yo las pájinas más deseadas de su libro y hablábamos sobre él, frente al mar picado del crepúsculo, que nos daba su sentido poético y crítico, su venero palpitante. Decíamos (refiriéndome yo a esa baladronada de tales dinamistas marbiblicósmicos, etc., de antemano; aquí, al lado del mar, tan evidente) que el poema ha de ser siempre uno, estático, aunque se mueva como el mar, fijo siempre en su poder; que el mar, aunque se abra así, no está partido ni desintegrado nunca en su dinamia; que no puede perder ni desviar su ola, su masa, su vida; que siempre vuelve a sí mismo; que el dinamismo del mar y del poema están en su armonía; que el mar es forma siempre encontrada; que el mar, símbolo tantas veces y ahora, con esa moda, de lo desproporcionado y lo informe, es siempre breve y exacto, menor que él mismo, que su grandeza; y que aunque el mar se mueva loco, el poeta que lo ve se extasía, «se fija» en su movimiento, no tiene que correr con el mar para expresar su locura. El poema es ya astro libertado de su matriz, ahora sobre el mar; amasamiento, fundición en un molde justo, pero no gigante, porque el gigante es monstruo en lo humano, del normal anhelo rítmico del iluso: pensamiento pleno, sentimiento intacto en nítida expresión.
 Sí, nos confirmábamos una vez más en que la poesía es sentimiento, idea, anécdota tanto como evasión, sonido o color, espíritu en sentido corporal y que el cuerpo, el verso tienen que ser hasta en el detalle más mínimo continente completo del alma, y por eso y para eso son palabra y carne.

Detrás de las pupilas, el espejo,
caído de más altas claridades
sin luz, tiene la noche en dos mitades
para guardar un último reflejo.

Allí se esconde sombra de ciudades,
deshechos cromos de contorno viejo
y, más hundido, el cárdeno reflejo
de soles del otoño.

        Soledades
de luz en torno cambian trayectorias
y ya recuerdo son las frescas glorias
que un segundo volaron a su cumbre.

Bajo un paño con eco de negruras,
la claridad encuentra ligaduras
para dormir en quieta servidumbre.

    Nada más antipoético, me repito yo volviendo solo, que la imagen desmedida, fuera de lugar, sacada de quicio, de tono, de ritmo; que la escritura ingeniosa, traviesa, payasa que hoy parece que abunda y gusta más que nunca. Los poemas suficientes de todos los grandes poetas son siempre mejores, mayores que sus poemas excesivos, que sostiene el ingenio; y por ellos o por fragmentos de los largos viven esos poetas en su inmortalidad dichosa.
    Y el verso no es más denso por contener palabras más pesadas, plomo, adoquín, etc., sino por contener lo alto y lo profundo. El éxtasis pesa más que el movimiento. El verdadero dinamismo es éxtasis, fuerza hacia dentro, hacia el centro, fuerza que no se pierde, fuerza que nos da energía bella fundamental. Acto de poderío inmanente, en que nuestro ser llega, por intensidad de contemplación, a darse cuenta de su elemento, a entenderse como otro elemento, con los elementos, el agua que se busca, el aire inseparable, el fuego totalizador, la entrañable tierra; en que nuestro ser encuentra por su vida su secreto, su destino y su eternidad. Ese es el «estado poético», lírico de que ya no volvemos nunca aunque volvamos a lo otro, la consecución suma, y que puede ser en nosotros tan natural como el sueño, siempre ligero por pesado que sea. Y dichoso aquél, Eugenio Florit, en quien la poesía es, despierto, tan corriente, tan fácil, tan graciosa, tan usual, tan diaria en su sorpresa como el

sueño al dormido. Sueño y poesía nos hacen existir con el cuerpo como gracia continente, para el alma como gloria contenida.

> ... toda la noche cerca de una cruz sin historia
> con un hombre sencillo reflejado en el mar.

* * *

> Para guardar un poco de esencia de misterio
> vine desde muy lejos con mensajes de luz y mariposas de colores.
> Y tú tienes el corazón hecho de risas y de fuego,
> sin más inquietud que ésa de despertar al alba
> cuando aún está la noche prendida entre los árboles del río.

* * *

> Si al vientre del zumbel une la cuerda
> memorias celestiales...

* * *

> Por el camino caminar sin ver qué nubes cantan la ausencia
>   (de la luz...

* * *

> ... cuando estaba dudando si la azucena era un pedazo de luna
>   (desprendida,
> o era más bien tu alma sujeta al polvo por raíces eternas.

Instantes, venturas así, fijamente poetizados con alcance perene de sueño abundan en este libro sereno y claro a veces, otras de ordenada locura tersa o de arbitrariedad esclava. En su verso, Eugenio Florit, amigo mío hoy (por encima de la artería) en llena y consciente belleza, funde dos líneas de la poesía española, la neta y la barroca, con un solo estilo igual o encadenado; lirismo recto y lento, que podría definirse «fijeza deleitable intelectual».

A PROPOSITO DEL POETA FLORIT[206]

José Ángel Buesa

Hacer poesía es estar regresando siempre, sin haberse ido jamás. Pero el poeta goza del privilegio de regresar de frente a sí mismo, que es un modo de estar de espaldas a los demás. Por eso, ser poeta es olvidarse un poco de ser, para recordar plenamente lo que no ha sido. Y, sobre todo, ser poeta es saber ignorar a tiempo lo que cualquiera sabe demasiado pronto, para poder sentir esa inefable necesidad innecesaria de lo bello. Y es que, así como el verdadero dolor de la rosa no es deshojarse, sino entreabrirse, el verdadero fervor poético no es cantar la canción para que la escuchen los demás, sino saberla oír íntegramente en la primera nota. Por eso, toda poesía es un dolor que asciende, pero que asciende gozosamente, como asciende el sueño oscuro de las raíces hasta reventar en hoja verde, en lo alto del árbol, a plena luz. Y por eso también, ser poeta es aprender a equivocarse alguna que otra vez, para que la lógica cotidiana tenga un poco de emoción, y para que la belleza no se convierta en un hecho previsto, brutalmente mecánico, que trueca el ala en tosca rueda dentada, y la hace girar sin remisión hacia el lugar común. Y si esto debe ser la poesía, y si eso ha sido siempre el poeta, ¿qué cosa es lo demás? Yo diría que lo demás es lo que no debería ser, pero casi no me atrevo. Además, lo que importa en poesía es lo que debió haber sido lo que será, no lo que es; y cuando el poema se conjuga en presente de indicativo, deja de ser poesía para naufragar escolarmente en un curso de gramática. Loemos, pues, esa poesía evadida de los relojes burocráticos y del pacífico sentido común burgués; esa poesía que sabe ascender verticalmente, girando sobre sí misma, siendo su propio eje y su propio impulso, muriendo y renaciendo en cada espiral. Loemos esa poesía, y loemos al poeta que nos la trae de la mano, como si fuese una niña ingenua que estrenara su primer vestido más abajo de las rodillas, con un gesto tímido y una mirada de asombro. Loemos esa poesía y ese poeta, y habremos loado un libro: *Doble acento*, y un gran corazón húmedo de armonía: Eugenio Florit. Porque este libro de poemas, que está prestigiado por el ilustre padrinazgo de Juan Ramón Jiménez, y que es tal vez el libro de más íntegro lirismo, de más perfecta trayectoria intelectual, de más exacta unidad y de más terso y pulcro estilo que

---

[206] Buesa, José Ángel. *Social*. sept. 21. 9 (1937): 32-33, 64.

se haya publicado en Cuba, representa también nuestro más alto y maduro aporte a la lírica moderna castellana. *Doble acento* ostenta la categoría indivisible de lo divisorio, e inaugura un período promisorio, casi virgen aún, cumpliendo así una misión de frontera entre el ayer y el mañana, pasando sobre el hoy, que no existe.

Analizar la poesía es profanarla. Y esa fea labor de eunuco a la postre es tan estéril como hacerle la autopsia a un retrato, ya que en ambos casos el bisturí no puede pasar de lo exterior, y la poesía es precisamente lo que está más allá de todo signo y de toda forma. Pero si algún aprendiz de cirugía verbal experimentara la tentación de probar el filo de su cuchilla en esa carne angélica de los poemas de Florit, comprendería de súbito que la anatomía es una ciencia de necrocomio o un deporte de sepultureros, y no podría olvidar jamás la diferencia que existe entre un cadáver y una mariposa. Porque las sílabas de cada uno de esos versos se eslabonan entre sí, indisociablemente, con la conexión orgánica de un sistema celular, respondiendo, como responden, a un pensamiento perfectamente definido, que encuentra su cauce musical sin el menor titubeo, en un pleno dominio del léxico, en una flexibilidad gallarda, en una hondura y una sobriedad de innegable procedencia sajona. Porque, pese a la alusión cosmogónica de ciertos poemas que recuerdan la técnica de Supervielle, y pese al frenesí aéreo de algunos pasajes de las Elegías, en amplia proximidad con Valery, las raíces directas del verso de Florit están sólidamente afianzadas en Keats y en Shelley, por un recio imperativo temperamental. Pero toda esta savia ajena no representa en Florit otra cosa que el impulso inicial, el necesario elemento nutricio para los vuelos poderosos y los florecimientos exuberantes, ya que lo mejor de su obra es lo completamente suyo, lo que brota, limpio y espontáneo, de su propia personalidad. Y en este aspecto, con dificultad podría citarse algún otro poeta cubano que haya llegado a esa máxima depuración intelectual, a esa absoluta posesión de una expresión autónoma, a esa implacable y disciplinada autocrítica de Eugenio Florit, que han hecho posible el soberbio logro que es *Doble acento*.

Doble acento recoge una labor de seis años, señalando una etapa rotundamente afirmativa en la poética de su autor. Cada uno de los poemas de este libro, es una superación que, en un aumento progresivo culmina suntuosamente en el «Martirio de San Sebastián», y en las irreprochables «Estrofas a una estatua»; pero el camino hacia estos poemas fundamentales es un camino kaleidoscópico, ebrio de panoramas distintos, y cada árbol de la orilla tiene un trino inédito enroscado en el tronco.

Pero sólo después de transitar por esa floresta fragante de los Poemas Cósmicos, después de pasar de puntillas por la puerta severa de los Sonetos, después de mirarnos de perfil en los espejos opacos de las Elegías, y de sumergirnos en el agua fresca de las Canciones, es cuando nos llega, en su claridad total, en su pleno deslumbramiento óptico, el dolor sonriente del «Martirio», y de las «Estrofas a una estatua». Por eso, *Doble acento* sería tan incompleto sin estos dos poemas como sin los que conducen a ellos; y, por eso *Doble Acento* posee una rigurosa integridad íntima, una correspondencia matemática, una unidad paradójicamente compleja. Y por eso también, *Doble acento*, de Eugenio Florit, nos llega macizo y ágil, pleno de un robusto privilegio fronterizo entre el ayer y el mañana de nuestra poesía, con el prestigio de las obras definitivas.

EUGENIO FLORIT, *CUATRO POEMAS*[207]

Raimundo Lazo

Eugenio Florit es uno de los poetas jóvenes cubanos de personalidad más interesante y valiosa. Dentro de la amplia zona de la poesía pura, Florit posee ya una personalidad original, que ha ido formándose al margen de los «ismos» artísticos y sociales de los últimos años. Ahora ha dado a la publicidad, en pulcra y elegante edición, muy poco numerosa, cuatro selectos poemas: «Momento de cielo», «Retrato interior», «La niña nueva» y «Tarde presente». Son cuatro poemas no muy extensos que pueden considerarse como representativos de la poesía actual de Florit, que es como decir de uno de los aspectos fundamentales de la lírica cubana actual. Poesía nítida y firme, fina, aristocrática, sugeridora, en la más acertada acepción de este último término tantas veces mal interpretado. La poesía de Florit es una poesía cristalina. Quizá ningún otro adjetivo puede evocar mejor todas sus cualidades esenciales apretadas en un solo haz. Como poesía orientada siempre hacia la realización del arte puro, no hay en ella sino estados de espíritu caracterizados por su profundidad y por su eternidad esencial, los que tienden a manifestarse a través de una forma que parece ofrecer mínima resistencia al aliento creador del poeta. Esa forma es al mismo tiempo simple y artística, cargada de intenciones que a veces no asoman en la primera lectura. En el primer poema hay la pugna por alcanzar la concreción poética de una inefable conciencia celeste:

>   Delicia era
> de saberse más alto que el dolor,
> puro sobre su cieno,
> tranquilo ya sobre sus lágrimas,
> grande sobre su amor de tierra,
> firme sobre columna de aire y nubes.
>
>   Estar así, donde se juntan
> los días y las noches.
> Donde al pensar se encienden más estrellas.
> Donde se sueña, y nace Dios.

---

[207] Lazo, Raimundo. *Revista Iberoamericana*. Feb. 3. 5 (1941): 222-224.

Donde Dios ha nacido en nuestro sueño.
Alto, para estar libre.
Libre, solo y etéreo.

«Retrato interior» es un breve y bello poema de tal unidad que sólo en su integral, infragmentable conjunto podemos captar su belleza. Y si en los dos poemas anteriores el poeta vive en lo interno de realidades del espíritu, en «La niña nueva» inicia su diálogo con el mundo, un diálogo finísimo, saturado de ternura y de angustia por la niña que acaba de nacer, «pequeña realidad de sangre viva»; es el diálogo de una fantasía escrutadora con una realidad objetiva que inquieta y calla con el eterno enigma de su presencia inmutable. A este mundo que los filósofos con su terrible frialdad llaman objetivo —palabra fría, dura y presionante como una losa— a este mundo llega «la niña nueva»,

aún con el asombro,
con la inquietud aún
de no saber por qué llegaste.

Y el poeta parece ofrendarle con desolada ternura estas palabras de profunda belleza:

(Y no habrás de saberlo ya jamás
aunque desplieguen a tu vista
sus vuelos serafines,
y Dios se te revele en una rosa,
y en una tarde el mundo se te entregue).

No lo sabrás. Y llorarás de pena,
y reirás, y tendrás el alma a flor de piel,
y amarás unos ojos,
y besarás labios de vida y muerte.
Pero no lo sabrás.

El tema no es nuevo en la poesía en lengua española; pero precisamente por eso podemos apreciar mejor cuánto ha progresado la poesía, nuestra poesía, desde los tiempos en que el viejo Olmedo lo ensayó en Hispanoamérica. La distancia es enorme entre el retórico pesimismo del poeta ecuatoriano en sus versos con motivo del nacimiento del hijo de un amigo y versos como éstos de Florit, tan nuevos y profundos:

> Y cuando sepas que te vi durmiendo,
> y, despierta, te quise preguntar
> el color de tu nube,
> la luz en que soñabas,
> el pensamiento que eras en tu sueño,
> me llorarás a mí, que vivo
> este sueño de ausencia atormentada
> por volver a mi nube,
> a mi rayo de luz,
> a mi átomo de tierra:
> a mi definitiva presencia entre la nada.

El primer verso de «Tarde presente» anuncia ya un anhelo de horizontes infinitos:

> Entre el ocaso y yo, toda la vida.

Y sin malgastar una sola línea, se inicia un airoso despliegue de imágenes nuevas, cargadas de emoción, de profunda intención filosófica. Son ideas que se suceden, se alzan y retornan evocando en su ritmo la curva siempre elegante y original de un vuelo de aves en libertad. Frente al ocaso, se alegra «el corazón de manso gris vestido»,

> Como si todo junto de repente
> se pusiera entre el hombre y su destino.
> . . . .
>
> Como si aquella mano
> de ayer regara azules lirios
> y fuera el mar bajo la mano
> un palomar de pétalos heridos.
> Y como si los barcos emergieran
> de su muerte de hierro, de su sueño
> de peces, de su olvido,
> para tender sus velas inmortales
> a los vientos y al sol.
> . . . .

En estos cuatro poemas de Eugenio Florit se oye la voz sonora de la eterna poesía. Ojalá que los años, años de juventud del poeta, la tornen más potente, predominante quizá entre los más puros y elevados acentos de la lírica futura de Hispanoamérica.

DE JUAN RAMÓN JIMÉNEZ[208]

Mi querido Eugenio Florit:

Estos poemas últimos de usted (las «Canciones» y el «Preludio») *creo* que señalan el oasis adonde han salido los dos bellos caminos que usted traía (neoclasicismo y sobrerrealismo consciente). Es lo lógico.

Para mí, ha encontrado usted su «Reino» (un buen título para su libro venidero). Ya está usted consigo mismo: (ahora, igual da lo «largo» que lo «corto»). Y esto, *para mí*, es todo, claro poeta.

Le abraza su amigo

Juan Ramón

La Habana, 6 julio, 37.

---

[208] Carta de Juan Ramón Jiménez a Eugenio Florit. Publicada en *Eugenio Florit, Vida y Obra - Bibliografía - Antología - Obras Inéditas*. New York: Hispanic Institute in the United States, 1943. pág. 49.

ENGENDRADOR DE LA BELLEZA[209]

por Emilio Ballagas

Mi querido Eugenio: pocas veces se siente tanta voluntad, tanto deber de escribir una carta para agradecer un libro como en este caso del tuyo. Deja uno con gusto la tarea ardua para quedarse perplejo ante esta cuartilla que será epístola dentro de unos pocos minutos; para quedarse perplejo sin saber qué decir —cómo decirlo— porque viene ciego de belleza, vencido de imágenes limpias, de modos de decir insuperables. Tu nombre en este caso es un símbolo. Yo sé poco de etimologías pero creo que Eugenio quiere decir «engendrador de la belleza». ¿Qué más puede pedirse a un poeta que esta altísima calidad?

Esto afirmo —y, claro, estoy dispuesto a afirmarlo en público o te autorizo para que lo expreses de parte mía—: digo que *Doble Acento* es el libro más logrado de poesía que se ha escrito en Cuba desde Julián del Casal hasta el momento presente. Y cito a Casal, no por prurito doctoral, sino porque siendo cosa tan diferente de lo que tú haces, nadie puede negarle un deseo de limpia perfección, de limar aristas humanas para dejar solamente los perfiles humanos que son imprescindibles en el poema. Lo tuyo es ya reposo, regreso a la serenidad, para decirlo con tus palabras. Y qué inquieta —vigilante— manera ésta de ir a la serenidad por cauces demasiado revueltos, por cauces que el hombre de hoy tiene que atravesar imprescindiblemente. La gente y aun la gente letrada, ignorará tu arquitectura; no sabrá de tus tanteos, de tu plomada cautelosa, del nivel aplicado una vez y otra vez hasta que la horizontal acuesta su óleo perfecto y permite que la vertical vaya a clavarse en el latido más oculto de una estrella. Geometría no es frialdad sino pureza; es el matemático hombre cálido y tierno, hombre amoroso, celoso como un médico a la cabecera de la medida y del número, del ritmo oculto que vendrá a serenarlo. ¿Quién se atrevería a negar mucho calor humano a estos versos de *Doble Acento*?

> Este sentir que la vida se apaga
> y ya no ver más que niebla en redor;

---

[209] Florit, Eugenio. *Vida y Obra – Bibliografía – Antología – Obras Inéditas*. New York: Hispanic Institute in the United States, 1943. págs. 49-50.

gozo de estar paladeando la muerte
para beber una gota de Dios.

Mientras otros se han puesto a esperar la poesía o han ido a buscarla derecho donde ella no está —¡qué trágico juego de escondite!— tú has ido con las manos tendidas, nadando, sorteando olas de sombra donde está el verso seguro, la poesía cierta, como un Leandro que abrazase a Hero para siempre, libre de toda posibilidad de naufragio.

¿Qué harás ahora, Eugenio Florit? Dice el Bhagavad-Gita que Dios a pesar de haber hecho el mundo no está jamás en reposo, porque si descansara, el mundo perecería en seguida. De todos modos, el sueño se redime solamente por la seda que el gusano se labra o los colores que inventa la mariposa. Y la muerte no es muerte cuando está presente el mito del Ave-fénix, renacer de las cenizas. Puedes ya dormir, puedes morirte, pero yo siempre te espero mejor.

A través de la atmósfera electrizada de nuestro trópico te abraza tu amigo

E. B.
Santa Clara, 21-VI-37.

EUGENIO FLORIT[210]

Cintio Vitier

En cuanto a Eugenio Florit (1903), ya desde su primer libro importante, *Trópico* (1930), se liga a forma y tema cubanos: 24 décimas, repartidas por mitad en dos secciones, *Campo* y *Mar*, y ambientadas con una cita de *El Cucalambé*: «Ven, Rufina, que ya empieza — a madurar la guayaba...» El tono popular, sin embargo, apenas asoma, y siempre muy estilizado, en algunos momentos de más suelta fragancia, como éste:

> Dulce María a su misa
> de domingo va cantando
> y el sol la sigue besando
> a la mitad con la brisa.
> Ya desde lejos divisa
> mal camino carretero;
> pone en corazón entero
> devoción dominical
> y se hace camino real
> todo el largo del potrero.

No faltan alusiones a los temas de *La zafra*: la carreta, el ingenio, la molienda, el imperialismo yanqui: «y en bocas abiertas llueve — la blanca ilusión traidora». Ni los motivos que frecuentó el tipicismo del siglo XIX, ahora limpios de paja, en puro grano luciente. Así los cocuyos:

> Brillan luces voladoras
> tan sueltas sobre la casa,
> como luminosa masa
> partida en tenues auroras.
> Entre las brisas sonoras
> son átomos de diamante.

---

[210] Vitier, Cintio. *Lo cubano en la poesía*. La Habana: Universidad Central de Las Villas, 1958, pp. 338-348.

> Alza un brazo el caminante
> al cruzar por la arboleda
> y presa en la mano queda
> una chispa titilante.

O la palma: «flecha en un éxtasis verde». Pero las mejores décimas de *Trópico* son las más armadas formalmente y las más libres en su creación. Florit descubre entre nosotros (con menos intelectualismo francés que Jorge Guillén en España), la calidad metálica de la décima y la posibilidad de «giros» conceptuales y verbales que hay en «su espiral saeta» (véase el poema inicial). Por eso dice Juan Ramón en su prólogo a *Doble acento*: «primorosas y lucientes, esbeltas como palmeras en joya; algo distintas de la amanerada décima española francesa actual». Y añade sagazmente: «Décima, palmera, guajira, un fino lado natural y peligroso en su lógica, del trópico». Ese peligro lo sortea bien Florit. No cae su *Trópico* en el tropicalismo. Tampoco en la cifrada gema ni, casi nunca, en la abstracción especulativa. Lo suyo es un equilibrio difícil y gracioso, donde la palabra, sin tachar ni cristalizar el paisaje, lo estiliza vivo. Así el alba llega de prisa, presentida:

> Por el sueño hay tibias voces
> que, persistente llamada,
> fingen sonrisa dorada
> en los minutos veloces.

Así la mucha luz deslumbra con sus fogosos dardos en el frío del agua:

> Realidad de fuego en frío,
> quiébrase el sol en cristales
> al caer en desiguales
> luces sobre el claro río.

La fulminante luz, protagonista mayor de este cuaderno, entra y sale rápida. Ya centellea en la cascada:

> y al saltar hecha pedazos
> de fresca cristalería,
> condensa la luz del día
> con la sombra entre sus brazos.

Ya baña el dilatado sol,

> verdes los campos de caña
> y jobos de cafetal.
> Luego vuelve a su cristal
> y en los güines se enmaraña.

O bien juega y cabrillea en el ámbito del mar. Las décimas marinas son las más metafóricas y especulativas, con frecuente hipérbaton gongorino:

> El alma tuya —tan fría—
> no más, por el beso, muerta.

* * *

> Náufrago suspiro tanto
> íbase en ondas ya lejos.

Son también las más tensas y trabajadas. ¡Cuánta luz, no tembladora, sino flechera! Sentimos continuamente en las décimas de Florit esa sensación tan peculiar del trópico: el frío del agua (río, cascada o mar) debajo del fuego de la luz que la dardea. Sensación elemental, como del nacimiento del mundo. Pero también se agigantan los crepúsculos presagiosos:

> hundido ya en la sombría
> cuna de nubes futuras.

* * *

> lleva ingravidez de muerto
> fantasma de ecos perdidos
> entre los vagos sonidos
> errantes de su desierto.

* * *

> De lado
> van, por agitada cumbre,
> sombras en ansia —a la lumbre

>   escasa de rotos cielos—
>   tímida de ver sus vuelos
>   por azul de mansedumbre.

* * *

>   arquero de flechas rojas
>   contra enemigas congojas
>   de ciego horizonte oscuro.

Y mi décima preferida, la de mayor misterio terrenal cogido, la de más grave arco espacioso y temblor humano:

>   Vi desde un pico de sierra
>   —con mi soledad estaba—
>   cómo el cielo se aprestaba
>   a caer sobre la tierra.
>   Nubes de color de guerra
>   con fuegos en las entrañas
>   hundían manos extrañas
>   en las ceibas corpulentas
>   y la brisa andaba a tientas
>   rodando por las montañas.

Ahora bien, siempre que oímos «trópico», percibimos un alejamiento o desenfoque de lo cubano. Dijimos que Florit no cae en el tropicalismo, y es cierto. Pero lo cubano *por dentro* no es, tampoco, trópico. Para verlo así, además con pupila tan estilizadora, es preciso una cierta distancia. La mirada de Florit, en los años decisivos de la niñez y comienzos de la adolescencia, se formó en la luz mediterránea de un pueblecito del litoral catalán: Port-Bou (véase su cuaderno *Niño de ayer*). Esa especie de *apriori* de luz medida y clásica, donde todo se recorta con limpia nitidez, va a influir en su modo un tanto crudo de ver, un poco desde afuera, nuestra naturaleza. No percibe los rumores. Sólo ve destellos excesivos, o contrastes de sensaciones que van del ojo a la piel: luz, sombra; fuego, frío. Es otra vez, en cierta forma, la «dorada isla de Cuba o Fernandina» lo que se trasluce detrás de estas preciosas décimas, cuya erguida y ardiente rapidez, sin embargo, nos impresiona como genuinamente cubana.

Entre el fogoso «Martirio de San Sebastián» (transfiguración de los sentidos) y la serena blancura de la «Estatua» (imagen de belleza conseguida), tan bien situados por Juan Ramón Jiménez como polos del libro, se explaya en *Doble acento* la poesía más ambiciosa de Florit. El prólogo de Juan Ramón es obligada cita para caracterizarla: «en llena y consciente belleza, funde dos líneas de la poesía española, la neta y la barroca, con un solo estilo igual o encadenado; lirismo recto y lento, que podría definirse «fijeza deleitable intelectual». Piensa uno sobre todo, al leer esas palabras, en el «Martirio» y en los ricos, magistrales sonetos. Pero el mayor acierto de este prólogo, con ser todo él tan venturoso, reside para mí en la forma como el libro se sitúa naturalmente frente al mar, dándonos allí Juan Ramón, una vez más, su estética de la ola, del dinamismo y el éxtasis del mar y el poema, y sintiendo nosotros, al releerlo hoy, lo que de litoral de una Cuba mediterránea hay siempre en el mundo poético de Florit.

El tema de la ola universal que viene de otra orilla es frecuente en el libro:

Aquella ola de dos mil años, rota perennemente,
vuelta a nacer en la eternidad del minuto frágil...

* * *

...trajo también sabor macizo de la perla,
recuerdo y gusto del pie ligero en la otra orilla.
(«Agonía del mar en una boca»)

Y además, que ayer mismo venía
todo el eco del mundo en el ruido del mar...
(«Poema de agua y viento»)

¿Cuál de tus olas es ésta que viene tan niña
por el salto en la cuerda del Golfo...
(«Atlántico»)

También insiste en la soledad redonda, inmensa, del océano:

el rumor de los adioses abrazados
en una pobre tabla bajo el trueno cobarde de los cielos.
(«Canción para leer»)

Todo el peso del mar sobre una pobre moneda de oro olvidada

> se puede medir por lo que duelen las estrellas caídas sobre
> la nieve...
>
> («Ya, silencio»)
>
> con qué sabor la boca a las delicias
> de todos los serenos océanos.
>
> («Soneto IV»)

En «Elegía distante» esa vasta sugestión marina se especifica. He aquí «la otra orilla» a que alude siempre el mar de Florit:

> Por sus cruces de hierro ya la sal está blanca.
> Así tiende el recuerdo las manos hacia el cielo
> para una esquina clara del mar Mediterráneo
> con mármoles y hierbas altas para la brisa.

* * *

> Este es el viento eterno que atravesó el Acrópolis
> y que trae de Roma el sabor de sus pinos...

Su mar cultural, latente siempre en el mar tropical que lo fascina, es el mar grecolatino, también el mar platónico de la Atlántida. La ola lo religa siempre a esa cultura ideal de sus ojos, «entre los cocos y Platón»:

> Tengo prisa por soltar esta ola.
> Allá va. Cógela tú, hombre de las Islas Azores.
>
> («Atlántico»)

No es raro que vea flotar en nuestras playas el cuerpo fabuloso de «La nereida muerta»; ni que descubra en el litoral habanero la estatua que necesita su sensibilidad para establecer la relación estatua-mar, de estirpe clásica. Pero el acierto de Florit consiste en que nada de esto tenga el aire de un helenismo superpuesto, al estilo modernista. Son hallazgos naturales, intuiciones espontáneas. Y así la estatua, que realmente existe en la Avenida del Puerto, junto a un verdirrojeante almendro indio, yergue su esbeltez, como dice Juan Ramón, «en la tarde cubana de domingo tranquilo, desde una planta universal»:

> Ya tu perfecta geometría sabe

que es vano el aire y tímido el rocío;
y cómo viene el mar sobre esa arena
con el eco de tantos caracoles.

* * *

Por la rama caída hasta tus hombros
bajó el canto de un pájaro a besarte.
Qué serena ilusión tienes, estatua,
de eternidad bajo la clara noche.
«Estrofas a una estatua»)

Siguiendo con el mar de Florit, la sugestión del horizonte marino será característica suya en *Reino* y en *Cuatro poemas*; esa línea del horizonte en la que, al hablar de Casal, situábamos el único posible encuentro de lo europeo y lo americano insular:

...esa línea donde están los besos
de las aguas del cielo con las nubes del mar.
(«Retrato interior»)

Memorable es siempre su gaviota, la gaviota que Juan Ramón vio también «oleando con las olas» en el litoral habanero, y que en Florit, en uno de sus poemas absolutos, con fondo de atmósfera completa, es la «señal graciosa del espíritu — sobre la risa abierta de la onda». (La señal). El mar de Varadero, en fin, le provoca estrofas vastas, puras, graves como una frente pensativa ante el crepúsculo:

Porque el destino tuyo, mar, de muerte y vida;
de cantar y gritar, de estar azul y gris y verde y blanco;
ese único destino que va rodando sobre todas las playas
del mundo,

hay que aprenderlo aquí, frente al ocaso,
cerca de aquella nube que se baña los pies
en el término ansiado de tu rojo horizonte...
(«Mar en la canción»)

Pero no es sólo pensamientos, nostalgias o símbolos lo que debe Florit a su mar de trópico mediterráneo. Le debe además, creo, ese peculiar verso libre de *Doble acento*, que baña la página en marejadas amplias y abiertas, y que a veces, con un silencioso impulso que no esperábamos, alarga todavía un brazo más allá del límite húmedo, desmayándose en la seca arena:

> al mirar cuánta semilla de nuevos pensamientos está
> escondida entre el polvo que cubre como un
> sudario los pequeños cadáveres de las hormigas.

* * *

> adonde iré, cuando se pare el corazón y mis manos
> se caigan hacia el suelo para abrirse un pedazo
> de silencio.
>
> («Nocturno»)

Ese verso que se sobrevive, y que a partir de *Doble acento* Florit abandona, lo va a heredar con fines propios, más y mejor que el encendido endecasílabo de sus sonetos o la línea serena de sus estrofas blancas, Samuel Feijóo, como veremos, en *Beth-el* y en *Faz*.

Al hablar de Zenea nos referimos a la afinidad de algunos tonos de Florit. Ambos son poetas marinos, enamorados, según la constante tradición cubana, de la línea del horizonte. Sin embargo en Florit predomina la reminiscencia sobre la sensación de lejanía, sin que ésta falte. Los puntos de contacto entre los dos poetas, tan distantes en los tiempos literarios, fueron señalados en la «Lección sobre Zenea».

Recoge también Florit, en uno de sus poemas de más luz y gloria abierta, «Elegía de mayo», el verbo «orlar», de tan fino y significativo uso en la poesía cubana del XIX, y que va a incorporarse, con sentidos crecientes, en la intuición del ornamento de Feijóo:

> Aquí, Mayo fugaz, tu gracia pura
> orla de estrofa juvenil mi puerta...

El poeta al que debemos tantas páginas antológicas, vive desde hace más de diez años en Estados Unidos, dedicado a la enseñanza universitaria. Su criollismo vedadeño, de suave prosapia cubana, con el fondo sobrio de la castellanía paterna, se ha espiritualizado en las soledades de ese destierro voluntario. Ya no tiene su palabra la plétora, el jugo, el ardimiento a que nos había acostumbrado. En cambio nos regala esos silenciosos poemas contemplativos —«El alto gris», «Seguro pensamiento», «El nombre», «...Que estás en los cielos»—, que ya habían empezado inolvidablemente con «Momento de cielo» en *Cuatro poemas*. Y en su último libro, *Asonante final*, a vueltas de un inesperado prosaísmo de monólogo desvariante, le escribe otro poema bello al mar de múltiples orillas en «El mascarón de proa del museo», y nos dice la palabra espiritual (como Brull, como Ballagas) de su despojada madurez:

> No hay que volver. Que la aventura es ésa:
> al cielo van el sueño y la saeta
> y por el cielo, ángeles y estrellas.
>
> Velas del sino sobre el mar. Destino
> de seguir a los vientos en su giro
> por bajar con las aguas de los ríos
>
> hasta dar en la vida, de manera
> que sin dejar de ser todo se vuelva,
> como junto a la luz queda la cera.

(Verso, este último, precioso, que se diría sacado de un terceto de Dante).
   Nuestra poesía llega con Florit, en contraste con las vísperas de Brull y Ballagas, y con las oscilaciones de este último, a un *ya* categórico, posesivo. La palabra *ya* es la que más emplea Florit, o la que usa con mayor fuerza de acuñación. *Trópico* es un libro excitado por la luz meridiana que posee a las cosas de la isla. *Doble acento* es un granero repleto: aquí las canciones de verso gris, enfundado en humo; las canciones de ala férrea y forjada; las canciones de hilos de carbunclo y las que se abren atestadas en la frente de la página, pensativas, playeras, escritas o cantadas; aquí los poemones cósmicos, que no se sabe bien lo que dicen, pero acogen con su vasta tierra o espuma de palabras, y consuelan; aquí los sonetos sensualmente barrocos, bien horneados, anteriores pájaros a su decir concreto, presurosos ángeles verbales por sobrevivirse; aquí los sonetos rotos o abiertos, de ancho papel y tinta fresca; aquí el subidísimo «Martirio», columna lenta y extasiada de lenguas de agudo fuego; aquí las elegías conversadas, mates, minuteras, o la elegía esbelta, de capitel dórico, o la elegía del alma que se efunde en los grises de la atmósfera, o la elegía orlada con mariposas de colores; aquí las estatuas serenamente ciegas de belleza, mirando la luz mediterránea en el parque nocturno donde un niño todavía, lejos,

corre en sus patines; aquí, en fin, las playazas de versos blancos y el «Nocturno» del extraño cruce de las horas, girante y ávido. *Doble acento* es una siega cabal. Vendrá después *Reino*: resumen más nítido, encristalado, poseído. Vendrán después los ocasos grandes, las plegarias, el despojamiento.

Nuestra poesía le debe a Brull la aureola de la ausencia; a Ballagas, la ingravidez herida; a Florit, el *ya* profundo de la playa.

EUGENIO FLORIT Y LA SIGNIFICACIÓN HISTÓRICA DE SU ITINERARIO POÉTICO[211]

José Olivio Jiménez

A Rosario Rexach de León

Goethe, una de las compañías espirituales más firmes y constantes de Florit, acuñó un *dictum* que, en una de sus variantes sufridas en las traducciones, nos ha llegado así: «sin prisa, pero sin tregua». Convertida en lema venturoso para la creación artística, esa admonición parece haber presidido también el propio quehacer lírico del poeta cubano. No es de sorprender, así, que a la altura ya de sus fecundos ochenta años, éste siga fiel a ese lema, y continúe dando a luz, con cierta regularidad, libros, *plaquettes*, ediciones privadas, textos sueltos. En «Amor de ciudad grande», una hermosa pieza de su libro *Hábito de esperanza*, y que es la misma «ciudad grande» de los afanes y las batallas interiores de Martí en sus *Versos libres* (lo cual se evoca ya desde el título), escribía complacido Florit: «¡Qué lindo ir despacio / por entre la prisa!» De ese modo ha marchado su trabajo creador: sin prisa, pero igualmente sin descanso, y la ya veintena de sus libros y publicaciones así lo confirma. Contemplar, y de cierta manera valorar históricamente, el itinerario que, desde la perspectiva de hoy, han trazado esas publicaciones es el objeto de estas páginas. Vale aclarar que, por las naturales limitaciones de espacio, el recorrido que aquí nos proponemos ha de ser apretado y sumario. Por ello, y como el lector interesado tiene a mano ya la reciente edición de sus *Obras completas*, nos abstenemos de interrumpir el hilo de nuestras consideraciones con muestras textuales de poemas o pasajes del autor.[212] Con ese mismo objeto

---

[211] *Revista Iberoamericana*, Pittsburgh (U.S.A.), núms. 152-153 (julio-diciembre de 1990).

[212] Nos referimos a las que vienen publicando, como responsables de la edición, Luis González del Valle y Roberto Esquenazi Mayo en la *Society of Spanish and Spanish-American Studies* (University of Nebraska-Lincoln). Hasta el momento han aparecido los siguientes volúmenes: I. *Libros de poesía: 1920-1944* (1985); II, *Libros de poesía: 1946-1974* (1983), y III, *Versos nuevos y algunas prosas de ayer y de hoy* (1982).

prescindimos —salvo en lo indispensable— de citas y observaciones procedentes de los trabajos críticos sobre la labor poética de Florit (que han sido numerosos e importantes en los tiempos cercanos); pero como obligado acto de justicia, al final y bajo el epígrafe de *Obras de referencia*, consignamos los más valiosos de esos trabajos. De algunos de ellos es deudor lo que sigue, si bien parcialmente, y es un agradable deber reconocerlo así.

Un propósito guiará estas ideaciones. Se trata de hacer ver cómo la poesía de Florit, además de su intrínseco valor, tiene el interés —nada secundario— de su oportunidad histórica: haber hecho acordar, y en algunos casos adelantar, el ritmo de evolución de la lírica cubana contemporánea respecto a la que en todo el mundo hispánico se iba produciendo coetáneamente. De modo particular, esta aseveración es válida para el dinámico período de entreguerras (1920-1940) y para algunos de los caminos por los que aquella estética (o pluralidad de estéticas) encontró sus vías de superación y salida a partir de la última fecha anotada. De este modo, su obra se gana esta significación ejemplar: haber contribuido a impedir ese lamentable fenómeno que es el retraso, el compás trasnochado, la deshora. Cuba ha de agradecerle, así, el haber llevado a sus playas poéticas, y dentro siempre de su acento o acentos personales, el tono expresivo justo y en el instante justamente indicado.

De entrada, en aquellos veinte años la actividad creadora de Florit ayudó a la incorporación (o afirmación) en la Isla de las sucesivas tendencias de una época estéticamente inquieta —ápice de la modernidad en nuestro siglo— y casi voraz de sí misma: el posmodernismo declinante, la aventura vanguardista, el neogongorismo, la poesía pura (aquí junto a otros dos nombres mayores: Mariano Brull y Emilio Ballagas), el superrealismo... En su primer cuaderno, *32 poemas breves* (1927), que recoge composiciones datadas desde 1920, se une, a un sereno y melancólico lirismo posmodernista (con la huella más notable de Enrique González Martínez), una disposición saludable de apertura, si bien nunca extremada, hacia las audacias de la expresión más característicamente vanguardista. Sin embargo, Florit mismo vio muy pronto aquellos poemillas sólo como prehistoria o, cuando más, como útiles ejercicios que le permitieron aligerar su verso «del lastre rubendariano y tal»[213]. Lo importante (y no obsta para ello que el propio autor los sacrificara en algunas de sus colecciones antológicas posteriores) es que el poeta, al nacer, cumplía el requisito de estar a la altura de su hora. De otro modo, que no nació viejo.

---

[213] Todas las citas entrecomilladas de Florit proceden de dos ensayos suyos de autocrítica, «Regreso a la serenidad» y «Una hora conmigo», recogidos ambos en el volumen III (págs. 130-138) de sus *Obras completas*, citadas en la nota 1.

Va sugerido en lo dicho que, casi a la vez que lo practicaba, Florit sintió el cansancio de un arte volatinero e insustancial (lo «vanguardista» en un sentido superficial, en trance de armar una nueva retórica, lo que ya le iba diagnosticando por los mismos años César Vallejo). Y experimenta en seguida la necesidad de volver a la arquitectura del poema, a la voluntad clásico-barroca que combina el orden formal de la estrofa con la virtualidad sugerente del lenguaje metafórico y, en su caso particular, a la apetencia —tan intelectual, signo de un cierto momento de la época— y al amor por la norma y la geometría. Y así resumirá, después, aquella apetencia de entonces: «Moldes de ayer para el arte de siempre. Clásico es como decir eterno. Geometría y pauta, que es como decir divinidad». Y para ello estaba la lección de Góngora, recién actualizado y reivindicado por los poetas del 27 español, y Florit nos da, ahora, otra señal evidente de su precisión histórica: mirar, poetizar y recrear estilizadamente el paisaje cubano —la Isla, a pesar de su nacimiento en España (y de sus muy largos años posteriores de residencia en los Estados Unidos), era ya, y sería para siempre, su patria— desde las coordenadas aprendidas en la sintaxis peculiar y los mecanismos metafóricos del genial cordobés. Surge así *Trópico* (1930), verdadero inicio de su trayectoria poética personal: doce décimas dedicadas al campo y doce al mar cubanos. Florit, que había probado saber cómo ser libre, se une a aquellos que «nos juntamos un día a la sombra del roble gongorino para hacer ejercicios de humildad». Sí, humildad, pero también magia y secreto en el rigor: captar desde el espíritu un paisaje, tan proclive al tratamiento decorativo y exuberante, para sobre él, o mediante él, «traducir estados emocionales puros», y devolver aquel mismo paisaje transmutado en un objeto poético —artístico— ya salvado y resistente. A Alfonso Reyes le fue dable precisar (pues puede haber secreto y magia en la economía y el rigor) las claves por las cuales Florit supo, en *Trópico*, «reducir la flor y el pájaro a esquemas de pura geometría». (Una experiencia inolvidable: escuchar a Julián Orbón cantar, con el ritmo de «La guantanamera», las décimas de este libro, a un tiempo tan cubanas y tan universales).

Más flexible, sinuosa y sensual la dicción de Florit que la de Góngora: éste —le recordaba a aquél Juan Marinello—, «con toda la maravilla de su juego poético, era un cautiverio, una tiranía». También lo entendió así el autor de *Trópico*, y de ese cautiverio decidió escaparse —«despedirse», dirá más urbanamente— «del modo más decoroso posible», y conservar sólo de aquella sombra ejemplar «un leve perfume entre las manos y el recuerdo sin forma de la huida». Esta observación auto-crítica (recuérdese a Juan Ramón Jiménez decir su dolido adiós a la inapresable Belleza: «¡Sólo queda en mi mano / la forma de su huida!») es un índice del nuevo rumbo, de todos modos ya implicados en el mismo *Trópico* bajo vestiduras temáticas sólo aparentemente exteriores, que habría ahora de seguir. Más propio sería hablar de nuevos rumbos, arribándose así a ese intenso período de su obra que nos da la imagen más compleja, en tanto que artista, de Florit. Son los caminos a explorar en los poemas que comienza a escribir hacia 1930, y los cuales reunirá en uno de sus volúmenes centrales y el de mayor significación entre ellos: *Doble acento* (1937). En principio, se da ya aquí su entrada definitiva en el ámbito (y las calificaciones son sólo relativas) más cerrado, «pulcro» y vigilante de la poesía pura. Pero dando cuerpo a la otra modalidad, al otro acento que ya declara el título, aparecerán también composiciones de mayor aliento y libertad discursiva e imaginativa, más temblorosas y misteriosas, menos contenidas, y cercanas, en cierto modo, al surrealismo. «En mis poemas —escribe Florit sobre aquéllos, los de ese libro— veréis cosas fijas, claras, de mármol; lo clásico, en fin. Y otras desorbitadas, sin medida, oscuras (...) Pero en unas y otras estoy yo». Y es que su talante poético, hecho de armonía y equilibrio (y de evitación por ello de todo extremismo) supo restar de las primeras, asociables al artepurismo de entonces, ese timbre más seco y a veces enrarecido de otros poetas «puros»; así como igualmente le impidió, en los segundos, deslizarse por la pendiente de la absoluta desarticulación formal y la expresión hermetizante que se dio en no pocos surrealistas coetáneos. Juan Ramón Jiménez, que prologó el libro con entusiasmo y exactitud, pudo caracterizar de este modo «el único estilo» —así rezaba el título— del aparentemente dual Florit que allí se daba cita: «Su poesía funde dos líneas de la poesía española, la neta y la barroca, con un solo estilo igual encadenado: lirismo recto y lento que podría definirse así: fijeza deleitable intelectual».

De todos modos, las dos vertientes son claramente discernibles en el conjunto. De un lado, ese texto arquetípico, casi platónico, del ideal de pureza en poesía (junto a «Epitafio a una rosa», de Brull, y a «Víspera» o «Huir», de Ballagas, dentro de la lírica cubana) que son sus limpidísimas «Estrofas a una estatua»; del otro, sus *Nocturnos*, en que ya aflora ese sentimiento elegíaco básico que, desde entonces, será persistente en todo el lirismo de Florit. En el centro, y ya Juan Ramón lo señalaba, su conocido «Martirio de San Sebastián»: tersura expresiva al servicio de un sensual pero no menos agudo estremecimiento interior. Las valoraciones de Cintio Vitier sobre *Doble acento* son definitivas: «granero repleto», «siega cabal».

Y vuélvase la vista a lo que, en los mismos años de gestación de ese libro (o sea, de 1930 a 1936), estaba ocurriendo en la poesía española. Escindida, desde 1929, aquella breve homogeneidad estética inicial del grupo del 27, concretada en torno al magisterio de Jiménez, dos direcciones, paralelas pero opuestas, no tardaron en definirse ya claramente allí. Una, la integrada por los que a aquél siguieron, si bien no reproduciéndole literalmente, sino desarrollando mundo poéticos propios y maneras personalísimas (Guillén, Salinas); otra, la que, alejándose por modo radical del maestro, se precipitaba hacia una poesía romántica desbordada y más directamente vital y abierta, por los cauces de la expresión surrealista o surrealizante (Alberti, García Lorca, Aleixandre, Cernuda). Reduciendo estas dos direcciones a los distingos de Florit sobre su trabajo de entonces: los autores de «cosas fijas» y de «cosas desorbitadas». Nítida resulta la coincidencia que se daba entre la dualidad de *Doble acento* y la similar que ofrecían los poetas peninsulares del mismo momento: otra señal del justo acorde temporal de la producción de Florit por los años treinta respecto a la que simultáneamente exhibía la creación poética en una de las latitudes más avanzadas, en este campo, dentro del mundo hispánico (es decir, la española).

Al cabo, aunque sólo por un breve lapso, pareció vencer, en nuestro autor, la línea «neta». En su siguiente, y casi inmediata entrega, *Reino* (1938), se hará notar con mayor fuerza la influencia creciente del segundo Juan Ramón (incluso, en los instantes más líricos, también del primero), borrando aquella veta más oscura del libro anterior. En el conjunto predominaban pequeñas canciones y poemas breves, dominados unos y otras por un aliento que parecía querer ceñirse, y aun cristalizarse, en su mismo impulso creador. Y esa voluntad de concentración expresiva lleva a su decir poético, cuando a éste se une una profunda visión del espíritu, a piezas de ejemplar densidad y aciertos plenos y totales: «La señal», texto magistral en tal sentido.

El propio Vitier arriesga que «la obra posterior [a *Reino*] será puro disfrute de ganancias», y esto lo escribe en 1952. Cierto; pero, contemplada desde nuestro hoy, y con más títulos en el haber del poeta, es también —y resulta a la larga lo de mayor interés y actualidad— ensanchamiento, enriquecimiento, voluntad de desbrozar no transitados senderos, oído alerta a las voces dramáticas de su tiempo personal (y aun a las voces de la Historia), y diferenciada modulación expresiva en consonancia con lo que ese mismo y más abierto oído escucha. El año 1940 es crucial en la trayectoria de Florit. Ante todo, porque es la fecha de sus magníficos *Cuatro poemas*, que señalan el inicio de una poesía cálida y a la vez serenamente contemplativa, de una ya acendrada coloración religiosa (con «Momento de cielo» como pieza fundadora en esa dirección). Pero también porque ese año es el de *Niño de ayer*, evocación de su infancia y atisbos adolescentes en Port Bou (en la frontera franco-española). Se trata de una colección cargada de húmeda, vivísima y muy circunstanciada nostalgia, a espaldas ya de todo intelectualismo y rigor (como no sea, y esto siempre en

Florit, el de una palabra mesurada, nunca vencida por la turbulencia o el visionarismo).

Merece destacarse el sentido de este matizado giro en la trayectoria del poeta y, de nuevo, su exacto ajuste histórico-literario a los avatares de la poesía contemporánea. Y lo que sigue, en estas reflexiones, pretende ser genéricamente caracterizador de lo más singularizante, o más resaltadamente distintivo respecto a su producción anterior, en los sucesivos libros (posteriores a *Poema mío*, suma poética publicada en 1947) que Florit ha ido dando a la estampa después de esta compilación. Se enumeran aquí los de mayor volumen o significación, en la imposibilidad de dedicar la debida atención que cada uno de ellos, en particular, naturalmente demanda: *Conversación a mi padre* (1949), *Asonante final y otros poemas* (1955), *Hábito de esperanza* (1965), *De tiempo y agonía (Versos del hombre solo)* (1974).

El estímulo hacia el poema, en lo más original de esta segunda gran zona de su obra, no nacerá previamente constreñido por aquel designio de escrupulosa vigilancia intelectual, que de modo tan acusado operaba en *Doble acento* y en *Reino*, sino que arrancará de vivencias existenciales nerviosas y entrañables, sufridas al nivel de la emoción, y las cuales conforman de una manera transparente —en el lenguaje— sus motivaciones temáticas más sostenidas. Y se citan algunas de éstas a lo largo de todos los títulos últimamente consignados: nostálgicas evocaciones elegíacas de seres queridos y desaparecidos; el amor no encontrado o igualmente perdido (otra forma de la elegía); la experiencia del vivir en la «ciudad grande», a la vez familiar y extraña; el recuerdo tenaz de la patria lejana y sus hermosos lugares; el inventario agradecido de las lecturas y las compañías espirituales que han integrado vívidamente su haber cultural; el malestar —queja amarga a veces— ante unos tiempos amenazados por tecnologías destructoras y mortíferas; la desposesión creciente en que el existir consiste, con su saldo de soledad y resignación; la aspiración a conquistarse, por la fe religiosa, la siempre anhelada serenidad del espíritu; la necesidad de crearse, por el pensamiento, un rincón o esquina desde donde mirar con sosiego, pero no con indiferencia, la desolación del mundo y la soledad propia (y en el enunciado de estos últimos motivos ha sido necesario valerse, con literalidad absoluta, de algunas palabras o voces recurrentes en el léxico del poeta, por la diáfana expresividad con que reflejan algunos importantes matices de su cosmovisión sustentante: *pensamiento, esquina, rincón, soledad*).

Y todo ello, a su vez y necesariamente, busca —exige— pasar de un modo más directo, menos alquitarado, a la escritura y al verso. Al distanciamiento objetivador que el espíritu favorecía (entiéndase: la «fijeza deleitable intelectual» que le señalaba Juan Ramón Jiménez al autor de *Doble acento*) ha sucedido ahora una inmediatez emocional; a la abstracción genérica, la concreción tempo-espacial; a la elaboración simbólico-imaginativa, una más suelta apoyatura anecdótica, y, consecuentemente, al decir decantado y preciso se ha impuesto la inevitabilidad de una andadura poemática a ratos seminarrativa, devuelta en una palabra sencilla, cotidiana, conversacional (la cual ni siquiera rehúsa en algún momento el oportuno prosaísmo). Se ha dado así el paso de la poesía pura a la poesía testimonial. Y volvería a modular aquí Florit su voz de acuerdo con la evolución general de la poesía hispánica que, de nuevo y especialmente en España, se dirigía desde la guerra (civil y mundial) hacia una poesía de la experiencia, una poesía de marcada impronta existencial. Son los tiempos en que las compartibles (y dramáticas) inquietudes del moderno pensamiento existencial iban permeando y dando razón de ser a las más variadas manifestaciones del arte en todo el mundo occidental (desde la literatura hasta el cine).

En efecto, con los poetas de la llamada generación española del 36 muestra este Florit segundo un «aire de familia» (se sugieren afinidades, no influencias) tanto por el intimismo limpio de sus asuntos como por la actitud contemplativa y la vibración religiosa que informa esa mirada. Pero no es necesario volverse al costado peninsular de nuestra lengua para subrayar la oportunidad de esta inflexión que aquí se intenta documentar. Desde la ladera hispanoamericana, Florit supo también adelantar —como ha notado Roberto Fernández Retamar— una de las direcciones más significativas de la poesía actual en la América nuestra: la conocida como poesía «conversacional» o «comunicante». Y ésta, para su bien, poco tiene que ver con esa modalidad más extremada, más dinamitera, para la cual se ha acuñado la etiqueta de «antipoesía», ni con otras agresiones similares a la palabra poética, a su intrínseca dignidad comunicativa (no importa el signo —político o estético— desde donde se las perpetre).

En nada desmerece esta dicción más fluida de Florit (que además, y como se dirá, no ha de ser ya, y para siempre, su única y definitiva) proyectada sobre aquella rigurosa de su juventud. Por el contrario, resulta su natural colofón, su esperable —y deseable— vía de salida. De esa fuerza viva, más «humana» por grado menos «literalmente» distanciador, venía necesitando toda la poesía moderna, a veces extraviada en los laberintos (de otra parte, en tantas ocasiones deslumbrantes) de la abstracción y la simbolización objetivante. Moviéndose hasta cierto punto a través de ellos, y por el camino específico de la pureza poética, aquel Florit de antes había sabido dotar a su palabra de la mayor tensión artística. Pero la poesía, que es arte, es también algo más: es, primero, y como asentara Martí, emoción. Y esto es lo que ha venido a ocurrir: que el poeta, al cabo, ha necesitado encontrar fórmulas de más contagiable expresividad para su emoción, permitiendo que ésta caldee, aunque sin enturbiarlas, las exigencias estéticas a las que también como artista está obligado. De ese modo, en Florit, al ejercicio fijativo y depurador de su lenguaje anterior, más volcado y centrado en sí mismo, ha sucedido una voluntad testimonial y de introspectiva meditación que, para cumplirse fielmente, reclamaba una entrega más abierta y cordial al lector (en gesto que es de claridad y, por ello, de caridad y aproximación). Recortado este perfil propio, que su obra desde entonces irá dibujando, sobre el fondo de la dinámica general de la poesía en los últimos cincuenta años (en una de sus canalizaciones más representativas), su verso venía a coincidir otra vez, de suave y dignísima manera, con el paisaje que le servía de fondo. Y este reconocimiento, que en las páginas anteriores ha tenido que suscribirse reiteradamente para cada uno de sus períodos o momentos, es el más alto que puede hacérsele a la significación histórico-literaria de su labor poética.

Sin embargo, aún hay más. El poeta —como el hombre, él también lo es— deviene múltiple, vario; pero se sabe, se quiere, uno y el mismo. La dispersión, la fragmentación, nos agobia; la unidad, o la aspiración hacia ella, nos sostiene. Este Florit posterior y de más generoso decir, que acabamos sucintamente de recordar, no ha borrado totalmente al que le precedió: aquél que buscaba acendrar su lirismo en canciones breves, en apuntes poéticos mínimos y ceñidos, en sonetos elaborados dentro de la más ortodoxa tradición clásica. De todo ello sigue habiendo muestras, más que abundantes, en las colecciones antes citadas (aun en *Asonante final...*, donde se contienen, desde la otra perspectiva, algunas de sus composiciones más extensas, discursivas y confesionales). Es más: de un cierto tipo de minipiezas, casi ráfagas, casi-destellos (aunque ya no poesía pura, sino poesía de la pura emoción y el puro pensamiento) se nutren, mayoritariamente, esas entregas con que en los últimos años ha continuado Florit dando sostenida fe de vida, de su vida personal y poética, de ese *sin prisa, pero sin tregua* de donde se partió como índice o guía de su trabajo creador. He aquí sus títulos, no mencionados más arriba: *Versos pequeños* (1979), *Donde habite el recuerdo (Homenaje a Luis Cernuda sobre algunos de sus versos)* (1984), *Momentos* (1985), *Castillo interior y otros versos* (1987), *A pesar de todo* (1987), *Abecedario de un día gris* (1987).

En alguno de ellos —por ejemplo, en *Versos pequeños*, rótulo ya expresivo por demás— hay dos tiradas cuyos títulos («Cerca del haikai» y «Haiku») ya indican también cómo Florit vuelve a apretar, a adensar, su impulso lírico en fórmulas abreviadas y sentenciosas: cápsulas poéticas donde, virtud o saber que traen los años, acierta a conciliar otra vez pensamiento y emoción de manera, a un tiempo, lacerante y serena. Y en *Abecedario de un día gris* esta disposición se excede a sí misma: se trata de un cuadernillo, cada una de cuyas 29 páginas, correspondientes a las letras del alfabeto, se limita a contener una línea, un verso (expresivos, todos ellos, de una ceñidísima intuición poético-reflexiva sobre los motivos, preocupaciones y querencias contumaces del autor).

Se diría (y de nuevo otra pista hacia la sincronía histórica de una evolución por fortuna todavía en activo) que Florit parece acercarse aquí a esa modalidad, tan de nuestro tiempo, que es la poesía (y el arte en general) minimalista. Bajo otra denominación, a la acaso impropiamente llamada poesía del silencio: delgadísimas estructuras poemáticas que, a base de concentración y condensación, pretenden dejar, como virtualidad o sugerencia lírica mayor, aquello que precisamente sólo callan. En manos de imberbes esnobistas, a quienes no sostiene el poso indispensable de vida y experiencia en ecuación indisoluble con la inteligencia y la cultura, esta poética del silencio ha devenido (y la crítica va advirtiendo ya los peligros de tal tortuosa desviación) una retórica del silencio: hablar sin término de que *no* se puede hablar, de que el poeta *nada* puede decir. Pero seguir hablando... siempre sobre lo mismo.

Nuestra confusa época —posmoderna se la viene designando, a la vez con acierto e imprecisión— va resultando un quizá inevitable cajón de sastre, donde parece imperar el «todo vale». En efecto, todo el pasado vale; no es un peso o fardo estéril que hay que evitar (actitud vigente y casi definitoria de la modernidad), sino una inagotable fuente de riquezas de la cual se pueden extraer siempre muy preciosos materiales. Pero con frecuencia ciertas «resurrecciones» mecanizadas llegan incluso a inquietar; no es la menos molesta de ellas ver convertida la impecable lección de Mallarmé en estímulo para ejercicios de pura vacuidad. Y sobra seguir abundando en el penoso asunto.

Florit, en cambio, roza esa «silenciosa» manera (aunque no precisamente a la manera mallarmeana) de un modo que podría calificarse de natural y fatal; esto es, no aprendido en teorías y consignas estéticas de moda en el día. Y es que no tiene que repetir, explícitamente, lo ya dicho, lo ya expresado, con palabra discursiva, en tantas ocasiones anteriores; para ello está la obra, toda su obra ya concluya (que es, como se ha visto, amplia, veteada de muy varias motivaciones y matizada por muy distintos modos de dicción). Y acude entonces, ahora, a exprimir, por el pensamiento, y a expresar, por la palabra justísima, lo que la vida fue, y aún le es (y, sobre todo, lo que la vida pudo ser). Este Florit genuinamente minimalista (y por aquí se abre una posible tercera etapa dentro de su obra) vuelve a dar una lección de esa misma oportunidad histórica que aquí le hemos venido rastreando: el mostrar cómo una tendencia, en sí proclive al espurio «gato por liebre», puede, sin embargo, cuando se la personaliza desde la vivencia intransferible y la necesaria sabiduría expresiva, alzarse al rango de muy alta y legítima poesía.

«Con el silencio» como única compañía, pero puesta la esperanza salvadora en «la palabra, siempre» (y se entrecomillan aquí los alertadores títulos de dos poemas de uno de sus últimos libros, *A pesar de todo*), Florit sigue enfrentando su quehacer lírico de hoy apoyado en la dialéctica mayor de toda la poesía moderna. Esa dialéctica —entre el silencio y la palabra, entre el callar y el decir— nos ha hablado a través de tantas voces en la poesía hispánica de nuestro siglo, desde Vicente Huidobro a Octavio Paz, desde Juan Ramón Jiménez a José Ángel Valente. Una dialéctica que es fe y duda: doble y vertiginosa atracción sobre el poeta. Y que vuelve a hablarnos desde estos versos, aún muy recientes, de Eugenio Florit.

Por ello se accede aquí a las dos únicas ilustraciones que estas sumarias notas se quieren permitir. Fe en el silencio, puerta hacia la sola y resistente verdad humana:

> El silencio tan sólo
> posible únicamente
> para así eternizar la realidad
> que, pura, nos circunda.

Pero también fe paralela y tenaz en la palabra, de la cual somos creación y que configura a su vez nuestro ser y nuestra existencia:

> Esa voz que nos crea
> en su papel al escribirla:
> palabra en la que somos
> y en la que viviremos mientras exista.

Dialéctica, pues, que se resuelve en la unidad mayor y secreta de la poesía. Florit, poeta de su tiempo, de cada uno de sus tiempos, sigue siendo un poeta muy de nuestro presente.

OBRAS DE REFERENCIA

D'ambrosio Servodidio, Mirella: *The Quest for Harmony: The Dialectics of Communications in the Poetry of Eugenio Florit*, University of Nebraska-Lincoln, Society of Spanish and Spanish-American Studies, 1979.

Fernández de la Vega, Óscar: «Florit y la evasión trascendente», *Noverim* (La Habana), 5, núm. 8 (mayo de 1958), págs. 78-92.

Fernández Retamar, Roberto: «Antipoesía y poesía conversacional en Hispanoamérica», *Para una teoría de la literatura hispanoamericana* (México: Editorial Nuestro Tiempo, 1976).

Jiménez, José Olivio: «La poesía de Eugenio Florit», introducción a Eugenio Florit, *Antología penúltima* (Madrid: Editorial Plenitud, 1970).

Jiménez, Juan Ramón: «El único estilo de Eugenio Florit», *Españoles de tres mundos*, segunda edición (Buenos Aires: Editorial Losada, 1979).

Parajón, Mario: *Eugenio Florit y su poesía* (Madrid: Ínsula, 1977).

Pollin, Alice, ed.: *Concordancias de la obra poética de Eugenio Florit*, prólogo de José Olivio Jiménez (Nueva York-Londres: New York University Press, 1967).

Río, Ángel del, y Sidonia Rosembaum: *Eugenio Florit: Vida y obra, bibliografía, antología, obras inéditas* (Nueva York: Hispanic Institute, 1943).

Saa, Orlando: *La serenidad en las obras de Eugenio Florit* (Miami: Ediciones Universal, 1973).

Vitier, Cintio: *Lo cubano en la poesía*, 2.ª ed. (La Habana: Instituto del Libro, 1970).

EUGENIO FLORIT: RETRATO DE UN POETA[214]

Ana Rosa Núñez
University of Miami, Fl.

A muy pocos años de la llegada del año 2.000 —siglo XXI— estamos presenciando la muerte temporal del siglo XX. Y si digo temporal —enmarcado en el cuadro del tiempo— es que para mi el tiempo es solamente un armónico fluir de vida en las agujas del reloj, algo convencional y con hálito convivencial. El mismo fluir de las aguas de un río, siempre las mismas, pero llevando el espejo de muchos paisajes diversos en su rodar incesante hacia el mar donde paisaje y tiempo se transforman para comenzar la vida en su aparente muerte.

El siglo XX como el XIX es también un siglo de luces. Grandes conquistas jamás soñadas han lanzado al hombre al espacio pretendiendo, en esta odisea, adueñarse de lo que jamás tendrá dueño. Al igual que el período Gótico, las agujas de muchas catedrales del mundo son hoy —como lo fueron en su tiempo convivencial— oraciones de piedra y cemento para alcanzar lo que siempre está a la mano, lo que el descreído materialista ignora por su propia voluntad: la presencia de Dios. Bástenos a cada uno de nosotros detenernos en el mar, ante el azul del cielo, ante una piedra dormida en el camino, ante el aire que dice presente en la brisa, en las flores; bástenos detenernos en la amistad, en la reciprocidad humana, en fin, bástenos detenernos en los poetas que son y serán testigos de anochecer y amanecer, es decir en la muerte y en la vida, en este telar que es la andanza por la vida como lo es al mar la espuma en la arena después de ese eterno trajín con las olas. Envueltos en esta atmósfera de fluir y refluir, el Círculo de Cultura Panamericano, en su décimo Congreso de Verano, se ha detenido en un poeta: Eugenio Florit para honrarle su presencia en el mundo de las letras hispánicas dedicando este Congreso a homenajear un poeta que todos conocemos y que ha caminado ininterrumpidamente los caminos de la tierra, del cielo, del mar, del aire, de las noches y de las auroras y que, como

---

[214] Ponencia de apertura del X Congreso Cultural de Verano del CCP celebrado en la Universidad de Miami, Koubek Memorial Center. Revista *Círculo* del Círculo de Cultura Panamericano. Volumen XX, 1991.

legítimo poeta, se detiene ante el más maravilloso de los paisajes: su valle interior de una creación pura y limpia donde la sombra es la luz y darle la luz es verdad y vida a la que nos enlazamos con nudos marineros y anclas de hondo calaje a su obra, su vida —que es su propia alma— y a su presencia esta noche entre nosotros. No creo que sea yo la persona más idónea para presentar en este acto homenaje a figura de tan alto valor plenitud en nuestras letras y confieso que, cuando fui honrada por Elio Alba Buffill con la designación para hacerlo, me sentí bastante anonadada ante esta responsabilidad ya que, no siendo crítica, se me haría difícil determinar la ruta a tomar para cumplir con mi propósito. Pensé que dentro del marco de ser que es más que existir, retrataría o trataría de hacer un retrato lírico de este poeta con quien siempre Cuba estará en deuda. Eugenio Florit trajo de su mano a nuestra Isla el neo-gongorismo, la poesía pura, y también los «*ismos*» revolucionarios de una época de entreguerras. Ante su extensa producción literaria, ante su temática poética resumida en esa búsqueda y batalla por la serenidad siempre en contraste con una insomne claridad relacionada con la mudanza complejidad de la existencia humana y con la honda nota religiosa enraizada en su profundo tono elegíaco.

Su extensa obra revela una búsqueda interminable hacia la pureza estética, pasando desde el post-modernismo, los mitos de avanzada en los revolucionarios «*ismos*» el neogongorismo, la poesía pura, la poesía tradicional hasta la poesía confesional. Toda su poesía es un esfuerzo por integrar la experiencia en un todo que tenga verdadera significación.

Releí toda su obra y me pareció que el título que di a este trabajo no ajustaba exactamente a lo que ya había determinado realizar. Es decir, el retrato se convirtió en un autorretrato y, preferí, que fuera el propio Florit quien, a través de su inmensa obra, nos dijera quién era este poeta, un alma viva, pura, descarnada. Espigué en su obra comenzando en *Trópico* (porque, según él nos dice, todo lo anterior a *Trópico* es prehistoria) y, de ahí, a *Doble Acento*, *Reino*, *Cuatro poemas*, *De poema mío*, *Conversación con mi padre*, *Asonante final y otros poemas*, *Siete poemas*, *Hábito de esperanza*, *Antología penúltima*, *De tiempo y agonía*, *Versos pequeños*, *Abecedario de un día gris*, *Las noches*, *Castillo hay interior y otros versos*, *A pesar de todo: versos*, *Poesía, casi siempre: ensayos literarios*, *Antología poética*, *Nuevos poemas* (1953-1955), *Poema mío* (1920-1944), *Reino* (1936-1938), *Tercero sueño y otros versos* y otros más. Espigué ante la cosecha para lograr lo que no se trata de un retrato físico, sino espiritual.

Fueron sus propios versos los que me posaron para hacer este retrato un autorretrato. Recordé el primer retrato lírico que sea de mi conocimiento: que le hiciera Juan Ramón Jiménez (que tanto admiró y admira Florit) y que fue realizado en 1939 incluido en su exquisito libro *Españoles de tres mundos*. Quiero comenzar con ese retrato corto, agudo, preconizador y elegante para después continuar con ese mural que abre mi retrato de un autoretrato: Juan Ramón Jiménez —poeta al fin— vio al Eugenio Florit que se desarrolla a plenitud en las eras por venir.

Dice Juan Ramón Jiménez en 1939:

Disminuido tras sus lentas gafas grandes que le adolecen la barbilla, Eugenio Florit me mira con una fina mirada mate de triste sonriencia. Su sonriente tristeza latina, clásica y futura, lejanísima hacia siempre, es como un efluvio discreto, sustancia de hombre escogido. Lo que aroma el visionero sutil, distraído y secreto, con la destilación tranquila de su pena íntima, se comprende que es el muro espeso (carne, asunto) que los verdaderos poetas tienen siempre alrededor, cárcel del espíritu, para hacerlos ciudadela abierta al espacio. El crisol donde su raíz funde melancolía y saca esencia lo guarda, se ve bien, en lo eterno mejor. Y así está salvado el hombre en gracia.

Por donde Eugenio Florit venga o vaya, sordo al grito, anda por una senda apartada de estatuas y lirios, agudizado su mejor oído al más fino acento. Exquisito de nacimiento, gris, sencillo por suerte para él está en la estirpe perpetua de la inmanente aristocracia poética y humana: el noble instinto, la buena conciencia, que con su cultivo lo mira y lo entiende todo hermano. Atenta comprensión delicada. Aristocracia que busca aristocrática correspondencia amorosa, religiosa, amistosa, lírica: Laura, Juan de la Cruz, La Rosa, Keats. Y reírse sin odio ¡qué desgracia! de los «hombres».

Eugenio Florit, esbelto tallo universal de español en Cuba. Pule su vida y su obra como un ágata serena. Quedará de él en América y en España, por su español perenne, una incorporación ansiosa y aguda. Lengua de pentecostés, espíritu de fuego blanco del alba y la tarde. Bella fórmula difícil que une al hombre, sin salirlo de su especie, con el rayo de luz, el surtidor y el cisne. Eso es, camino de cisne el suyo (no hay que olvidar que el cisne canta sólo para dentro, para sí, y que, como no muere nunca y no canta para morir, retorcerle el cuello era absurdo. Ni al cisne ni al búho hay que retorcerle el cuello; a quien hay que retorcérselo es a la cotorra repetidora y redicha.

Sí, Eugenio Florit, poeta aparte, «lento en la sombra"; cantas para adentro y para arriba y no eres pesado. Es absurdo retorcerte el cuello, cisne intelectivo.

De 1939 a 1990, casi cincuenta años después, verificamos la profecía poética de Juan Ramón Jiménez, la agudeza de un poeta —el andaluz universal— ante otro poeta que despuntaba en campo abierto y fructífero hacia el futuro. Y para así comprobarlo les presento a Eugenio Florit en su propia voz y juzguen ustedes, con licencia prestada, si este Eugenio Florit de hoy no es sino el mismo que ya señalaba Juan Ramón Jiménez por venir[215].

---

[215] La presentación del poeta que sigue a estas palabras no es otro que el perfecto desmonte que de su obra hiciera A.R.N., incluida en esta edición bajo el subtítulo de «Eugenio Florit, en sus propias palabras».

EUGENIO FLORIT:
LO INMENSO QUE QUEDA[216]

Armando Álvarez Bravo

Poco puede celebrar en su tragedia un exilio. Pero el excesivo exilio cubano tiene el enorme privilegio de celebrar a su poeta mayor en su 94to aniversario. Es el Maestro Eugenio Florit.

Al rendirle tributo, aunque de manera insuficiente, exaltamos la grandeza y plenitud de la patria enajenada por el totalitarismo castrista. Reivindicamos su esencia poética, tan real como pendiente. Damos vigencia a su ideal de libertad, decencia, justicia, creatividad y entrañable cordialidad.

Indiscutible figura mayor de nuestras letras, el inmenso elogio que le debemos a Eugenio Florit no es producto tan sólo del carácter tan excepcional como universal de su poesía.

Heredero y luminoso renovador de la gran tradición poética nacional, nuestro final signo de identidad, no son sólo las copiosas y diversas cumbres de su expresión, su belleza y hondura, sus valores éticos y estéticos, lo que lo convierte en grande indiscutible. Es, también y tanto, la lección de su existencia en y para la poesía.

Florit, cuya obra se realiza fundamentalmente fuera de Cuba, es ejemplo de tenaz dedicación, definitiva honestidad intelectual y creativa, sentido del más alto servicio desde la cátedra y la íntima desinteresada orientación, y una hondísima y auténtica modestia que ya hace cuánto no se ve en el mundo.

No sólo el rico registro de sus versos es fuente y espejo inagotable y modélico de la experiencia del vivir a ras de mundo, sino constituye un elaborado y fructífero adentramiento en los espacios inabarcables desde los que el espíritu proyecta hacia el hombre la trascendencia que lo alimenta, completa y justifica.

Empresa de tal magnitud es difícil de abarcar y domeñar con luminosidad y hondura. Florit lo ha logrado desde su amable pero tenaz voluntad de situarse en un plano de sombra. Lo ha hecho con plena conciencia de que era dueño de una gracia preciosa cuya posesión impone la máxima responsabilidad, la entrega

---

[216] Artículo publicado en el periódico *El Nuevo Herald*, Miami, Florida, Estados Unidos, el 19 de octubre de 1997, página 1E.

que se convierte en renuncia. Su recompensa, que jamás buscó, es alcanzar, desde la belleza, la magia de la palabra y lo puro de la múltiple forma, la iluminación de esa naturaleza perdida de la criatura en que radica su salvación y eternidad.

Son incontables los textos del Maestro Eugenio Florit en que somos partícipes de ese latido. Hoy quiero conpartir una de esas páginas memorables en que se hace inmenso el poeta y el hombre y que reafirma algo que no sé si se olvida o se desdeña culpablemente: la necesidad y, eternidad de la poesía. Su título: «Lo que queda». Se escribió el 6 de mayo de 1971. Lee:

> Aunque después la tierra nos proteja
> hasta de todo, menos de su abrazo
> que desintegra y pulveriza
> y verdaderamente mata.
> Aunque un día la luz se nos nubló
> para siempre (la de aquí abajo, digo).
> Aunque entonces ya estaremos tranquilos
> muy encerraditos en una caja con su forro de seda
> —la pobre seda que ha de pudrirse pronto
> y se caerá a pedazos
> sobre lo que aún nos quede de nosotros.
> Aunque... eso no importa.
> No importa, porque quedan nuestros versos,
> nuestro amor a la luz que sigue ardiendo,
> al amor mismo, a lo que hemos tocado
> y besado, y guardado en el bolsillo.
> Y en el cajón del escritorio.
> Y la hojita de yerba en aquel libro.
> Y todo, todo lo que fuimos,
> lo que hemos de seguir siendo
> hasta que, un día, una vez, alguien pregunte:
> ¿qué es esto?, ¿quién lo guardó?, ¿para qué?, ¿cuándo?
> Y entonces ya de verdad habremos muerto.

Son muchos los retratos en la poesía, pocos tan admirables, sencillos e insondables como éste. Los que tenemos la dicha de disfrutar de la amistad del hombre bueno que es Eugenio Florit, lo reconocemos en la diafanidad de sus versos. Es el Maestro diciéndolo todo de sí mismo, pero a la vez, con supremo pudor, borrándose a sí mismo.

Los que nos enriquecemos con la compañía cotidiana de sus versos, aunque no tuviésemos la menor noticia de su autor, descubrimos en el poema un suprarretrato. En una ocasión escribí que un poeta es un hombre que quiere ser todos los hombres, «Lo que queda» es la más acabada y exquisita expresión de lo que es el poeta, una criatura que porque no puede ser otra cosa, desde sí mismo y poco importan las posibles variantes circunstanciales al texto, es la voz sin nombre de todos los hombres.

Pienso que a este grande y modesto Maestro no puede rendírsele mejor tributo que alzar esa doble condición que alienta su poema. Porque si los acabamientos que como preguntas plantean sus versos hacia el encuentro de la muerte llegaran al imposible de cumplirse, queda todo lo demás. Queda la vida con sus abismos y sus cumbres, Y porque hay vida tiene que haber sobrevida.

La poesía es una evidencia y un enigma que se cumplen a ras de mundo. Su naturaleza no admite tergiversaciones ni falsedades. Hasta cuando desciende a los máximos de lo terrible bulle de plenitud. Cuando se adentra en el más sobre el que el hombre no tiene dominio, imprime una huella indeleble en lo inabarcable del todo.

Finalmente es desde el reconocimiento y el temblor, la afirmación, la negación, el deslumbramiento y la oscuridad, una celebración. Es lo que, como nos enseñó un erudito y un hombre de acción, escribe un nombre en las estrellas. Ahí figura el nombre del Maestro Eugenio Florit.

Eugenio Florit con Rosa Leonor Whitmarch y Enrique Labrador Ruiz

APÉNDICE

DESPEDIDA AL POETA EUGENIO FLORIT[217]

---

[217] Eugenio Florit falleció en Miami el martes 22 de junio de 1999. En la prensa aparecieron numerosos artículos, algunos de los cuales reproducimos en este apéndice.

Muere en Miami el poeta cubano Eugenio Florit

Fallece a los 95 años el poeta cubano Eugenio Florit

WILFREDO CANCIO ISLA
El Nuevo Herald

Su última visita a la isla se produjo en 1959. No volvería jamás, pero su legado literario y ético trascendió a las nuevas generaciones

El poeta Eugenio Florit, una de las voces más sobresalientes de la poesía hispanoamericana de este siglo, falleció el martes en Miami víctima de un paro cardíaco. Tenía 95 años.

"Esbelto tallo universal de español en Cuba", como lo describió en una ocasión el poeta Juan Ramón Jiménez, Florit deja una extensa obra poética marcada por una fuerte indagación existencial y una gran riqueza idiomática.

Su muerte ocurrió a las 2:20 p.m. en su residencia del sudoeste de Miami, tras deteriorarse su estado de salud en las últimas semanas.

Se fue apagando muy despacio, con la serenidad con que siempre vivió: "lento en la sombra", como acostumbró encabezar algunos de sus cuadernos.

Florit nació en Madrid en 1903, y de pequeño vivió en Port Bou. A los 14 años se trasladó con su familia a Cuba. En la isla, cursó estudios en el Colegio de la Salle y en 1926 se graduó de Leyes y Derecho Público en la Universidad de La Habana. Era sobrino del compositor Eduardo Sánchez de Fuentes.

Pero su verdadera pasión fue el espacio de la creación y la enseñanza de la literatura. Estuvo vinculado al grupo vanguardista de la *Revista de Avance* (1927) y trabajó como actor en la radio y el teatro hasta que se trasladó a Nueva York en 1940, para laborar en el Consulado General de Cuba. Dos años después se inició como profesor en Columbia University, donde permanecería hasta retirarse como Profesor Emérito en 1968.

Entabló gran amistad con Juan Ramón Jiménez desde 1936, y con poetas españoles de la generación del 27, como Pedro Salinas, Jorge Guillén y Vicente Aleixandre.

"Entre las tablillas de las carabelas de Colón, venía 'El martirio de San Sebastián'", escribió en una ocasión la célebre poetisa chilena Gabriela Mistral refiriéndose al más célebre poema de Florit, incluido en su *Doble acento* (1937).

En su producción poética sobresalen además los cuadernos *Trópico* (1930), *Reino* (1938), *Asonante final y otros poemas* (1944), *A pesar de todo* (1987) y *Hasta luego* (1992).

"Florit deja una obra no sólo importante por sus valores intrínsecos, sino también por los caminos que abrió", afirmó el poeta cubano Manuel Díaz Martínez, desde Las Palmas de Gran Canaria, España.

Aunque vivió más de la mitad de su vida en Estados Unidos, sus vínculos sentimentales con Cuba tuvieron siempre un espacio primordial. Mantuvo estrecha colaboración con el grupo y la revista *Orígenes* (1944-1956), liderados por José Lezama Lima.

Su última visita a la isla se produjo en 1959, al triunfo de la revolución castrista. No volvería jamás, pero su legado literario y ético trascendió a las nuevas generaciones de poetas cubanos, que continuaron leyendo sus libros a pesar de que no se publicaban en Cuba.

En los últimos años eran cada vez más frecuentes los contactos con jóvenes poetas de la isla, que le hacían llegar cartas y mensajes por diferentes vías.

"Florit ha calado muy hondo en nuestra generación; sus libros se pasan de mano en mano", afirmó la poetisa Liudmila Quincoses, de 25 años, quien reside en la isla y participa en un encuentro literario en México.

Florit nunca se casó ni tuvo hijos. Lo sobreviven sus hermanos Ricardo y Josefina.

---

[218] *El Nuevo Herald*, miércoles 23 de junio de 1999, páginas 1A y 4A.

Muerte de Eugenio Florit

Luto en las letras cubanas

Por LUIS DE LA PAZ

El poeta Eugenio Florit falleció el martes 22 de junio, a la edad de 95 años, dejando como legado su larga vida, y una extensa y valiosa obra literaria que ha impactado e influido en varias generaciones de escritores. Con su muerte ocurrida en Miami, el mundo entero, pero fundamentalmente Cuba, pierde una de sus más extraordinarias voces.

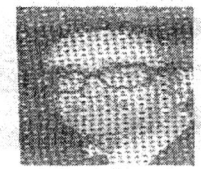

Florit nació en Madrid en octubre de 1903 y con apenas 15 años de edad, se estableció en La Habana, donde fue alumno del Colegio La Salle, completando así su formación académica que había iniciado en Barcelona y Fort Beu, España. En la Universidad de La Habana estudió Leyes y Derecho Público, y en 1940 se traslada a Estados Unidos, donde se desempeña como funcionario del Consulado General de Cuba en Nueva York. En esa ciudad recibió homenajes, publicó parte de su obra, además ejerció muchos años como profesor en Columbia University.

El poeta falleció en su casa por causas propias de su edad, en la tarde del pasado martes. En los últimos años se encontraba físicamente muy débil y alejado de toda actividad literaria.

Su legado a la literatura cubana es subrayado por el historiador Octavio R. Costa, amigo personal de Florit, quien lamenta profundamente la muerte de esta gran persona: "Su aporte más importante está en la renovación de la poesía. A través de Eugenio la poesía cubana y Cuba misma trascendieron a los más altos ni-

(Pasa a la Pág. 15-A Col. 3)

---

[219] *Diario Las Américas*, jueves 24 de junio de 1999, página 1-A y 15-A.

Muerte de Eugenio Florit

(Viene de la pág. 1-A)

veles intelectuales, y a los más lejanos horizontes, de manera que, siendo él un poeta universal, también universalizó a Cuba en su obra".

De esa extensa y rica obra literaria que menciona Costa, destacan libros como *32 poemas breves* (1927), *Trópico* (1930), *Cuatro poemas* (1940), *Conversación a mi padre* (1949), *Asonante final y otros poemas* (1955), *Hábito de esperanza* (1965), *Antología penúltima* (1970), *Tercero sueño y otros versos* (1989) y *Con el soneto* (1993), entre otros libros de gran relevancia.

"Quedará de él en América y España, por su español perenne, una incorporación ansiosa y aguda", apuntó Juan Ramón Jiménez de Florit. Ambos poetas establecieron una fuerte amistad en 1936, justo cuando comenzaba la guerra civil española.

Eugenio Florit escribió en las más prestigiosas revistas literarias, entre ellas la *Revista Hispánica Moderna* (Nueva York), de la que fue su director en los años 60. Publicaciones literarias como *Orígenes*, encabezada por José Lezama Lima, *Revista de Avance, Social, Liceum* y *La Gaceta Literaria*, entre otras muchas acogieron su voz. Donde quiera que estuviera dejaba una huella profunda en los que lo conocieron y admiraron. El poeta Luis Mario, afirma: "Eugenio Florit es el poeta de tres patrias: España por la cuna, Cuba por el sentimiento y Estados Unidos por la adopción. Sin embargo, prevalece en él un corazón de poeta cubano. Hombre de equilibrio lírico, fuente purificada de Juan Ramón Jiménez, es popular en sus décimas de *Trópico* y universal en su *Doble acento*. Ritmo, amor y melancolía hasta la síntesis del penúltimo poema: ¡Qué soledad sin nombre/ la soledad de estar solo con Dios!"

Eugenio Florit amó a Cuba profundamente y se lamentaba y sufría por el destino al que la historia condujo a su patria adoptiva, tal vez por ello sufrió como cualquier otro cubano exiliado, las consecuencias de su posición en contra del totalitarismo. Juan Manuel Salvat, editor y propietario de la Librería Universal señala el destino literario del poeta: "Eugenio Florit fue de los grandes poetas cubanos, lamentablemente no siempre reconocido por la nomenclatura de la cultura internacional, que prefiere el tono político a la calidad literaria. Pero sobre todo fue un alma llena de generosidad y belleza".

Sus restos descansarán en el exilio, tal vez hasta que un día regresen a esa Cuba que tanto amó.

***

El sepelio del poeta Eugenio Florit será privado, pero este jueves 24, a las once de la mañana, se celebrará una misa por el descanso eterno de su alma, en la iglesia St. Brendan.

Sábado 26 de Junio de 1999

El Lamentable Fallecimiento de Eugenio Florit

Las letras hispanoamericanas han perdido con el fallecimiento de Eugenio Florit, acaecido en Miami el martes, 22 de junio de 1999, a uno de sus más inspirados valores representativos. Florit fue un personaje sobresaliente de la literatura que nació en España y que después de vivir quince años en su patria natal, se trasladó a Cuba en donde se desarrolló gran parte de su valiosa personalidad literaria y ciudadana. Salió de Cuba hacia los Estados Unidos cuando consideró que estaba muy oscuro el cielo de la patria ante las amenazas revolucionarias izquierdistas.

Eugenio Florit fue un poeta polifacético de alta jerarquía y se preocupó por trasmitir sus conocimientos a los jóvenes interesados en las letras a los cuales sirvió como maestro de literatura. Desafortunadamente, la vida vertiginosa que se lleva en el exilio no siempre da oportunidad para que las nuevas generaciones se familiaricen con los auténticos valores vinculados a Cuba como es el caso de Eugenio Florit. Desde luego, fue muy conocido y muy respetado por muchísimos cubanos y personas que cultivan las letras. Recientemente —por decirlo así— en el Centro Cultural Español de Cooperación Iberoamericana de Miami se le rindió tributo en un emotivo acto cultural al insigne poeta fallecido. Allí hubo mucha gente que pudo recordar lo que durante tantas décadas representó la obra de Florit y también muchos pudieron comenzar a enterarse del valor de sus conocimientos y de su inspiración.

Seguramente ahora habrá muchas personas interesadas en conocer a fondo la obra literaria de Eugenio Florit y sus vinculaciones a importantes familias del arte cubano como los Sánchez de Fuentes. Propicio es, desde luego, el triste motivo de su partida, para que se reproduzcan muchos de sus poemas que forman parte de varios libros y que demuestran su dominio de la literatura y la sensibilidad de su inspiración poética.

DIARIO LAS AMERICAS cumple con el deber de poner énfasis en los méritos de este cubano nacido en España, que tanto representó en la vida del arte y la cultura de la patria de Martí.

---

[220] Editorial del Dr. Horacio Aguirre, Director del *Diario Las Américas* en la edición del periódico del sábado 26 de junio de 1999, página 3-A

Upon the Death of Eugenio Florit

With the death of Eugenio Florit in Miami, on Tuesday, June 22nd, 1999, Hispanic American letters have lost one of their most inspired representatives. Florit was a remarkable man of letters who was born in Spain and after fifteen years in his homeland went to live in Cuba where most of his significant literary and civic personality developed. He left Cuba for the United States when he felt that the horizon was overcast with the revolutionary threats from leftist factions.

Eugenio Florit was a versatile poet with a compelling personality and he transmitted his knowledge to young people with an interest in the humanities to whom he taught literature. Unfortunately, the hectic lifestyle led in exile not always allows the new generations to get to know the genuine values of Cuba such as Eugenio Florit. Naturally, he was well-known and highly respected by many Cubans and individuals who cultivate letters. Recently --some months ago-- the Spanish Cultural Center of Ibero-American Cooperation of Miami paid tribute to the renowed poet in a session full of emotion. Many people there remembered what Florit's work meant through several decades and also many were able to begin to know about the values of his erudition and his inspiration.

Now there will certainly be many persons interested in learning about the literary oeuvre of Eugenio Florit and his ties to important Cuban families in the arts such as the Sánchez de Fuentes. The sad event of his passing seems propitious to reproduce many of his poems that have been grouped in several books and which show his mastery of literature and the sensibility of his poetic inspiration.

DIARIO LAS AMERICAS feels as a duty to remark about the merits of this Cuban born in Spain who meant so much for the artistic and cultural life of Martí's fatherland.

---

[221] Versión en inglés del editorial del Dr. Horacio Aguirre en el Diario Las Américas del sábado 26 de junio, página 4-A.

Declaraciones de la Academia Norteamericana de la Lengua Española ante la muerte de Eugenio Florit

La Academia Norteamericana, Cuba y el mundo hispánico han tenido que lamentar, el 22 de junio, la pérdida de una de las grandes figuras literarias del siglo. Nacido en España hace 96 años y formado en Cuba, Eugenio Florit descolló muy pronto como extraordinario poeta, prosista y crítico, y llegó a ocupar uno de los sitiales cimeros en la poesía contemporánea cubana. Fue autor de múltiples libros de poesía y crítica, entre ellos Reino, Doble acento y Trópico y, con Enrique Anderson Imbert, Historia de la literatura hispanoamericana.

Amigo de Juan Ramón Jiménez, hizo la revisión de la segunda antología poética de este. Durante muchos años Eugenio Florit ejerció la docencia como profesor de la Universidad de Columbia, en Nueva York, y participó activamente en las actividades de la Academia Norteamericana, en la que ingresó desde sus comienzos como miembro de número.

En la Cuba republicana ocupó importantes cargos oficiales en los ámbitos cultural y de relaciones exteriores. Pasó 25 años de su largo exilio en Nueva York, retirándose posteriormente a Miami, donde falleció.

Por tan luctuoso acontecimiento, reciban por este medio los familiares y amigos de nuestro querido colega los más hondos sentimientos de condolencia de la Academia Norteamericana.

El que muere, si muere donde debe, sirve.

JOSE MARTI

---

[222] *Diario Las Américas*, 27 de Junio de 1999, página 11-B.

Hasta Luego
1909-1999

Entre los poetas hispanoamericanos, españoles y cubanos, esplende, cálida y transparente luz poética, Eugenio Florit, quien al emprender el obligado "viaje del suelo al cielo" se ha despedido sereno y tranquilo diciéndonos, "Hasta Luego". Así nos ha dado el ritual "Adiós"... "Tranquilo de ser eso que tanto ansiaba: la luz de lo alto —me deja ya mirar lo verdadero, el único saber seguro de la vida y este esperar los pasos de la muerte; y del saber que luego habrás de abrirme la ventana eterna." Estos tan ávidos y lúcidos anhelos de celeste esperanza y de fe de feliz inmortalidad, evidencian la honda y arraigada fe de nuestro querido y admirado poeta, de cuya fecunda pléyade poemas, casi todos ellos de valor antológico, se destaca, según afirma Max Enríquez Ureña —por sensibilidad poética, el Martirio de San Sebastián del cual hizo Juan Ramón Jiménez el más cálido elogio.—

Sumándonos a tan valiosa apreciación poética, bien se puede afirmar que Eugenio Florit en "aras y alas," de creyente y de poeta, merece ser calificado, a modo del claro y lírico San Juan de la +,...de poeta místico. Así con pura y serena placidez, "dio su alma a quien se la dio," suspirando extático, así: ¡Ya voy, Señor! ¡Hoy! qué sueño de soles, qué camino de estrella en mi sueño— Ya sé que llega mi última paloma...¡ Hoy! Ya está bien, Señor que te la llevo hundida en un rincón de las entrañas."

Mons. Ángel Gaztelu
MIAMI-23-1999

---

[223] Página sobre la muerte de Florit escrita por su compañero y amigo Mons. Ángel Gaztelu, en Miami el 23 de junio de 1999.

NO HAY OLVIDO,
EUGENIO FLORIT[224]

Armando Álvarez Bravo

Sobran o faltan las palabras para elogiar la grandeza de un hombre que ya pertenece a la eternidad, Más, si la vida de ese hombre hizo de las palabras un prodigio para expresar de modo admirable lo que constituye la materia de la realidad y su otredad. Para dar espléndida fe de la hondura de las gratificaciones y los golpes que prodiga la existencia. Para celebrar lo mínimo y lo máximo, lo elemental y lo complejo, la sabiduría y la inocencia, la posibilidad y el deseo, la fe y el sueño y, siempre, la belleza.

Pienso que la palabra justa para elogiar insuficientemente al maestro Eugenio Florit, fallecido el pasado martes 22, es pudor, ese rasgo consubstancial a la grandeza. En una ocasión, definí a este caballero, cuyo señorío de sangre y espíritu parecía una ficción ante la ordinariez de los tiempos que corren, como «un maestro que encarna el espíritu de la poesía cubana y, soberano artífice de nuestra lengua, es figura esencial de la lírica universal».

Al formular esa precisión sabía que demasiado quedaba en el tintero. Tanto de lo que desgraciadamente se ha olvidado es esencial a la imagen final del poeta, ese hombre que, desde su singularidad, habla por todos los hombres. El pudor de Florit, que con exquisita cortesía rechazaba toda celebración a su quehacer, se desdoblaba en la cordialidad, suprema virtud cubana. Esta le hacía abrir generoso las puertas de su celosamente guardada intimidad a todo aquél que se le acercase, no importaba su jerarquía o su anonimato, a partir de la poesía, que para él era también la cultura, la música y la patria que adunó y exaltó desde la memoria entrañable de su infancia española, su vida de magisterio y creación en Estados Unidos, y su tenaz e intensa fidelidad a lo más depurado del espíritu, paisaje, familia, circunstancia y amistades cubanas.

Su vida de copiosa y deslumbrante creación es aguja de marear de la historia y desarrollo de la poesía cubana contemporánea, que lo cuenta como protagonista central en todas sus manifestaciones. Su saber y sensibilidad le depararon la amistad y el respeto de las figuras mayores de las letras de nuestra lengua y cultura, como Federico de Onís, Alfonso Reyes, Jorge Guillén, Pedro Salinas,

---

[224] *El Nuevo Herald*, Miami, sábado 26 de junio de 1999, página 15A.

Vicente Aleixandre, Gabriela Mistral y Octavio Paz. Ilustra de manera excepcional la hondura de esas relaciones que colmaron su existencia, el que su entrañable Juan Ramón Jiménez, celoso al delirio de su obra, le encargara la edición de uno de sus libros fundamentales, su, *Tercera antolojía poética (1898-1953)*.

La universalidad y la cubanía de Florit son inseparables. Nunca trató de explicarlas. Las asumió con la naturalidad propia de su suprema fineza criolla y patricia. En ella, el latido del discurso hace suyo, hasta en los versos de mayor intensidad, ese deslumbramiento y esa aceptación de las cosas tan intrínsecamente propios de la serenidad y la resistencia cubanas. Esa certidumbre tan a ras de mundo que halló en los *Versos libres,* de José Martí. «No creo que exista en la poesía española algo como sus *Versos libres*», me dijo en una ocasión.

16 de mayo de 1971, con esa letra suya que era un dibujo encantado, Florit afirmó, en el poema, «Lo que queda», que cuando llegara el tiempo en que, tras su muerte, alguien, sin saber de él, preguntara por sus cosas, ya habría muerto de verdad. Digamos que es la historia al uso. Sin embargo, porque este hombre bueno y dulce y cordial, tan profundamente religioso en su voluntad de entrega, servicio y puro olvido de sí mismo, hizo del plano de sombra que escogió para su vida, una fuente de luz purísima desde el caudal de su poesía —un monumento de belleza—, sabemos que esa historia tiene otro desenlace, es el que se cumple, más allá de nuestra comprensión, en la eternidad de la luz de arriba que, con la gracia de su fe, su pureza y su intuición poética, supo diferenciar de la de este tumultuoso mundo que es más vivible por sus versos. Es lo que llamamos milagro, lo hizo incesante, «lento en la sombra».

Gracias, Maestro, amigo. No hay olvido, Eugenio Florit.

ADIÓS AL POETA[225]

Luis Mario

La muerte fue un tema recurrente en la obra poética de Eugenio Florit. La mencionaba sin temerla, pero con cierta inevitable angustia y hasta con nostalgia, si eso hubiera sido posible. En definitiva, era esa misma muerte que le llegó al poeta el pasado martes 22. Sin embargo, no es apropiado recordar ahora su actitud ante lo que él llamó «el aire triste» que pasaba por el mundo. Vayamos mejor a una selección de sus décimas dedicadas al campo, publicadas en el libro *Trópico*, en 1930. Entremos por la guardarraya del recuerdo en aquella frescura juvenil de los 27 años, donde abundan las evocaciones al central azucarero o al cocuyo en la mano de un transeúnte campesino. Y, desde luego, sin mencionar central ni cocuyo. Así se acercaba Florit a la plenitud de libros posteriores, con un apretado fervor lírico que jamás lo abandonó.

Campo

Por Eugenio Florit

1
Por el sueño hay tibias voces
que, persistente llamada,
fingen sonrisa dorada
en los minutos veloces.
Trinos de pechos precoces,
inquietos al despertar,
ponen en alto el cantar
dorado de sus auroras,
en tanto que voladoras
brisas le salen al mar.

5
Realidad de fuego en frío,
quiébrase el sol en cristales
al caer en desiguales
luces sobre el claro río.
Multiplícase el desvío
del fuego solar, y baña
verdes los campos de caña
y jobos de cafetal.
Luego vuelve a su cristal
y en los güines se enmaraña.

---

[225] *Diario Las Américas*, 27 de junio de 1999, página 11-B.

6

Chirriar del grillo apresado
en ruedas de la carreta,
gira volcando en la veta
del camino verde prado.
Surge al fin —término ansiado—,
máquina devoradora;
desmenúzanse en su hora
grumos de verde hecho nieve
y en bocas abiertas llueve
la blanca ilusión traidora.

9

Vuelo de garza en el marco
de tan exigua laguna
que quiebra su luz la luna
en la orilla, como un barco.
Güin osado sale en arco
y apunta a la garza en vuelo;
caen estrellas desde el cielo
a florecer en canciones
y vuelan los corazones
desde la jaula del suelo.

11

Brillan luces voladoras
tan sueltas sobre la casa,
como luminosa masa
partida en tenues auroras.
Entre las brisas sonoras
son átomos de diamante.
Alza un brazo el caminante
al cruzar por la arboleda
y presa en la mano queda
una chispa titilante.

EUGENIO FLORIT
EN EL REINO DE LA ETERNIDAD[226]

Octavio R. Costa

Si Paul Valéry, el artífice de la poesía pura, decía «que ya sabemos que las civilizaciones son mortales», también lo son los grandes poetas que nunca debían morirse porque con cada uno que se va se lleva un poco de la escasa luz divina que existe en el planeta.

Es un lugar común decir que Homero es el más lejano poeta en el tiempo, porque vivió ocho siglos antes del nacimiento de Jesús. Pero yo pienso que mucho antes que el autor de «La Ilíada», desde el nacimiento del cosmos, a lo largo de las edades es Dios el primigenio de todos. ¿No es la Creación la más maravillosa de las epopeyas?

Creo que todos los grandes poetas, desde el propio Homero hasta nuestros días, no son más que destellos de la lírica luz del Creador. Recordemos que para Platón, el más poeta de los filósofos, todos los que pulsaban la lira eran divinos. Pararrayos de Dios, les decía Rubén Darío.

¿Cómo nació la poesía? Si Dios creó el verbo, éste se hizo palabra humana y la misma, ya sublimada, se prendió en el alma del auténtico poeta. En consecuencia, de acuerdo con esta mitología no todos los que riman versos son poetas, ni las rimas que acoplan tienen que ver con la poesía. Un hábil versificador no es más que un diestro artesano carente de divinidad.

Ni toda la legítima poesía ha sido siempre igual. Si Antonio Machado dijo que «la poesía es la palabra en el tiempo», acertó porque cada siglo o cada época han tenido la suya hasta llegar a esta vigésima centuria, que si comenzó con la saga del Modernismo y entró en la errática vanguardia cayó en el caos del absurdo con muy notables excepciones.

Bajo estos antecedentes se irguió en plena juventud la leve figura de Eugenio. No pudo evitar el contagio del virus vanguardista. Pero liberado de éste se encontró a sí mismo escuchando esa más íntima voz que le brotaba del límpido hontanar de su alma. Y porque la tenía transparente, serena, sencilla y humilde, así empezó a salírsele su propia y nueva poesía. Acaso sin saberlo

---

[226] *Diario Las Américas*, miércoles 30 de junio de 1999. Página 4-A.

estaba ya en los asépticos predios de la poesía pura antes de recibir el influjo de Valéry.

Más allá de todas las posibles influencias, su poesía está en Florit, como Florit está en su poesía. Él y ella son una misma y sola entidad. Una entidad que es pura esencia lírica. Si tratamos de definir a Eugenio, definimos su poesía. Y si queremos tener una caracterización de ésta, damos con el carácter o la personalidad de Florit.

Si es un buceador de la palabra exacta, sus palabras no son más que el vehículo inevitable del invisible fluido que corre a través de ellas. En ese fluido es donde está el aliento o la sangre de su poesía. Biográficamente es inútil que lo instalemos en España, Cuba o Estados Unidos. Él vive en el mágico hogar que es su poesía, siempre tan humanamente comunicativa a pesar de su notoria evasión de lo material y concreto, que si eventualmente aparece sólo está en función de misterioso símbolo.

Es una pena que un alma tan excelsa como la suya haya tenido que vivir en un siglo tan convulso, en un mundo tan materialista, porque si Bécquer pensaba «que mientras haya una mujer hermosa habrá poesía», en este tiempo no existen los Gustavo Adolfo. Lo que suele predominar es la más vulgar chapucería mientras que el más notorio favor del ignorante público se va hacia una comercial farándula que puede ser un insulto a la cultura.

Pero hasta su final, Eugenio nos ha quedado como una blanca e incólume columna que se levanta sobre el pedestal de sus libros que no son solamente los que se mencionan. En estos últimos años el poeta me enviaba unos preciosos cuadernos, pura filigrana tipográfica. Era la adecuada para contener sus poemas. El último que recibí fue de sonetos. ¡Qué maravillosa orfebrería salida mágicamente de su inacabable estro!

Murió porque no es fácil ir más allá de los noventa y cinco, pero las últimas veces que lo vi lo encontré tan ágil como lúcido. Y no sólo era un gran poeta, sino que era algo tan eventual en estos días como ser una buena persona. Un ser incontaminado. Con la corrección y la cortesía de otros tiempos. Con la humildad del perfecto caballero cristiano que sabe cuáles son los verdaderos valores y a ellos se atiene. Más que los aplausos de muchos, le interesaban el reconocimiento y el cariño de unos pocos como siempre son los selectos.

Desencarnado, puro espíritu, ha entrado en el Reino de la Eternidad. Y en cuanto a lo que ha dejado atrás, aunque no todos lo sepan, la obra poética de Florit perdurará para siempre, tan eterna como esa divinidad de la que él llevaba su dorado destello. Descendiente de familia de rancia cubanía, Eugenio se sintió siempre cubano. Pero para él la patria no era un colorido estandarte, sino un amor callado y recoleto en lo mejor del alma.

COMO UN ÁGATA SERENA[227]

Mario Parajón

Cuando me dieron la noticia de la muerte de Eugenio Florit, creo que no me alteré en lo más mínimo y hasta casi me atrevería a añadir que no sentí dolor. Pienso que me reservo la pena para distribuirla en el tiempo que aún viva; y que será una pena sazonada de reflexión, grave y tranquila, como era Eugenio. Pule su vida y su obra como un ágata serena, escribió Juan Ramón refiriéndose a él. Y nunca fue tan asistido por la razón el gran loco del dios deseante y deseado. Eugenio no se limitó a trabajar sus versos; trabajó también, con intensidad no advertida para quienes lo trataban, su conducta personal, su palabra hablada, su cuerpo diminuto al que sometía a diario a la higiene brevísima de la gimnasia sueca. Y su vida espiritual: porque le importaba poquísimo que entre los aficionados a la literatura o entre sus enseñantes, no estuviera de moda practicar la religión de los mayores. Eugenio se movía con holgura entre las devociones clásicas, sin reparo en confesar que se ponía de rodillas todas las noches para rezar el rosario. Se necesita independencia.

Había empezado su aventura poética al filo de los años treinta. Pronto cuajó misteriosamente en un bellísimo libro de décimas, *Trópico*. Lo dedicó a Rufina, «que nació al tiempo de madurar la guayaba». Rufina, nombre de guajira cien por cien, enraizada en su tierra, amiga y dueña de sus olores y sabores, comprometida para siempre con el aroma de la fruta roja, buena para un dulce que se presenta en cascos o en mermelada y que Eugenio amaba con su acompañante de queso blanco. ¡Es todo un manjar!, exclamaba él refiriéndose al de Burgos. Comía poquísimo, la mitad de la mitad de lo que consumían sus amigos y sus parientes innumerables; pero al final decía siempre con su tono de voz nunca impositivo: —Vendría bien un postrecito...

Alfonso Reyes saludó las décimas de *Trópico* acudiendo a cuanta palma disponía. Aquel mexicano sabía ser generoso, creía en el entusiasmo como abuelo de todo saber, se despertaba a las cinco de la mañana para dedicar una hora a la correspondencia con los amigos, leía y releía a los clásicos y se enteraba siempre de lo que había en la letra impresa que escudriñaba. Bajo todo

---

[227] *Diario Las Américas*, miércoles 30 de junio de 1999. Página 12-A.

texto había para él una intención de autor que era preciso aclarar antes de hacer un juicio o de lanzarse a una interpretación personal. En las décimas de Florit supo ver la estilización de la estrofa y sobre todo la voluntad de recrear lo real desde la inteligencia. Yo recuerdo que leí *Trópico* a los diecisiete años, gracias a la biblioteca del Lyceum. Aquello no tenía nada que ver con Bécquer, con Zorrilla, con Martínez Villena o con Federico García Lorca. A Bécquer yo lo recitaba en una hora de radio dominical donde los amigos de un jesuita demócrata cristiano, el Padre Foyaca, desahogábamos todas nuestras inquietudes. Me impresionaban tremendamente el arpa descubierta por Gustavo Adolfo, la fluidez emotiva y triunfal de Zorrilla y las metáforas deslumbrantes de Federico.

La poesía de Florit era otra cosa: la transparencia, la cristalería, la intimidad de qué manera encubierta y guardada en cofre precioso; y la lealtad, una lealtad profunda que la salta a Eugenio verso a verso y que es lealtad a las voces más remotas de su tradición, el misterio de su familia, donde hay músicos, poetas y seres finísimos incapaces de pronunciar una palabra en voz alta; a los fundamentos remotos de la cultura occidental y a las leyes más hermosas de la humana convivencia. Consecuencia de ella era su mesura, su no exhibición del saber acumulado en tantos años de lecturas; muy asimilado aquél, más profundo que extenso, dicho cuando le tocaba expresarlo con la llaneza del hidalgo que rechaza suavemente los excesos y ornamentos.

Lo primero que todos le apuntaron a su favor fue la serenidad y la plenitud. Cintio Vitier se fijó en una partícula que él usaba con frecuencia en sus versos —ya— y se aprovechó de ella para añadir que con Florit la poesía cubana había llegado a realizarse, era una realidad madura que podría presentarse en cualquier parte del mundo. Pero no era tan sólo eso. Florit, a diferencia de tantos cubanos y de tantos hispanoamericanos, no buscaba las emociones violentas, ni lo monstruoso, ni lo críptico, sino sencillamente el arte conseguido en un clima de reposo. Es muy probable que Hispanoamérica no fuera así, pero había que luchar para que así fuese. Y él era un rebelde, un tremendo inconforme que se oponía a cualquier demagogia, empezando por la literaria, con su manera de vestir, con su sobriedad, con su sinceridad, y con los versos delicados y de una misteriosa transparencia que nunca se embarraron con dedicatorias a Stalin ni halagos a ningún tirano. Sabía, por supuesto, a lo que se condenaba: a figurar en antologías, a que le reconocieran seca y amablemente su talento; y a nada más. Le tenía sin cuidado. Seguía su obra de abeja laboriosa, lento en la sombra, como el clásico de sus amores; aferrado a su estética y a sus principios de vida: reservarse un ángulo del alma para nosotros solos; no perder nunca de vista la verdad y la belleza, tan difíciles y tan necesarias; sentir el júbilo de terminar el día con una lágrima menos, por vertida; aprender a callar para la última palabra. Y saberse poeta: según él, polvo florecido.

Ha cumplido casi un siglo de vida rodeado por el cariño inmenso de sus amigos y de su familia, fiel a su whisky de la tarde y a su golpe en la pared para avisar al hermano cuando él se acostaba cada noche. No sé cómo se ha ido de este mundo, pero estoy seguro de que la recompensa que aguardaba por él en el otro, empezó a recibirla en las noches de su vejez, estrelladas como las de Fray Luis y deslumbrantes en su calma como las de Supervielle. Ahora estará de tertulia, entre otros, con Juan Ramón, con Zenobia, con María Sánchez de Fuentes, con Paco y Laura García Lorca y con Amelia del Río por toda la eternidad.

FLORIT HA MUERTO[228]

Hilda Perera

Se nos ha ido Florit. Y yo estoy ya, lápiz en mano, despidiéndolo. Nos ha dejado un abandono pavoroso, pero su sonrisa, su bondad, todavía nos acompañan. Era un hombre bueno, sencillo y sin envidias y regalaba su verso cristalino y puro como un don.

Lo recuerdo a trazos. En el Lyceum, cuando contaba yo diez y siete años. Florit venía a dar una conferencia y tuvo la gentileza de detenerse al comenzar para mencionar a la jovencita que hacía pocos días había hecho allí una lectura de su *Cuentos de Apolo*. Ningún premio me hubiera halagado tanto como aquellas palabras de Florit, que no me conocía. Salí del Lyceum como quien pisa nubes agradeciéndole al poeta su generosidad.

Comencé a devorar sus libros con fruición; los que me enviaba él y los que conseguía yo en aquella amplia y ventilada biblioteca del Lyceum con sus grandes ventanas abiertas al sol de la tarde. Conocí «El martirio de San Sebastián» y «Los ríos de la patria» y montones de sonetos a cual más pulcro y cristalino y sus versos al mar, a la brisa, a la muerte. Yo me adentraba en ellos reconociendo sus pausas, saboreando el acento gentil con que apenas se apoyaba en la palabra.

Un día, paseando por sus Newyores me encontré a Florit. Enseguida, con el agrado que lo caracterizaba, me invitó a almorzar. Yo iba con Alicia Aldaya, mi magnífica compañera de viajes. Aceptamos las dos de inmediato y pasamos la tarde conversando de poesía. Allí salieron a relucir Goethe, Juan Ramón, Shakespeare, Góngora, Gerardo Diego, Alfonso Reyes, Ballagas. Hablaba de todo como un maestro con una sencillez sin par. Estuvimos juntos dos o tres horas y cuando salimos al aire nos parecía más ligero.

Otra noche hice yo una pequeña tertulia en mi casa. Los puntos fuertes eran Eugenio Florit y Lydia Cabrera. Después de una sabrosa conversación en que ambos deambularon largamente por sus juventudes, a alguien se le ocurrió poner «El Cadete Constitucional» en el tocadiscos y ¡cuál no fue mi sorpresa al ver que Lydia y Eugenio se levantaban a bailarlo! ¡Con qué gracia sabrosa se desenvolvían! ¡Qué pausas en el montuno! Estaban en el final cuando una

---

[228] *Diario Las Américas*, sábado 3 de julio de 1999. Página 5-A.

instantánea vino a fijar el instante para el recuerdo. Gracias a ella guardaré en mi despacho siempre la fotografía de Eugenio y Lydia bailando sonrientes.

En sus últimos años Eugenio se convirtió en maestro de poesía. A su casa de Westchester acudían escritores y poetas para dejarle ver sus últimas producciones. Y él, suave, generoso, iba puliendo aquí un soneto, afinando allá una rima, incluyendo un acento que faltaba. Allá iban Amelita del Castillo, Armando Fernández, Orlando González Esteva, Carlos Victoria y muchos más a recibir el visto bueno del maestro. Él les exigía con cariño.

En una ocasión escribió un prólogo para una obra que no lo merecía. Y al preguntársele por qué contestó que le serviría de estímulo al poeta y que la próxima vez se aplicaría mejor.

Así en esta soledad acompañada de libros y versos transcurrió su último tiempo. Hoy el tiempo se ha puesto mustio. Llueve. Florit ha muerto.

EUGENIO FLORIT, 'SERENA ILUSIÓN DE ETERNIDAD'[229]

Eliseo Alberto

Como no sabes lo que pasa, la noche te parece más oscura.

Eugenio Florit

«¿Sabes lo que pasa, Eliseo?», me dijo Eugenio Florit hace unos diez meses, a la sombra liviana de su biblioteca, «desde joven, yo siempre he sido más viejo que nadie». No escuchó mi respuesta: «Soy tan sordo como ese escaparate».

Tocaba el piano a cada rato. Las sandalias apenas debían rozar los pedales. Medía menos de cinco pies, digo: tal vez los años lo encogieron. Siempre repasaba las mismas canciones de su tío, el grande Eduardo Sánchez de Fuente: «En Cuba, Isla hermosa del ardiente sol, bajo tu cielo azul» — Sigue tocando, Eugenio: tú sigue.

Tenía 96 años, le gustaba la ópera, la zarzuela, leía una y otra vez poemas de Quevedo, y se negaba a visitar La Habana. No había vuelto desde la década del 50. «¿Para qué?», dijo aquella tarde, y contuvo entre las piernas el temblor de su mano, ansiosa por pegarle a la puerta: «Allí no queda nadie que me recuerde. Mejor así: que me crean frito en algún sartén del camposanto».

La ciudad que él adoraba se había borrado de la noche a la mañana, a bolina entre las ráfagas de una revolución que él nunca entendió ni perdonó. Era terco, es decir, era poeta. Entre consignas y pelotones de milicianos, desaparecieron sus librerías de la Calle Obispo, la Manzana de Gómez, los cafés al aire libre, los helados de mantecado en cada esquina, la ferretería de Feito y Cabezón, Reina y Lealtad, donde a él le gustaba comprar tornillos.

«Me encantan los tornillos», me dijo en broma: «Son perfectos». Los amigos de la *Revista de Avance* también se escondieron en la noche de sus tumbas, sin despedirse siquiera. Y los del Instituto de La Habana, y los de *Orígenes*, y qué sé yo: todos se fueron. En Cuba no existía Eugenio Florit.

---

[229] *El Nuevo Herald*, domingo 4 de julio de 1999. Página E3.

Unos pocos poetas jóvenes, de esos elegidos que jamás se pierden una fiesta, se sabían de memoria su «Martirio de San Sebastián»: «Este largo morir despedazado/cómo me ausenta del dolor. Ya apenas/el pico de estos buitres me lo siento (...)/Sé que llega mi última paloma.../ ¡Ay! Ya está bien, Señor, que te la llevo/hundida en un rincón de las entrañas!».

Eugenio, sin embargo, no dejó de vivir en la Isla ni uno sólo de sus 29,000 días respirados, desde la mañana de 1918 en que a los 15, llegó a puerto ¿de Matanzas? (venía de Barcelona), hasta cuando por fin se quedó rendido frente al piano. «Pero es que ni tú, ni yo, ni aquél,/ni nadie, ni cualquiera/sabemos lo que pasa o lo que queda».

Ya no podrán levantarlo los gallos mañaneros ni los pájaros en el jardín de enfrente, ni los *claxon* veloces, ni la tos de siempre, ni los olvidos, ni los perros, ni las moscas, ni su sombra, ni Ricardo, su querido hermano, que sólo tiene 85 años y aún maneja un Ford verde limón por las autopistas: ése es Ricardo. «Qué serena ilusión tienes, estatua, de eternidad bajo la clara noche».

Dormía poco Eugenio, no fuera a ser que lo asaltaran de madrugada los fantasmas de sus amantes y vieran, a la luz de la luna, su desnudez de anciano. Por desayuno, el alpiste de un pan. Bien temprano en la mañana, buscaba refugio en su biblioteca. ¡Ah!, escondite de niño cueva, Cuba, nido, estudio, abrigo: altar de la patria en el panteón del exilio, ¡qué caray!

Entonces se sentaba en el sillón de mimbre a contemplar sus precarias posesiones, y a medida que corría la mañana se iban desperezando los recuerdos, como si en la sala de un cine no se proyectara un cono de luz, sino un rayo de sombra. Cataluña, sur de Francia, Nueva York, la calle Soledad, Santa María del Rosario. Allí lo vi por única vez. Cuando lo saludé, su esqueleto de tomeguín se me perdió entre los brazos. El aire acondicionado soplaba fuerte al pie de la ventana y movía el cortinaje. Las cosas parecían vivir, vivían: su camisa, de cuadros azules y amarillos, olía a almidón de arroz; su piel, a cáscara; los muebles a metal de espada. En algún rincón, me dije, tal vez detrás de ese viejo plato con claveles pintados a mano, debe haber una cajita de música. Quizás. Nada me extraña. La estancia, en verdad, sobrecogía. Uno acababa por sentirse limpio junto a las sandalias de Eugenio.

Me acordé de una foto de Gastón Baquero, en su pensión de Madrid, publicada días después de su muerte. El poeta de «*Palabras escritas en la arena por un inocente*» también había construido a retazos una patria de bolsillo. Viejo, muy fastidiado, Gastón está tumbado frente a una loma de libros, como un papalote sin hilo. Al ver la imagen uno teme que las laderas se desmoronen y todo se venga abajo en una avalancha de papeles. Corona la pirámide un daguerrotipo del general Maceo, perfil izquierdo: la barba señala el atajo que se debe tomar en caso de una improbable retirada. Chispas de plata saltan en las pupilas de los dos mulatos.

¡Pobres poetas del exilio: solos, olvidados, malgeniosos, secos como bacalao, recalentando en el fogón un poco de arroz y machuquillo de plátano!

La biblioteca de Florit también estaba tapizada de incunables, desde las hormigas del piso hasta las arañas del techo; en los estantes, fotos de familia, una bandera, pues sí cubana, un candelabro y dos o tres pisapapeles para ganarle al viento la batalla. Afuera, el verano. Los gritos de la luz. El sol, ese viajero, ese emigrante. Presidían la habitación un grabado de la toma de La Habana por los ingleses, una *Flora*, de René Portocarrero y el retrato de José Martí en Tampa, en Cayo Hueso. Cada cuadro era una ventana. Romañach, Amelia Peláez, Víctor Manuel, Mariano, Milián: benditos iluminadores de nuestra nación cansada. Murmullos. Y el oleaje. La playa.

Eugenio no debía dejar huellas en la arena: más que él, pienso, pesaba una paloma. ¡Ah!, las palomas. Nadie entendía mejor que Florit a las palomas. Nadie: ni María, la de Belén, la preferida del Espíritu Santo. El poeta, a solas, acariciaba los adornos como si cada uno vibrara. Y vibraban. Claro que vibraban. Vibraba el florero sin rosas, la alegre castañuela y la nieve al caer sobre un Chicago pequeñito, en una bola de cristal apretujado.

«En Cuba, Isla hermosa del ardiente sol» — Sigue tocando, Eugenio: tú sigue tocando. No hagas caso de la gente. Se pisan la lengua. Breteros que son. Hablan y hablan. La biblioteca era una isla, rodeada de silencios por los cuatro puntos cardinales. Ricardo, un hombre demasiado noble para ser feliz en este mundo, le traía café. Luego lo mimaba. Lo consentía. Juntos declamaban sonetos de juventud: «Habréis de conocer que estuve vivo/por una sombra que tendrá mi frente».

Sólo a su hermano del alma podía oír el sordo Eugenio, aún de espaldas y con los ojos cerrados. Mi mujer y yo tuvimos el privilegio de visitarlo en su casa de Miami, gracias al poeta Orlando González Esteva, amigo, que nos llevó del brazo.

Esa tarde no llovía; pero no sé por qué recuerdo que no escampaba. Antes, a la mañana, habíamos recorrido un cementerio local, donde reposan miles y miles de compatriotas. «Pase lo que pase, gane quien gane», le dije a Orlando ante una tumba donde alguien había sembrado dos arecas, «cuando muchos regresen a la Isla, quedará aquí, bajo la tierra, de por vida, este humilde barrio de cubanos».

Ya a salvos de la tristeza, en la biblioteca de Eugenio, hablamos del malecón, de literatura y de mi padre: «Se adelantó Eliseo, siempre tan amable». Entre sorbos de café nos contó de Lezama, de Julián Orbón, de los gloriosos mantecados de Muralla, de los pájaros de enfrente y de Ricardo, que andaba por ahí, dándole las quejas a Orlando: «Este loco dice que debemos comprar a tiempo las entradas para el teatro, porque la temporada de ópera en el 2000 va a hacer historia. ¡Pero, imagínate! Yo le digo que no sé, Orlando, porque no sé, Eugenio, si en el siglo XXI yo siga, o me dejen seguir, manejando».

Eugenio le leyó los labios. «¿Y en esta ciudad no hay taxis?», dijo medio bravo. En un descuido, piropeó a mi mujer: «Bonitos ojos, muchacha, pero mejor la mirada». No se sentó al piano. Cantó a capela: «En Cuba...»

Sigue tocando, poeta: tú sigue. No hagas caso. Recuerda que eres sordo, más sordo que ese escaparate, donde todavía cuelgan tu camisa, tu pantalón a rayas y esa guayabera guanábana con la que te gusta presumir en los veranos. No oigas, por favor, la noticia de tu muerte. Como no sabemos por dónde rayos andas, esta noche nos parecerá, aquí abajo, más oscura. Dios quiera que exista Dios.

ELEGÍA PENÚLTIMA[230]

Uva de Aragón

Como partiste en brazos del silencio apretado resonará más viva la luz de tus palabras.

Eugenio Florit

Era pequeño de estatura y grande de alma. Viejo siempre desde niño. Niño siempre hasta la muerte. Hombre solo, se tenía la paz bien sabida. Pero era una paz inquieta. Y una soledad poblada de afectos. Era sabio e ingenuo. Sus temas: los trascendente, la muerte, el tiempo, la soledad, la poesía, Dios, los sueños. Sus temas: lo pequeño lo cotidiano, una paloma, una vicaria que le salta entre las piedras, la gente de prisa bajo paraguas, un balcón abierto. Su tono: siempre menor. Su signo: la ternura. Su acento: el de España. Y de España, el recuerdo de un niño que dejó atrás un pueblo, la bicicleta, el maestro y la noviecita primera. Su corazón: dulce como las guayabas de la Cuba en su centro. Su escenario: la academia norteamericana. Su mundo: el de su alcoba poblada de libros y recuerdos. Su mundo: el mundo. Tanto viaje prendido a la retina. Tanto polvo sobre sus pies de caminante. Su Patria: la poesía. Su horizonte: el mar, siempre el mar, y más allá, la eternidad.

Todo lo gozaba: la majestuosidad de una catedral, una buena sopa, un rato entre amigos, la armonía de una vieja canción. Llevaba la música en la sangre y los silencios podían escucharse en sus versos. Amaba la vida y le tentaba la muerte. Un sentimiento elegíaco le temblaba en el fondo de cada estrofa. Escribió décimas, sonetos, haikús, versos libres. Por sus páginas deambulaban las olas, las sombras, las lunas, las flores, las campanas, y sus muertos. También: Juan Ramón, Virgilio, Langston Hughes, Garcilaso, Brull, Martí, Shelley, Palés Matos, Bécquer, Lorca, Shakespeare, fray Luis. Sus poetas amigos de todos los tiempos, y un mismo universo: la palabra.

Las palabra las ponía una atrás de otra, como hileras de chopos en su España natal. A veces las páginas se le mojaban de azul mar, y se le llenaban de risa de trópico y de la gracia leve de una palmera. Otras veces el ruido de los trenes

---

[230] *Diario Las Américas*, 8 de julio de 1999. Página 5-A.

subterráneos y de sirenas de ambulancias hería sus versos. Pero su castillo interior estaba hecho de estrellas, de noches claras, de sed de eternidad.

Vivió sus últimos años rodeado de afectos de familia, del hermano entrañable que llegó a convertirse en padre, memoria y oídos; de la hermana tierna, más pequeña, que él había llevado en sus brazos de niño grande a la pila bautismal. Los poetas jóvenes buscaban sus consejos. Fue mentor y guía de varias generaciones. Su antología de literatura latinoamericana —firmada junto a Anderson Imbert— ha sido fuente inagotable para catedráticos y estudiantes. Tuvo alumnos y discípulos. Fue profesor y Maestro, así, con mayúscula. Recibió honores en Nueva York, en Salamanca, en Miami. Los poetas de Holguín le escribían. En Cuba se pasan de mano en mano sus libros los escritores. El Internet recoge más de un ensayo crítico sobre la obra de este poeta que no tuvo que morir para convertirse en un clásico. Nunca fue un olvidado. Pero necesitaba su soledad tanto como necesitaba compañía. Fue hombre solo, de muchos amores y un sólo amor: la poesía, y a través de ella, Dios, la eternidad.

Se nos ha muerto Eugenio Florit. «Antes de conocerte ya te amaba» reza un verso del romanticismo. Sobre mi mesa, su generoso prólogo a mis primeras prosas adolescentes, su caligrafía inconfundible, de picos alegres, su «Eugenio» siempre con minúscula, como para pasar inadvertido, en carticas, en dedicatorias de libros. La más antigua data de 1937 —mucho antes de yo nacer— y es para mi abuelo, que era su amigo. Florit es parte de mi propia historia de familia; con él se van recuerdos que ya nadie recuerda más. Antes de conocerte ya te amaba, poeta.

Te lloro hacia adentro, Eugenio amigo. Esta es mi elegía penúltima. Está muy cerca la pena. No puedo aún decirte adiós. Hay un gris asombrado en la ciudad. Hay un tono ámbar de crepúsculo en mi corazón entristecido. Te sé mejor. Tu sed ya apagada. Tu caligrafía sobre el firmamento. Tu búsqueda convertida en encuentro.

Pero, ¿y nosotros Eugenio? Nos dejas tantas preguntas, nos abres caminos hacia tanta paz inquieta, hacia tanta armonía contradictoria, hacia tanto gozoso dolor, hacia tanta soledad acompañada por tu ausencia.

PARA EUGENIO, BUSCANDO SU ACENTO[231]

Manuel Santayana

(A Ricardo y Josefina Florit)

A tu silencio, mi palabra
Desvalida, desde el silencio
De un corazón en su penumbra
Sale, con lágrimas, corriendo.

Y qué muda la noche grande
Que sigue hablándome en tus versos.
Dios te la dé llena de paz
Y claras luces, estrellero.

Halle tu soledad humana
Eterno Amor de eterno Dueño;
Y quede a los de ti tan pobres
La certidumbre de tu Cielo.

---

[231] Publicado en «El Poema de Hoy», *Diario Las Américas*, sábado 10 de julio de 1999, página 3-B.

EVOCACIÓN DE EUGENIO FLORIT[232]

Guillermo Cabrera Leiva

Conocimos a este gran poeta, recientemente fallecido, durante sus caminatas hacia el «market» donde solía ir de compras por la mañana, en mangas de camisa. Estaba él en sus años de reposo, podríamos decir, luego de una intensa vida de ajetreo literario en Nueva York. Vivía en Miami a pocas cuadras de nuestro hogar, en la sección de Westchester, en compañía de un hermano suyo.

Su pequeño apartamento era un cálido refugio lleno de libros, diplomas, pinturas y premios, y en medio de esa agradable atmósfera un piano, en el que solía deleitar a sus visitas con alguna vieja melodía cubana o española.

Nos viene a la mente su poema «La casa», en el que el poeta describe los arreglos y acomodos hogareños:

> Prepara uno la casa
> recogiendo recuerdos.
> Los junta y adereza con cuidado
> para que no se escapen.
> Luego llegan los libros poco a poco
> y poco a poco se apoderan de ella...

Bien recordamos el feliz encuentro, acompañado de Ernesto Ardura, la mañana en que le hicimos una entrevista para *Diario Las Américas*. Allí nos contó deliciosas experiencias, en un lenguaje que denotaba su amplio trasfondo cultural hispánico.

Hoy, releyendo sus composiciones poéticas, y su fina prosa —porque Florit era un exquisito y ameno prosista— evocamos con nostalgia el grato privilegio de aquellas conversaciones matutinas con este grande de las letras hispanoamericanas.

La poesía de Eugenio Florit siempre nos ha dejado la impresión de un espíritu humilde y lleno de natural bondad. Hay en sus versos un constante fluir de cosas nobles y bellas, de recuerdos de familia, de árboles y flores, de libros

---

[232] *Diario Las Américas*, sábado 10 de julio de 1999, pág. 5-A.

y de amigos, todo ello envuelto en una armoniosa y suave rima que destaca la pureza de sus sentimientos y la paz que señoreaba en todas sus expresiones.

En cuanto a su prosa, hemos leído con gran provecho los numerosos textos compilados por Roberto Esquenazi Mayo, en que se manifiesta una faceta de Florit menos estudiada que su poesía. Hay en esos escritos una amplia variedad de temas literarios, en que el autor deja una huella de profundo saber y del que puede aprenderse mucho.

Florit no era hombre de temas políticos. Sin embargo, dejó constancia de su amor a la democracia y su repudio al castrismo en numerosos escritos, entre los cuales vale destacar la conferencia —luego incluida en esta antología de Esquenazi Mayo— dictada ante los estudiantes de Barnard College en 1962.

En su poema «A Uva Clavijo», dijo el poeta:

«Los libres, los nosotros
¿cómo nos paseamos
y nos vamos al cine o al teatro
sin padecer remordimientos
por quienes mueren a diario?
Tenemos que gritar el dolor nuestro
por el que sufren los hermanos;
que decir en voz nuestra
lo que no dicen los callados...»

Mucho habrá que escribir sobre el patriota que se nos ha ido. Nos queda su obra, amplia y fecunda, nos quedan los versos de ese poeta solitario, que dijo:

Descansar no es posible mientras nos
quede dentro este anhelar
de sentirnos unidos en algún
pensamiento con otro más.

FLORIT[233]

Juan Abreu

Con la muerte del poeta cubano Eugenio Florit en Miami se extingue una vena, que no fuente, de poesía prístina, preñada de delicadeza suma, de gracia y gentileza; que provenía de una aristocracia (recuerdo a Lydia Cabrera, a Gastón Baquero, a María Teresa de Rojas como ejemplos sobresalientes de esos cubanos ya extinguidos o en vías de extinción) espiritual que ha desaparecido arrasada por la vulgaridad, la miseria moral, la hipocresía, la cobardía y el oportunismo que imperan en la sociedad cubana desde hace cuatro décadas y que han convertido su cultura en lo que es: un espectáculo lamentable. A Florit, como a otros que se negaron a convalidar con su aquiescencia o su simple presencia la destrucción y envilecimiento creciente y programado de la vida física y espiritual de nuestro país, se le borró de los oficiosos textos que la policía cultural redactaba en un inútil, aunque no por eso menos siniestro, intento de re-escribir la historia. Ya sé que ahora se ha puesto de moda, moda que abrazan con comprensible pasión los colaboradores y los sumisos, la peregrina teoría de que la destrucción y persecución de la libertad de pensamiento y expresión en Cuba se redujo a un supuesto «quinquenio gris», a unos «errores» que se mencionan como de paso; pero no voy a perder tiempo ni espacio en comentar semejante canallada.

Ahora su muerte agota una presencia que refulgía cálida, íntima, olvidada y ya en vida quimérica; iluminada e iluminadora. Cualquiera que haya conocido a Eugenio sabe que, como poeta verdadero, era un hombre sencillo, modesto, para quien la vida era poco más que material para sus versos y oportunidad de conversar y (lo que puede ser lo mismo) amar a sus amigos. Vivía anónimo y desconocido (salvo para un puñado de fieles que se alimentaban de su luz) en una ciudad desértica, antiespiritual y aniquilante: Miami. Una ciudad en la que diseñaba y publicaba, pagándolas, modestas ediciones de sus versos. Ediciones reducidas en ocasiones a ciento cincuenta ejemplares, verdaderas joyas no sólo por su contenido sino por lo que dicen del heroico compromiso de Florit con su obra.

---

[233] *Diario Las Américas*, domingo 11 de julio de 1999. Página 4-A.

He estado, al recibir la noticia de su fallecimiento, repasando estos ejemplares de aspecto frágil, carnoso, que el poeta me enviaba, generosamente, con una amable e inmerecida dedicatoria escrita con su letra acuosa; y me ha embargado una emoción mezcla de pudor, orgullo y desconsuelo. Otro ejemplo de lo que podríamos ser, de lo que deberíamos tratar de ser, que desaparece como un tímido rumor en la algarabía en la que nos consumimos, en la que desaparecemos contoneándonos al ritmo de la última trifulca, de la última y ¡cómo no! popular ramplonería. Algún día se escribirá la historia vergonzosa del desamparo de grandes creadores en el exilio —Leví Marrero, Labrador Ruiz, Lydia Cabrera, Montenegro, Florit—, empeñados en realizar una obra en medio de la zafia indiferencia de una comunidad chillona y carnavalesca que parece haber adoptado como ídolo cultural al siniestro Pato Donald y al grasiento *barbecue*. Y ese día será uno desolado en nuestra historia rica en días desolados. Nuestra historia llena de poetas fusilados, de poetas encarcelados, de poetas rematados de un balazo en pleno campo, de poetas perseguidos, humillados, muertos de hambre, de poetas ignorados y ofendidos por un pueblo al que nada parece molestar más que la grandeza obstinada y manifiesta de esos poetas.

Desconozco en qué medida la dictadura ha tratado de resucitar y utilizar a Florit en sus intentos de maquillar su feo, bruto e intolerante rostro. Ignoro cuantos antiguos, o en funciones, milicianos del aparato cultural asumirán el papel de exégetas del poeta muerto. Digan lo que digan no podrán trivializar la monstruosidad de la censura que se impuso en la Isla a este hombre dulce y cristalino, la inclemente violencia que se ejerció contra su tierna y enriquecedora palabra.

Guardo de Florit, después de sus versos leídos como quien nada en la mar de la infancia y en arroyos llovidos, después de sus versos vueltos a recorrer como quien se interna en florestas; la generosa acogida que nos dispensara a los escritores llegados en la avalancha del Mariel, la colaboración y el apoyo que nos brindara graciosa y desinteresadamente.

No voy a concluir diciendo falsedades que ofendan tu memoria. Ya las dirán otros. No voy a decir que es una gran pérdida para el pueblo de Cuba tu muerte. ¿Cómo va a ser tu muerte una gran pérdida si apenas te conocían? Sólo diré que me siento avergonzado Eugenio, y que no te merecíamos.

EUGENIO FLORIT:
«VENID A MORDERME LA SANGRE»[234]

Francisco Morán

Con motivo de la muerte del poeta Eugenio Florit, Magda Resik publicó un artículo en *Juventud Rebelde* bajo el título de «Eugenio Florit: Poeta de la serenidad». Señalaba Resik que la «noticia, como tantas otras que generan a diario los medios de prensa, pasó sin penas ni glorias para quienes desconocen el genio literario de Florit, que al decir de Cintio Vitier «se encuentra en la primera línea de los poetas cubanos, desde José María Heredia hasta nuestros días». Asimismo, enfatiza la «predilección por Cuba» del poeta «y su voluntad de naturalizarse cubano [...] a pesar de haber fijado residencia en los Estados Unidos allá por la década del cuarenta», concluyendo que se trata de «la recurrencia del país que le pertenece aún en la distancia».

Resik no nos aclara en su artículo que está entrevistando a Vitier, (lo cual es obvio) para quien Florit es «uno de los poetas más importantes que genera la *Revista de Avance* junto a Emilio Ballagas y Nicolás Guillén». Celebra Vitier el prólogo que Juan Ramón Jiménez escribió para el poemario *Doble acento*, de Florit, toda vez que dicho prólogo «se refería no sólo a la poesía de Florit sino que la contextualizaba en el universo hispanoamericano».

Nos recuerda Magda Resik que el poeta, «profesor de la universidad norteamericana de Columbia, contó con la admiración de los integrantes de la generación de *Orígenes*» y recoge —una vez más— el testimonio de Vitier: «Fina, Lezama, Eliseo... y yo, le teníamos gran admiración por su obra perdurable, obra de todos los tiempos, además era un gran amigo. Nunca tuvo peleas con nadie, cosa difícil en este medio, era una bella persona. Recuerdo el homenaje que le hicimos en la playita de Baracoa y después nuestro encuentro en los Estados Unidos».

Como todo poeta y más con una vida tan larga, es diferenciable su obra por etapas, pero según Cintio, «su poesía siempre estuvo dirigida hacia la serenidad» y era «dueño de su lenguaje, muy apegado a la tradición del Siglo de Oro español, enraizado a la vez en la sensibilidad cubana. Pero no fue nunca

---

[234] Morán, Francisco. *La Habana Elegante* (Revista literaria) 7. 2 (Publicación tipo Internet).

un poeta atormentado y angustioso como Emilio Ballagas, su hermano en la poesía. Era un poeta de la serenidad».

Resik nos dice que el «propio Cintio ha defendido un lugar para sus composiciones poéticas en diversas antologías. Él mismo editó el *Asonante final*, a principios de los cincuenta», libro que, —dice Vitier— fue «el último libro de Eugenio que se publicó en Cuba, de tono más coloquial, conversacional, como empezaba a suceder en ese momento con la poesía».

Magda Resik recuerda al lector que en *Lo cubano en la poesía* —de la autoría de Vitier— aparece registrado Florit», a pesar de lo cual aquél «considera que todavía le debemos una edición de sus obras completas, toda su obra pensando, incluso, que muchos jóvenes la desconocen. Una obra que no tiene caídas; se trata por demás de un hombre que mantuvo su lucidez hasta el último momento. Y que no sólo se dedicó a la poesía, también son memorables sus críticas literarias sobre José Martí. Siempre fue un maestro de la palabra, una figura completa de nuestra literatura. Debemos reconocerlo así y no dejar que otros se la incorporen: es un poeta totalmente nuestro».

Este artículo-entrevista de/a Vitier nos llama la atención porque sigue la estrategia habitual en él, es decir, la misma que utiliza con Emilio Ballagas. Fijémonos en el uso del verbo registrar que hace Vitier (Florit aparece registrado en *Lo cubano en la poesía*), y poco importa si lo dice Resik o Vitier. Entre nosotros, registrar puede sugerir inscribir (así se habla del registro electoral), suceso (se registró un asalto en Palma Soriano) o, simplemente, hurgar, que es, quizá el más usado (registrar los bolsillos). En efecto, en *Lo cubano en la poesía* aparecen registrados los poetas cubanos y —valga la redundancia— también se registra la cantidad y cualidad de su cubanía. Hay, desde luego, poetas que como Ballagas y Florit pertenecen al reino de lo real que (como nos dice Lacán) es el reino de lo indecible. En estos casos Vitier resuelve el problema sin mayores contratiempos: los inmoviliza en el santuario de lo cubano. Dicho en otras palabras, los canoniza. De todas formas, algunos de estos poetas (Casal, Ballagas) resisten la crítica paralizante de Vitier. No debe extrañarnos que se acuda entonces a la comparación de marras (Ballagas-atormentado/Florit/sereno). En modo alguno resulta casual, pues, que Vitier nos diga que Florit estaba apegado al Siglo de Oro español. El sugestivo binomio Serenidad-Siglo de Oro es demasiado contundente. En el caso del autor de *Lo cubano en la poesía* ello significa, simple y llanamente, mojigatería.

Florit es ahora el poeta de la serenidad. Apenas ha muerto, y ya Cintio corre a momificarlo, lo esteriliza y lo solidifica en una palabra: serenidad. Como decía Virgilio Piñera, a propósito precisamente de Ballagas, es abominable «esa pureza que mancha de blanco hasta dejar sin rostro alguno al poeta». Ese paternalismo es, cuando menos, desprecio.

Por otra parte, es demasiado obvio el interés de Cintio en —justamente ahora— dejar en claro la amistad que él y Fina siempre le profesaron a Florit. Ahí está lo que enfáticamente subrayan los recuerdos de Cintio: «su amistad (y la de Fina García Marruz) con Florit, «el homenaje que le [hicieron] en la playita de Baracoa» y el encuentro que tuvieron con él en los Estados Unidos. Agréguese el haber Cintio editado el último libro (*Asonante*) que Florit publicó en Cuba «a principios de los cincuenta»; el haber «defendido un lugar para sus composiciones poéticas en diversas antologías» y las páginas que le dedicó en *Lo cubano en la poesía*. No nos queda claro si Vitier está rindiendo un sincero tributo póstumo a Florit, o si está simplemente recordándonos lo que él y Fina hicieron por Florit, lo que Florit les debe. Ahora bien, esta amistad tan tardíamente reclamada, tiene un propósito político, y nada de esa serenidad que celebra en Florit: «Debemos reconocerlo [a Florit] así y no dejar que otros se la incorporen [su obra]: es un poeta totalmente nuestro». El Vitier que celebra a Florit por no haber tenido nunca «peleas con nadie», se aprovecha de su obra para trazar la línea provocativa en el suelo y lanzar el desafío. Convierte a Florit en otro guiñapo de cubanía en disputa. Basta, no obstante, echar un vistazo a la bibliografía cubana (la de esos «Otros») sobre Florit para comprender que el reclamo no tiene ningún sentido. Con su impecable serenidad —y también desde sus propios demonios y el silencio que rodeó su nombre en la Isla— Florit parece responder con elegancia: «Venid a morderme la sangre...»

Florit con Mercedes García Tudurí

SOBRE LOS AUTORES

ANA ROSA NÚÑEZ. Poeta, crítica y bibliógrafa. Nace —confluencias del destino poético—, en La Habana el 11 de julio de 1926 en el 2do. piso de la casona colonial en Prado, donde muere Julián del Casal. Reconocida por sus contemporáneos antes de salir al exilio en 1965, Ana Rosa Núñez es la primera en llevar el haikú a la poesía cubana. Ya en Estados Unidos trabaja como referencista de la Biblioteca Otto Richter de la Universidad de Miami. Fundadora de la Colección de la Herencia Cubana de dicho recinto, Ana Rosa fue miembro activo de la Academia Norteamericana de la Lengua Española. Nunca dejó de escribir poesía, su mejor contribución a la cultura cubana, siguiendo sus propias palabras. De ésta sobresalen entre una lista extensa de títulos: *Un dia en el verso* (1959); *Gabriela Mistral: amor que hirió (1961)*; *Requiem por una Isla* (1970); *Viaje al casabe* (1970); *Escamas del Caribe* (1971); *Haikús de Cuba* (1971); *Sol de un sólo día* (1973); *Loores a la palma real* (1976); *Crisantemos* (1990). A unos pocos meses de perfilar este tributo a Eugenio Florit, muere en Miami ajena a envidias y pequeñeces, nuestra "agua fresca en la aridez del exilio", como dijera de ella la otra tremenda cubana Lydia Cabrera.

RITA MARTIN (La Habana, 1963). Narradora y poeta. Licenciada en Filología, en la Universidad de La Habana (1986). En los Estados Unidos, recibe su Doctorado en Estudios Latinoamericanos en University of North Carolina at Chapel Hill. Ejerce la investigación y la crítica literarias. Ha publicado los poemarios *El cuerpo de su ausencia* (1991) y *Estación en el mar* (1992). Sus poemas y narraciones han sido antologados en *Un grupo avanza silencioso* (1990); *Reunión de ausentes* (1998); *Los últimos serán los primeros* (1993); *Bridges to Cuba* (1994) y *Narrativa y libertad: cuentos cubanos de la diáspora* (1996). Ha publicado en revistas literarias dentro y fuera de Cuba: *El Caimán Barbudo, Letras Cubanas, Anuario Martiano, Catálogo de Letras, Disidente y Apuntes Posmodernos*. En breve, Ediciones Universal presentará de su narrativa: Entre caballos, de cualquier manera.

LESBIA ORTA VARONA (La Habana, 1941) Bibliógrafa. Recibe su Maestría en Bibliotecología e Información Científica en Florida State University en 1974. Desde ese año hasta la fecha ha trabajado con material cubano colaborando con investigadores de todas partes del mundo. Miembro de organizaciones internacionales de bibliotecarios en la que figura el SALALM, ha contribuido a éstas con trabajos bibliográficos y sobre literatura cubana. Trabaja como bibliotecaria de la Colección de la Herencia Cubana de la Biblioteca Otto Richter de la Universidad de Miami de la que es igualmente fundadora.

Los poetas Ángel Cuadra y Rafael Bordao con Eugenio Florit

Eugenio Florti, al centro, atendiendo una conferencia.

Carmen Laura González, Lydia Cabrera, Pura del Prado y Eugenio Florit.

Otros libros publicados en la
COLECCIÓN CLÁSICOS CUBANOS

1) 011-9   ESPEJO DE PACIENCIA, Silvestre de Balboa
(Edición de Ángel Aparicio Laurencio)
2) 012-7   POESÍAS COMPLETAS, José María Heredia
(Edición de Ángel Aparicio Laurencio)
3) 026-7   DIARIO DE UN MÁRTIR Y OTROS POEMAS,
Juan Clemente Zenea (Edición de Ángel Aparicio Laurencio)
4) 028-3   LA EDAD DE ORO, José Martí
(Introducción de Humberto J. Peña)
5) 031-3   ANTOLOGÍA DE LA POESÍA RELIGIOSA DE LA AVELLANEDA,
(Gertrudis Gómez de Avellaneda)
Florinda Álzaga & Ana Rosa Núñez (Ed.)
6) 054-2   SELECTED POEMS OF JOSÉ MARÍA HEREDIA IN ENGLISH TRANSLATION, José María Heredia
(Edición de Ángel Aparicio Laurencio)
7) 140-9   TRABAJOS DESCONOCIDOS Y OLVIDADOS DE JOSÉ MARÍA HEREDIA, (Edición de Ángel Aparicio Laurencio)
8) 0550-9   CONTRABANDO, Enrique Serpa (Edición de Néstor Moreno)
9) 3090-9   ENSAYO DE DICCIONARIO DEL PENSAMIENTO VIVO DE LA AVELLANEDA (Gertrudis Gómez de Avellaneda),
Florinda Álzaga & Ana Rosa Núñez (Ed.)
10) 0286-5   CECILIA VALDÉS, Cirilo Villaverde
(Introducción de Ana Velilla) /coedición Edit. Vosgos)
11) 324-X   LAS MEJORES ESTAMPAS DE ELADIO SECADES
12) 878-0   CUCALAMBÉ (DÉCIMAS CUBANAS), Juan C. Nápoles Fajardo
(Introducción y estudio por Luis Mario)
13) 482-3   EL PAN DE LOS MUERTOS, Enrique Labrador Ruiz
14) 581-1   CARTAS A LA CARTE, Enrique Labrador Ruiz
(Edición de Juana Rosa Pita)
15) 669-9   HOMENAJE A DULCE MARÍA LOYNAZ.
Edición de Ana Rosa Núñez
16) 678-8   EPITAFIOS, IMITACIÓN, AFORISMOS, Severo Sarduy
(Ilustrado por Ramón Alejandro. Estudios por Concepción T. Alzola y Gladys Zaldívar)
17) 688-5   POESÍAS COMPLETAS Y PEQUEÑOS POEMAS EN PROSA EN ORDEN CRONOLÓGICO DE JULIÁN DEL CASAL.
Edición y crítica de Esperanza Figueroa
18) 722-9   VISTA DE AMANECER EN EL TRÓPICO,
Guillermo Cabrera Infante
19) 881-0   FUERA DEL JUEGO, Heberto Padilla
(Edición conmemorativa 1968-1998. Poemas y documentos.)
20) 906-X   MARTÍ EL POETA (Poesías completas), José Martí
(Edición y estudio de Ricardo R. Sardiña)
21) 826-8   HOMENAJE A EUGENIO FLORIT
(Edición de Ana Rosa Núñez, Rita Martín y Lesbia de Varona)